KB041040

에드문트 후설의『현상학의 근본 문제』

# 에드문트 후설의『현상학의 근본 문제』

## (1910/11년 겨울학기 강의)

에드문트 후설 지음

김기복 옮김

서광사

이 책은 후설 전집(Husserliana) 13권 『상호주관성의 현상학 I』(*Zur Phänomenologie der Intersubjektivität, Erster Teil: 1905-1920*, Martinus Nijhoff, 1973)에 실린 "Aus den Vorlesungen 'Grundprobleme der Phänomenologie' Wintersemester 1910/11"을 Springer 출판사의 허락을 받아 번역한 것이다.

이 저서는 2022년도 가천대학교 교내연구비 지원에 의한 결과임.
(GCU-202300250001)

# 에드문트 후설의 『현상학의 근본 문제』
## (1910/11년 겨울학기 강의)

에드문트 후설 지음
김기복 옮김

펴낸이 | 이숙
펴낸곳 | 도서출판 서광사
출판등록일 | 1977. 6. 30.
출판등록번호 | 제 406-2006-000010호

(10881) 경기도 파주시 회동길 77-12 (문발동)
Tel: (031) 955-4331 | Fax: (031) 955-4336
E-mail: phil6161@chol.com
http://www.seokwangsa.co.kr | http://www.seokwangsa.kr

제1판 제1쇄 펴낸날 — 2023년 12월 30일

ISBN 978-89-306-1513-6    93160

# I

## 현상학의 근본 문제(1910/11년 겨울학기 강의)

# II

**부록**

『현상학의 근본 문제(1910/11년 겨울학기 강의)』는 후설이 괴팅겐 대학에서 1910/11년 겨울학기에 했던 같은 제목의 강의의 강의록과 거기에 덧붙여진 부록들을 번역한 것이다. 이 강의록(앞으로 〈현상학의 근본 문제 강의〉라 칭함)과 부록들은 이소 케른(Iso Kern)이 편집한 후설 전집(Husserliana) 13권『상호주관성의 현상학 1』에 실려 있다.[1]

이 강의는 학생들에게 현상학에 대한 입문을 제공하려는 의도에서 행한 것으로 보인다. 후설은 이 강의를 한 주에 2시간씩 진행했는데, 강의록은 학기 전체에 해당하는 것이 아니라, 강의 전반부 동안의 강의록이다. 강의 후반부는 특별한 강의록 없이 진행된 것으로 보고되고 있다.

후설은 〈현상학의 근본 문제 강의〉가 갖는 중요성 때문에, 현상학의 전체 체계를 제시하려는 1920년대의 저술 기획들 속에서 항상 이것을 소환하곤 했다. 특히 케른의 보고에 의하면 후설은 이 강의록을 현상학

---

1 Edmund Husserl, "Aus den Vorlesungen 'Grundprobleme der Phänomenologie' Wintersemester 1910/11", *Zur Phänomenologie der Intersubjektivität*: texte-aus-dem Nachlass, Erster Teil: 1905-1920, hrsg. von Iso Kern, Den Haag: Martinus Nijhoff, 1973.

적 환원에 대한 이론을 처음 정초했던 1907년의 〈다섯 개의 강의 *Fünf Vorlesungen*〉(나중에 후설 전집 2권 『현상학의 이념』(*Die Idee der Phä-nomenologie: Fünf Vorlesungen*)으로 출간됨)와 동일한 원고 묶음에 보관하면서, 『이념들 1』(*Ideen zu einer reinen Phänomenologie und phänomenologischen Philosophie I*)에서 제시된 현상학 체계를 보완할 새로운 체계를 저술할 때, 이 강의록을 중요한 바탕으로 삼고자 했다.

〈현상학의 근본 문제 강의〉가 후설 자신에게 그렇게 중요하게 평가된 이유로서 우리는 서로 긴밀히 연관된 두 가지를 지적할 수 있다.

첫째, 우선 이 강의록에서 후설은 현상학의 탐구 영역을 현상학적 재현의 영역에까지 확장하는 길을 발견하게 된다.

이 강의에 앞서 행해졌으며, 현상학적 환원을 처음으로 정초했던 1907년의 〈다섯 개의 강의〉에서 후설은 현상학적 탐구 영역을 절대적 소여의 영역으로 제한했다. 이에 반해서 〈현상학의 근본 문제 강의〉에서 후설은 절대적 소여로 주어지지 않는 영역, 예를 들어 회상이나 예상과 같은 재현(Vergegenwärtigung)에 의해 경험되는 의식 체험 영역을 현상학적 탐구의 장으로 끌어들일 수 있게 된다.

이것이 가능했던 이유는 우선 후설이 학문으로서의 현상학을 건립하기 위한 조건에서 데카르트가 제기했던 요구인 바, 절대적 인식의 요구를 유보했기 때문이다. 물론 여기에서 오해하지 말아야 할 것은 절대적인 인식에 기초한 학문으로서의 현상학을 후설이 포기한 것이 아니라는 점이다. 다만 절대적 인식의 요구를 충족시키는 것에 앞서 현상학적 경험 영역 전체를 확보하는 것이 학문으로서의 현상학의 건립에 일차적으로 더 중요하다는 것이 이 강의에서의 후설의 본의이다.

"모든 학문을 개혁하려는 지향, 즉 학문의 체계를 절대적으로 타당한 학문으로서 가능하게 하고, 모든 기만적 가상을 배제하려는 기도, 그리고 모든 사이비 학문의 수립을 배제하려는 기도는 물론 충분히 의미가 깊다. … 그러나 현상학적 태도에서의 인식이 절대적 인식 일반을, 또 경험 영역에서의 절대적 인식을 정초하는 데 기여할 수 있는지, 그리고 어떻게 기여할 수 있는지는 미리 결정될 수도 미리 이해될 수도 없다. … **여기에서 우리에게는 절대적인 보편과학이 중요한 것이 아니라 현상학적 태도 내에서의 학문이 중요하다.**(역자 강조) 우리는 이러한 태도에서의 학문이 절대적이라고 불릴 수 있는지, 어느 정도로 불릴 수 있는지, 그리고 이것을 넘어서 어느 정도로 여전히 절대적인 학문이 가능한지 아닌지를 확정하는 문제는 별도의 고찰로 남겨둘 것이다."[2]

더 나아가 후설은 이보다 더 과감한 주장을 펼치기도 한다. 설령 현상학이 절대적이지 못한 소여를 포함하는 학문으로서, 절대적인 인식의 관점에서 보았을 때, 기만의 가능성을 포함하는 불확실한 학문으로 드러난다 하더라도, 학문으로서의 현상학의 가치가 사라지는 것은 아니라는 것이다. 자연과학을 포함한 모든 경험 학문이 비록 기만의 가능성을 포함하고 있지만, 나름의 명증성에 기초한 인식론적 가치를 가지는 것처럼, 현상학 역시 그러하리라는 것이다.

"어느 누구도 자연과학자에게 그가 예상하고 있는 소여 방식이 절대적 소여 방식이어야 한다고 요구하지 않는다. … 자연과학 자체가 보여주듯이 엄밀한 학문의 건립을 위해서 그러한 것은 전혀 필요하지 않기 때문이다. 따라서 초월론적 심리학, 즉, 현상학적 환원 속에서의 체험에 대한 학문을 추구

---

2   본 역서 16절, 74쪽.

하는 것에는 아무런 걸림돌도 있을 수 없다. 현상학적 경험은 자주 자연적 경험보다 더 좋은 것은 아닐 수는 있지만, 어쨌든 그것보다 더 나쁜 것은 아니다."[3]

이러한 과감한 주장이 〈현상학의 근본 문제 강의〉 이후에도 계속 이어지고 있는지는 불확실하다. 하지만 여기에서 우리가 눈여겨보아야 할 것은 현상학이 학문으로서 건립되기 위해서는 절대적인 소여에 의존하는 것만으로 불충분하다는 것이다. 후설은 절대적인 소여를 넘어서 나아가는 것이 학문으로서의 현상학의 건립의 필연적 조건이라고 본다.

여기서 잠시 〈현상학의 근본 문제 강의〉를 1907년의 〈다섯 개의 강의〉와 비교해 보면, 〈현상학의 근본 문제 강의〉가 이 문제에 대해 갖는 특별함이 잘 드러날 수 있다. 〈다섯 개의 강의〉에서 후설은 데카르트의 '방법적 회의'에 의거해, 모든 가능한 의심을 배제하는 절대적 소여만을 현상학적 탐구의 대상으로 삼고자 했다. 하지만 어디까지 절대적 소여의 영역 안에 들어올 수 있는지는 처음부터 자명하지 않다. 〈다섯 개의 강의〉는 그 경계가 불확실한 절대적 소여의 영역을 지속적으로 확장하는 논의 구조로 구성되어 있다고 보아도 무방하다.

우선 후설은 그때마다 절대적인 '이것'으로 지각되는 개별적 의식작용, 즉 내실적인 내재가 이 절대적 소여의 장 안으로 들어온다는 사태로부터 출발한다. 그다음 내실적으로 내재하는 의식작용에 초재하는 자연 대상이 의심을 배제하지 않는다는 점에서 판단중지되고 현상학적 장에서 배제된다. 하지만 현상학이 학문으로 건립되기 위해서는 개별적 의식작용만으로는 충분하지 않다. 의식작용의 본질들 역시 확장된 의미에서 절대적 소여의 장, 즉 내재로 들어온다. 더 나아가 의식작용

---

3  본 역서 29절, 96~97쪽.

의 상관자로서의 의식 대상 역시 내재 안으로 들어온다.

이에 반해 〈현상학의 근본 문제 강의〉에서 후설은 절대적 소여라는 조건에서 벗어난다. 그는 현상학적 내재의 장을 회상, 예상 등의 재현에서 재현된 의식 체험으로 확장한다. 이 과정에서 내재와 초재 사이의 구별을 1907년의 〈다섯 개의 강의〉와 다른 방식으로 구획하면서, 현상학적으로 지각되지 않기 때문에 그 소여 방식에 있어 기만의 가능성을 지니는 의식작용들이 새롭게 설정된 내재 안에 포함된다.

그렇다면 어떻게 현상학적인 재현의 영역, 즉 회상이나 예상에 의해 경험되는 의식 체험들과 그것의 상관자들이 현상학적인 경험의 장 안으로 들어올 수 있게 되는가? 절대적으로 소여되지 않는 경험 영역을 현상학적 경험의 장 안으로 끌어들이는 것은 후설이 현상학적 환원을 통해 벗어나려고 했던 '자연적 태도'로 다시 되돌아오는 것이 아닌가?

〈현상학의 근본 문제 강의〉의 2장 "근본 고찰: 순수 체험을 향한 태도의 획득으로서의 현상학적 환원"에서 후설은 1907년의 〈다섯 개의 강의〉, 그리고 1913년의 『이념들 1』과 달리, 큰 틀에서 소위 '순수 심리학을 통한 초월론적 환원의 길'이라 불릴 수 있는 현상학적 환원의 길을 걷는다.[4] 이 길 위에서 후설은 우선 의식 체험을 그 본질에 있어 자연 영역과 구별된 독립적인 존재론적 영역으로 파악하면서, 의식 체험을 경험적 통각, 즉 의식 체험을 신체 안에서 일어나는 자연 사건으로 통각하는 것으로부터 떼어낸다. 그리고 이를 통해 의식 체험을 순수 심리 현상으로서 획득하게 된다.

하지만 이렇게 의식 체험이 현상학적 환원을 통해 현상학적 탐구의

---

4  〈현상학의 근본 문제 강의〉에 관한 강의 구상을 적어놓은 한 메모(본 역서의 부록 1인 "1910/11년 강의를 위한 준비")에 붙인 나중의 주석에서 후설은 이 강의 구상이 "'순수' 심리학의 이념하에서만 쓰여졌지만 … 근본적으로 이미 초월론적 현상학이다."라고 말하고 있다.

대상으로 원리적으로 획득되었지만, 의식 체험의 어디까지 이 환원이 미치는지는 불확실하다. 물론 이미 후설은 절대적 소여라는 데카르트적인 학문 건립의 기준을 떠났지만, 그럼에도 의식 체험의 흐름 안에서 어디까지가 현상학적인 순수 현상으로서 확보될 수 있는지는 불확실하다.

우선 절대적인 소여로서 주어지는 의식 체험, 즉 현상학적인 지각에서 현재하는 것으로서 주어지는 의식 체험은 당연히 순수 의식 체험으로서 현상학적 경험의 장 안으로 들어올 수 있다. 그렇다면 절대적으로 소여되지 않는 의식 체험들, 즉 현재의 의식 체험의 배경을 형성하는 체험들, 예를 들어 과거 속에 침전된 의식 체험들, 미래에 등장할 의식 체험들은 모두 어떻게 되는 것인가? 후설은 재현에 대한 이중적인 현상학적 환원을 통해 재현 속에서 재현된 과거나 미래의 체험을 순수 현상학적 장으로 끌어들일 수 있게 된다.

자연적 태도에서 보면, 회상이나 예상은 과거나 미래의 대상을 회상하거나 예상하는 작용이다. 하지만 현상학적인 관점에서 보면 회상은 대상에 대한 과거의 지각 체험을 재생함(Reproduktion)이다. 즉 회상은 지각 체험의 재생함이고 이와 연관되어 그 상관자로서 과거의 대상을 회상하는 것이다. 이러한 의미에서 회상은 지각 체험과 지각 대상을 자신 안에 함축하고 있는 이중적인 구조를 가지고 있다. 이것은 예상에서도 마찬가지이다.

이러한 재현의 지향적 구조에 의거하여 현상학적 환원이 이중화될 수 있는데, 한편으로는 회상이나 예상 자체에 대해서(an) 환원을 수행할 수 있고, 이를 통해 회상과 예상 체험 자체가 순수 현상학적인 반성의 대상이 된다. 다른 한편으로는, 회상이나 예상 안에서(in) 환원을 수행할 수 있는데, 이 경우 회상 안에서 회상된 과거의 체험, 혹은 예상 안에서 예상된 미래에 등장할 체험이 현상학적인 순수성에서 획득할 수 있고, 그것을 현상학적인 반성의 대상으로 삼을 수 있다. 이것은 회상이나 예상과 같이 다른 체험을 지향적으로 함축하고 있는 모든 재현에 대해서도 마찬가지로 실행될 수 있다. 이를 통해 현상학은 현상학적으로 지각된 의식 체험만이 아니라, 재현된 의식 체험 전체를, 그리고 이를 매개로 의식 흐름 전체를 현상학적 장으로 끌어들일 수 있게 되고 학문의 대상으로 삼을 수 있게 된다.

둘째, 후설은 〈현상학의 근본 문제 강의〉에서 초월론적 상호주관성의 구축을 위한 결정적인 돌파구를 처음 열게 된다. 후설 전집의 『상호주관성의 현상학』의 편집자인 이소 케른은 〈현상학의 근본 문제 강의〉 전체가 사실은 6장의 "현상학적인 다수의 모나드의 획득"이라는 상호주관성 문제에 대한 논의를 위한 준비로 해석될 수 있다고 본다. 그의 보고에 의하면, 후설은 후기의 한 저술에서 이 강의록이 상호주관성과 관련된 논의에서 갖는 중요성을 다음과 같이 언급하고 있다.

"상호주관성 문제의 해결을 위한, 초월론적 유아론의 극복을 위한 중요 지점을 나는 이미 괴팅겐 강의(1910/11년 겨울학기 강의)에서 전개했다. 하지만 현실적인 실행은 여전히 어려운 개별 탐구를 요구했으며, 그것은 매우 늦은 시기에야 마무리되었다."[5]

1905년경부터 시작된 상호주관성에 대한 후설의 연구 작업은 〈현상학의 근본 문제 강의〉에 이르기 전까지는 상호주관성의 영역을 초월론적-현상학적인 탐구의 장 안에 끌어들일 방법적 수단을 발견하지 못한

---

5   E. Husserl, *Formale und transzendentale Logik. Versuch einer Kritik der logischen Vernunft*, hrsg. Paul Janssen, Den Haag: Martinus Nijhoff, 1974, p. 250 각주 1.

상태였다. 비로소 이를 이 강의에서 발견하게 된다. 그것은 타자 경험을 회상이나 예상과 같은 재현으로 파악하면서, 앞서 말한 이중적 현상학적 환원을 통하는 것이었다. 나중에 후설은 이를 다음과 같이 언급하고 있다.

"내가 인정하는 바와 같이, 현상학적 환원에 대한 최초의 인식은 나에 대해, 위에서 기술된 의미에서 제한된 것이었다. 여러 해 동안 나는 현상학적 환원을 상호주관적인 환원으로 형성해 낼 어떠한 가능성도 보지 못했다. 하지만 마침내 하나의 길이 열렸는데, 이것은 완전한 초월론적 현상학을 가능하게 하는 데에, 그리고 보다 높은 단계에서 초월론적 철학을 가능하게 하는 데에 결정적인 의미를 가진다."[6]

우선 타자 경험은 회상이나 예상과 같은 재현의 일종으로 분류된다. 하지만 그 안에서 회상이나 예상, 그리고 이미지 의식과는 그 본질에 있어 구별되는 독특한 종류의 재현으로 구분된다. 이어서 타자 경험에 대한 이중적 현상학적 환원이 수행된다. 우선 타자 경험 자체에 대한 환원이 수행된다. 타자 경험 자체가 순수 현상학적 소여로 주어진다. 그다음 이 타자 경험 속에서 타자 경험되는 체험이 타자 경험 안에서의 (in) 환원을 통해 순수 현상학적인 소여로 주어진다. 그리고 회상에서와 달리, 타자 경험이 속한 나의 체험 흐름과 타자 경험된 체험이 속한 체험 흐름을 하나의 체험 흐름으로 연결시킬 수 없다는 것, 따라서 타자 경험된 체험은 타자 경험하는 나의 의식 흐름에 속하지 않는다는 점이 드러난다.

---

6  E. Husserl, *Erste Philosophie(1923/24) Zweiter Teil: Theorie der phänomenologischen Reduktion*, hrsg. Rudolf Boehm, Den Haag: Martinus Nijhoff, 1959, p. 174 각주 2.

"무릇 타자 경험된 자료와 이에 대응하는 타자 경험하는 경험함 자체는 원리적으로 동일한 의식 흐름에, 즉, 동일한 현상학적 자아에 속할 수 없다는 법칙은 타당하다. 타자 경험되는 흐름과 타자 경험함 자체가 속하는 의식 흐름을 잇는 운하는 없다. 두 흐름 안에 있는 자료들은 결코 하나가 다른 하나의 주위가 되는 관계를 맺을 수 없다."[7]

그 결과 타자 경험된 체험은 나의 체험이 아니라, 다른 자아의 체험으로 파악되고, 타자가 나와 구별되는 또 하나의 자아로서, 즉 모나드로서 정립된다.

이 강의록에서 후설은, 비록 이후의 저술들 속에서 추가될 타자 경험에 대한 보다 구체적인 분석들, 그리고 더 나아가 상호주관적 공동체의 구성 분석에까지 이르지는 못했지만, 재현에 대한 이중적 현상학적 환원의 길을 통해 타자의 체험을 나의 체험으로 환원하지 않으면서도 순수 현상학적 탐구의 장 안으로 끌어들이는 데 성공하게 된다.

〈현상학의 근본 문제 강의〉에는 앞에서 제시된 의의 이외에도 후설 연구사와 관련해서 우리가 눈여겨봐야 할 곳들이 있다.

첫째, 〈현상학의 근본 문제 강의〉에서 특기할 만한 것은 아베나리우스의 '자연적 세계개념'에 대한 논의이다. 아직 국내에서는 후설의 자연적 태도에서의 세계개념 및 후기의 생활세계, 더 나아가 하이데거의 세계-내-존재 개념에 끼친 아베나리우스의 영향에 대해서는 충분히 알려져 있지 못하다. 이 강의록에는 명시적으로 후설과 아베나리우스의 영향 관계를 알 수 있는 귀중한 정보가 포함되어 있다. 이 강의록에서 아베나리우스와의 비판적 대결은 1장 10절에서 이루어지고 있지만,

---

7  본 역서 39절, 122쪽.

강의 후에 이 10절을 보충하기 위해 쓰여진 것으로 보이는 1915년의 문서(역서 부록 3)는 후설과 아베나리우스의 관계에 대한 더 많은 정보를 담고 있다. 또한 우리는 1장 「자연적 태도와 "자연적 세계개념"」에서 아베나리우스의 깊은 영향을 확인할 수 있다.

둘째, 〈현상학의 근본 문제 강의〉에서 후설은 상호주관성의 문제로 넘어가기 전에 "의식 흐름의 통일을 구축하는 유일하게 결정적인 원리"에 대해서 탐구하는데, 여기에서 이루어지고 있는 논의는 후설의 순수 자아 혹은 초월론적 자아에 관한 문제학의 역사에서 중요한 위치를 갖는다. 그것은 경험적 자아를 배제한 상태에서 어떻게 순수 자아를 현상학적 관점에서 구성할 수 있는지에 관한 가치 있는 현상학적 탐구를 포함하고 있기 때문이다.

셋째, 일반적으로 현상학은 철학으로서 본질학, 즉 의식 체험과 그 상관자에 대한 형상적 탐구로 알려져 있으며, 후설 역시 현상학을 소개하는 대부분의 저술들에서 현상학을 이러한 방식으로 규정하고 있다. 하지만 〈현상학의 근본 문제 강의〉에서 후설은 본질학으로서의 현상학 외에도 경험적 사실 학문으로서의 현상학이라는 다른 낯선 가능성을 제시하고 있다.

"자연주의적 경험과학에 대비되는 현상학적 경험과학이 왜 존재할 수 없겠는가! 따라서 우선 최소한, 모든 경험에는 또한 경험에 관한 학문이 상응할 수 있어야 한다고 생각할 수 있겠고, 이것을 자명하다고 간주할 수도 있겠다."[8]

"우리가 현상학적 영역을 향하는 흥미로운 시선에서 획득했던 것이 근본적으로 순수한 본질 인식에만 연관되는지, 따라서 경험적 현상학과 같은 것

---

**8** 본 역서 29절, 97쪽.

은 여전히 철저히 의문스럽고 어쩌면 불가능한 것인지에 대해 확신했는
가?"[9]

현대의 현상학 연구 흐름에서 경험과학 방법론으로서의 현상학적 방
법에 대한 관심이 날로 커져 가고 있는 마당에, 현상학을 철학으로서의
본질학을 넘어 사실 학문으로서의 경험과학으로 확장하는 것이 어떤
의미가 있는지, 그것이 어떻게 실현 가능한지에 답하는 것은 더 중요한
과제가 되어가고 있다. 이런 점에서 이 부분은 강의의 전후 맥락과 더
불어 충분히 음미될 필요가 있다.

*       *       *

본 역서는 역자가 대학원 시절 참여했던 서울대 이남인 교수님의 〈현
상학의 근본 문제 강의〉 강독 세미나를 바탕으로 하고 있다. 또한 이남
인 교수님께서 국내에는 아직 낯선 본 강의록이 후설 현상학에서 차지
하는 중요성을 일찌감치 파악하여 역자에게 번역을 권유하신 덕분에,
더 나아가 능력이 모자란 역자를 항시 독려하신 덕분에 이 역서의 출간
이 가능했다. 번역문 검토 과정에서 건국대 김태희 교수님의 도움이 무
척 컸다. 역자의 부족한 능력 때문에 생긴 번역상의 여러 오류들이 김
교수님을 통해 수정될 수 있었다. 마지막으로 출판 과정에 있었던 외적
인 어려움을 해결하고 세심하게 번역문을 검토해 주신 서광사 이숙 대
표님 덕분에 역서가 수월하게 출간될 수 있었다. 세 분 모두에게 깊은
감사의 말씀을 드리고 싶다.

번역문 초안은 이미 오래전에 완성해 놓았지만, 역자가 본 역서의 내

---

9  본 역서 41절, 127쪽.

용을 감당할 수 있는 수준에 이르기까지 오랜 시간이 걸렸다. 여전히 불안한 마음이 가시지 않지만 감히 용기를 내어 이 역서를 내놓는다.

2023년 9월 24일 옮긴이 씀

I

# 현상학의 근본 문제

## (1910/11년 겨울학기 강의)*

* 저자주 이것은 단지 [1910/11년 겨울학기 중에서] **처음 몇 주**(1910년 10월과 11월) 강의를 위한 강의록이다. 강의 후에는 토론이 이어졌다. 나중에 나는 강의노트 없이 자유롭게 강의했다.

〈강의내용 개요〉 자연적 세계개념으로부터의 출발. 인식이론의 출발점으로서의 자연적 세계개념. 현상학의 가능성. "현상학"은 여기에서는 미리 현상학적 **본질학**으로 간주되지 않는다. 대신 본질학이 아닌 경험하는 현상학(erfahrende Phänomenologie)이 가능한지를 숙고하려는 시도가 이루어진다. 의식 흐름의 통일성의 명증의 관점에서, 따라서 현상학적 장의 소여(Gegebenheit)의 명증의 관점에서 '나는 생각한다(ego cogito)'의 명증. 내재(Immanenz) 안의 초재(Transzendenz)와 초재의 다양한 개념. 내재 안에서 초재적 정립의 권리. 회상과 예상의 권리. 경험적, 초재적 정립을 체계적인 의식 연관들로의 변경을 산출하는 지향적 관계의 권리, 예상 지향의 권리가 특히 중요하다. 초월론적 주관성의 **지표**(Index)로서의 객관성, 그리고 의식 영역에서의 "경험적" 인식의 권리. (형상적 환원이 아닌) 현상학적 환원은 주관적인 것(초월론적인-주관적인 것) 안에서 현행적 인상(aktuelles Impressionale)을 넘어 나아갈 가능성을 산출한다. 동일한 것이 **타자 경험**(Einfühlung)에도 적용된다. 그것에 대한 첫 번째 상술. 초월론적 환원(물리적 자연의 배제)은 자아 외에도 다른 자아 및 그의 [의식] 흐름을 산출한다. 모나드론. 모나드들의 결합. 회상은 **자체**(Selbst)를 증여한다(geben)! 타자 경험하는 재현이나 현재기억(Gegenwartserinnerung)은 자체를 증여하지 않는다.

특히 중요한 것은 통일된 현상학적 자아의 본질, 즉 어떻게 나의 의식 흐름이 모든 다른 의식 흐름과 대립해서 현상학적으로 닫혀 있는가이다. 통일의 원리.

# 1

## 자연적 태도와 "자연적 세계개념"

### §1. 자연적 태도에서의 자아

이번 학기에 우리는 의식에 관한 일반적 현상학의 근본 문제들을 다루고자 한다. 우리는 의식 일반의 근본 구조를 그 주요 특징들에 있어 탐구할 것이다.

　우리가 지금 하려는 탐구를 위해서는 자연과학적이고 심리학적인 인식의 토대가 되는 자연적 태도와는 완전히 다른 하나의 태도가 필요하다. 현상학은 결코 심리학이 아니다. 그것은 새로운 차원에 놓여 있다. 현상학은 심리학, 그리고 모든 시공간적인 것에 관한 학문들과는 본질적으로 다른 태도를 요구한다. 이러한 사실을 보여주기 위해서는 입문적 설명이 필요하다.

　나는 우리가 경험과 인식을 수행할 때 가지는 다양한 태도를 기술하는 것에서부터 시작할 것인데, 그 가운데서도 우선 **자연적** 태도를 기술하는 것에서 시작하고자 한다. 우리 모두는 이 태도 속에서 살고 있으며, 따라서 우리가 철학적인 시선으로의 변경을 수행하는 경우, 이는 이 자연적 태도로부터 출발한다. 우리는 이 태도에서 우리에게 '발견'되는 것들(Vorfindlichkeiten)[1]을 일반적인 방식으로 기술하는 것에서 시작할 것이다.

**우리들 각자는 "나(Ich)"라고 말한다.** 그리고 그렇게 말하면서 자기 자신을 자아로서 안다. 우리들 각자는 자기 자신을 자아로서 **'발견'하며**, 이때 항상 우리들 각자는 **주위**(Umgebung)의 중심으로서 존재한다. 우리들 각자에게 각기 다른 것을 의미하는 "나"는 완전히 특정한 인격체를 의미한다. 각각의 인격체는 특정한 고유 이름을 갖고 있으며, 자신의 지각, 기억,[2] 예상, 상상, 감정, 소원, 의욕을 체험하고 있고 자신의 상태를 갖고 있으며 자신의 작용을 수행하고 더 나아가 자신의 기질과 선천적 성향, 후천적으로 획득된 능력과 재능 등을 갖고 있다. 각각의 자아는 자신의 [이름, 체험, 상태, 작용, 성향, 능력, 재능 등][3]을 가지고 있다. 이때 해당 자아가, 지금은 일반적인 방식으로 언급되고 있는 이러한 것들을 '발견'하는 그때마다의 '발견'함 자체도 당연히 자아에 속한다. 자아는 위에서 언급한 경험에 대한 직접적 '발견'을 근거로, 그리고 출처가 어디든 간에 자아의 체험들인 확신, 의견, 추측 등을

---

1 역자주 '발견되는 것들(Vorfindlichkeiten)'이라는 용어는 아베나리우스(Richard Avenarius, 1843-1896)의 철학 용어에서 연원한다. 아베나리우스는 학문 이전에 존재하는 '자연적 세계개념'을 제시하는 과정에서 다음과 같이 말한다. "경험, 즉 발견된 것(Vorgefundene)은 나 자신 및 구성 부분을 가진 나의 주위 … 더 나아가 거기에 속한 의존성들을 포괄한다"(R. Avenarius, *Der Menschliche Weltbegriff*, Dritte Auflage, Leipzig: Reisland, 1912, p. 7)라고 적고 있다. 아베나리우스와 마찬가지로 여기에서 후설이 사용하고 있는 '발견되는 것들'은 학문에 앞서 자연적 태도에서 경험되는 것을 가리킨다. 이러한 경험되는 것에 기초해서 경험되는 것에 대한 기술과 판단이 수행되고, 더 나아가 학문적인 판단이 일어난다. 동사형 vorfinden은 자연적 태도에서 경험함을 의미한다. 후설은 본 강의록에서 vorfinden을 대부분 finden과 구별하여 사용하기 때문에 finden을 '발견하다'로, vorfinden을 "발견'하다'로 옮긴다.

2 역자주 Erinnerung을 '기억'으로 옮기고, Wiedererinnerung을 '회상'으로 옮긴다.

3 역자주 [ ] 안의 내용은 역자가 독자의 이해를 돕기 위해 추가한 것이다.

근거로, 자신을 특정한 인격적 속성들과 이러저러한 현행적(aktuell)[4] 체험, 의견, 목적 설정 등을 **가지는**, 이러저러하게 불리는 사람이라고 진술하는데, 이러한 진술함도 마찬가지로 자아에 속한다. 이러한 가짐(Haben)은 가지는 [대상]이 무엇이냐에 따라 다양하다. 고통은 당하는 것이고, 판단은 수행되며, 삶에서의 유능함과 성실함과 진실함은 "인격적" 속성으로서 소유된다. 이제 자아는 저 모든 진술 가능한 것들을 다양한 방식으로 가지고 있는 자아로서 자기 자신을 '발견'하지만, **이때 자아는 다른 측면에서 보면 자신이 가지고 있는 것과 동일한 종류의 것은 아니다.** 자아 자신은 체험이 아니라 체험하는 자이고, 작용이 아니라 작용을 수행하는 자이며, 성격적 특성이 아니라 성격적 특성을 속성으로서 가지는 자이다. 더 나아가 자아는 자기 자신과 자기의 체험 및 성향들을 **시간 속에서** '발견'한다. 이때 자아는 자기 자신을 단지 지금 존재하는 자로서만, 지금 이러저러한 속성을 가지는 자로서만 아는 것은 아니다. 자아는 기억도 가지며, 이 기억에 의해 자기 자신을 "방금", 그리고 그 이전에, 이러저러한 특정한 체험 등을 가졌던 동일한 자로서 '발견'한다. 자아가 가진 것과 가졌던 것은 모두 시간위치(Zeitstelle)를 지니며, 자아 자신도 시간 속에서 자기동일자로 존재하고 시간 속에서 특정한 위치를 차지하고 있다.

---

4  역자주 '현행적인(aktuell)'은 '비현행적인(inaktuell)'과 대립되는 개념이며, 그것의 명사형이 현행성(Aktualität)이다. 자아에 의해 시선이 향해지고, 주의되고, 주목되는 지향적 체험은 현행적인 양상을 띤다고 말해진다. 모든 지향적 체험이 의식 흐름 안에서 항상 현행적인 양상을 갖는 것은 아니며, 하나의 지향적 체험이 현행적으로 수행될 때, 나머지 체험은 비현행적인 양상 속에 머물게 되는데 이 비현행적인 체험들이 현행적인 체험의 배경, 마당(Hof)을 이룬다.

## §2. 신체와 시공간적 주위

우리는 이제 **신체**와 신체 주위의 시공간으로 시선을 돌려보자. 모든 자
아는 자신을 유기적 신체를 가진 자로서 '발견'한다. 신체는 그 자체로
는 자아가 아니라 시공간적 "사물"이며, 이때 신체 둘레에는 무한하게
펼쳐져 있는, 사물들로 이루어진 주위가 무리를 이루고 있다. 매번 나는
제한된 시공간적 주위만을 가지며, 이를 직접적으로 지각하거나, 직접
적 기억, 즉 파지적 기억[5] 속에서 기억한다. 그러나 모든 자아는 직접적
직관[6] 속에서 현존하는 것으로 정립된 주위가 전체 주위의 직관된 일부
분에 불과하다는 것, 그리고 사물은 무한한 (유클리드적인)[7] 공간 속에
서 그 이상으로 펼쳐져 있다는 것을 "알고" 확신한다. 마찬가지로 모든
자아는 현행적으로 지각된 시간 부분이 무한히 과거로 뻗어 있는 동시
에 미래로 뻗어 있는 시간 계열의 한 부분이라는 것을 알고 확신한다. 자
아는 사물이 현재 지각될 때만 존재하는 것이 아니라는 것, 그리고 사
물이 과거에 지각되었을 때에만 존재했던 것이 아니라는 것을 안다. 존
재하는 사물은 그것이 비록 [자아의] 현행적인 경험 주위세계 안에, 그
리고 과거와 미래의 [자아의] 현행적인 경험 주위세계 안에 존재하지
않는다 할지라도, **즉자적으로**(an sich) 현재 존재하며 과거에 존재했으

---

5　역자주 후설에 의하면 현재(Gegenwart)는 장(Feld)으로서 세 가지 시간의식의 종
합을 통해 구성된다. 이 세 가지 시간의식에는 지금 국면을 구성하는 의식인 근원인상
(Urimpression), 방금 지나간 국면들을 붙잡는 의식인 파지(Retention), 도래할 국면들
을 구성하는 의식인 예지(Protention)가 있다. 파지를 파지적 기억(retentionale Erin-
nerung)이라고도 한다.

6　역자주 직관(Anschauung)이란 대상을 자체 증여하는(selbstgebende) 지향적 의식
을 말한다. 가장 탁월한 의미에서 대상을 원본적으로 자체 증여하는 지향적 의식은 지
각이다. 이에 반해 회상이나 예상, 그리고 타자 경험 등은 직관이긴 하지만 대상을 원
본적으로 증여하지 않는다는 점에서 지각과 구별된다.

7　역자주 나중에 후설에 의해 "(유클리드적인)"은 삭제된다. 편집자주를 참조함.

며 미래에 존재할 것이다. 그리고 이러한 사실은 해당 사물의 사물적 속성 및 그의 정지와 운동, 질적 변화와 불변 등과 관련해서도 마찬가지로 타당하다.

유념할 점은, 우리는 모든 각 자아가 '발견'하는 것, 즉 그가 직접적으로 보거나 간접적으로 확실성 속에서 의향[8]한 것만을 기술하고 있다는 것이다. 물론 이와 같은 [간접적] 확실성은 모든 각 자아가 절대적[9] 명증으로 바꿀 수 있는 성질의 확실성이라야 한다. 모든 자아는 자신이 개별적인 경우에서는 틀릴 수 있다는 것을 알고 있다. 하지만 그럼에도 앞서 언급된 유형의 진술들 속에서 진술된 일반적인 것들은 모든 자아에게는 명증적이거나 [앞으로] 명증적인 것이 될 수 있다. 우리 자신은 기술하고 있는 자로서, 이 모든 것의 최종적 진리에 대해서는 지금 걱정하지 않는다. 다른 한편 이러한 관점에서 어떤 의심이 결코 표현되어서는 안 된다.

정확하게 말하면 나는 위의 언급에 앞서 다음과 같은 점도 말해야만 했다. 즉, 각 자아 자신은 지각만 하거나 직관적인 현존을 정립하는 체험만 갖는 것이 아니라, 정도 차를 갖는 명료하거나 불명료한 앎을 가지며, 사고하고 진술하며, 학자로서 학문을 연구한다. 이때 모든 자아는 자신이 때로는 올바르게 판단하는 자아이고, 때로는 그릇되게 판단하는 자아이며, 때로는 의심하는 자이고, 때로는 혼란스러워 하는 자이며, 때로는 명료한 확신을 얻기 위해 노력하는 자임을 안다. 그럼에도 불구하고 모든 자아는 이 세계가 존재하며 자신이 이 세계의 한가운데에 있

---

8  역자주 한갓 의향함(Vermeinen) 혹은 의향함(Meinen)은 직관과 대립되는 것으로서 의향함 속에서 대상은 자체로 소여되지(selbstgegeben) 않으며, 다만 빈 채로(leer), 한갓 그 의미만이 표상된다. 대상을 한갓 의향하는 것으로부터 대상의 자체 소여, 즉 직관으로 이행하는 것이 곧 인식함이다.

9  역자주 나중에 후설에 의해 "절대적"은 삭제된다. 편집자주 참조.

다는 사실 등을, 우리가 앞서 상세하게 기술했던 바와 마찬가지로 알고 있거나 확신하고 있다.

더 나아가 다음과 같은 점은 상세히 논의해 볼 필요가 있을 것이다. 모든 자아가 **"자신의 신체"**로 '발견'하는 이 사물은 모든 다른 사물들과 비교해 볼 때 자아의 고유한 신체라는 점에서 특수한 위치를 차지한다. 신체는 현행적 지각 영역 속에 항상 그리고 반드시 존재하지 않을 수 없으며, 더 자세히 기술할 필요가 있는 독특한 방식으로 지각되고 있으며, 사물들로 이루어진 주위 구성에서 언제나 중심적 위치를 차지한다. 신체가 아닌 모든 것은 신체와 관련해서 현출하며,[10] 또한 신체와 관련해서 자아에게 지속적으로 의식되는 공간적 방향을 가진다. 즉, 오른쪽, 왼쪽, 앞, 뒤 등의 방향을 갖게 된다. 그리고 마찬가지로 시간적으로는 지금, 이전, 이후[라는 시간적 방향]를 가진다.

## §3. 체험을 신체에 위치시킴

모든 사람들은 자아의 체험도 신체와 연관 지으며, 자신에게 고유하게 속한 자아의 소유물들도 모두 신체와 연관 짓는다. 즉, 그들은 그것들을 신체에 **위치시킨다**(Lokalisieren). 이때, 그들은 직접적 "경험", 즉, 직접적 직관을 통해서, 아니면 간접적 경험, 즉, 유비에 의한 앎을 통해서 이를 수행한다. [체험을 신체에] 위치시키는 것은 아주 독특한 종류

---

10 역자주 현출(Erscheinung), 현출하다(erscheinen), 현출하는 것(Erscheinende) 등은 같은 계열의 용어들이다. 예를 들어 내 앞에 놓여 있는 주사위는 현상학적 태도에서 보면 나의 신체의 위치에 따라 계속 다르게 자신을 증여한다. 이때 주사위가 나에게 증여하는 대로의 그때그때의 다양한 측면들이 곧 현출들이며, 주사위는 이러한 현출들의 종합적 통일에 의해 구성되는 것으로서, 나에게 현출하는 것(Erscheindende)이다.

의 것으로서, 감각적인 직관적 규정이건 물리학적인 규정이건 직관되는 사물의 부분들과 계기들을 [해당 사물에] 위치시키는 방식과는 완전히 다른 종류의 것이다. 기쁨과 슬픔은 피가 심장 안에 위치하고 있는 방식과 동일한 방식으로 심장 안에 위치하고 있는 것은 아니다. 촉감은 피부의 유기적 조직의 일부분이 피부에 위치하고 있는 방식과 동일한 방식으로 피부에 위치하고 있는 것은 아니다. 심리적인 것이 신체에 위치하는 현상에 대한 근원적으로 의미 부여하는 표상, 따라서 직간접적인 경험은 이러한 사실을 가르쳐주고 있다. 그러나 이것은 물론 때때로 근원적 의미가 오해된다는 사실을 배제하는 것은 아니다. 그러나 여기서 우리는 그것에 대해 길게 이야기할 필요는 없을 것이다.

　우리는 다음과 같은 사실을 하나 더 제시한다. 자아의 체험은 (각 자아가 하는, 그리고 그의 판단을 규정하는) 경험을 근거로, 아직까지는 상세히 규정되지 않았던 범위에서 신체, 즉 자신의 신체적인 상태들과 사건들에 **의존**하는 것으로 간주될 수 있다.


## §4. 타자 경험과 타자

각 자아는 자신의 주위에서, 그리고 종종 자신의 현행적 주위에서도, 신체들로 간주하는 사물들을 '발견'한다. 그러나 각 자아는 이 사물들을 "자기" 신체와는 날카롭게 대비되는 **낯선 신체들**로 간주한다. 이러한 신체에도 하나의 자아가 속하지만, [나의 자아와는] 다른 자아, 낯선 자아가 속하는 것이다. (각 자아는 이 신체들을 자아 주체의 "담지자"로 간주한다. 그러나 자신이 자기 자신을 보고 경험을 통해 '발견'하는 것과 같은 방식으로 타자들을 "보는 것"은 아니다. 그는 타자들을 "타자 경험"의 방식을 통해 정립한다.[11] 따라서 타자의 체험과 성격적 소질 등 역

시 "'발견'되지만" 자기 자신의 것들과 같은 의미로 주어지고 소유되는
것은 아니다.) 이 자아 역시 자신의 "영혼", 현행적 의식, 성향, 성격적
소질들을 가지는 자아이다. 또한 이 자아 역시 사물들로 구성된 자신의
주위를 '발견'하며, 자기 신체를 자기의 것으로서 이 주위에서 '발견'한
다. 그리고 이 경우 낯선 자아, 그러나 우리에게 의사(擬似) 지각적으로
[12] 마주 서 있는 자아가 '발견'하는 주위는 전체적으로 봤을 때 우리 자
신의 주위와 동일하다. 그리고 우리가 우리의 주위에서 타자의 신체로
서 파악하는 저 신체는 그 타자가 자신의 주위에서 자기 신체로서 파악
하는 신체와 동일한 신체이다. 그리고 [각각의] 자아들, 즉, 상대방을
서로 '발견'하고, 상대방을 자신의 주위에 넣어 배열하는 저 자아들의
현행적 주위에 대해서 타당한 것은 전체 세계에 대해서도 타당하다. 모
든 자아는 자신을 하나의 동일한 시공간 세계의 상대적 중심점으로 파
악하는데, 이 시공간 세계는 무규정적으로 무한하면서 각 자아의 전체
주위를 이루는 것이다. 각 자아에게 다른 자아들은 중심점이 아니라 주
위점들이다. 다른 자아들은 그들의 신체를 기준으로, 하나의 동일한 전
체공간, 그리고 하나의 동일한 세계시간 안에서 서로 다른 시공간적 위
치를 가지고 있다.

---

**11**  역자주 본 저술에서 후설은 타자 경험(Fremderfahrung)을 Einfühlung이라고 부
르고 있다. 이는 후설이 많은 영향을 받았던 립스(T. Lipps)에게서 넘겨받은 용어이다.
후설 자신이 이 표현을 거부했다는 점에서(『상호주관성의 현상학 1』, p. 335), 그리고
이 용어가 후설의 타자 경험의 현상학을 심각히 오해하게 할 염려가 있다는 점에서 '감
정이입' 대신 '타자 경험'으로 번역한다. 다만 Einfühlung의 단어 형태나 의미를 알아
야 할 경우에는 '감정이입'이라 옮기고 원어를 병기했다.

**12**  역자주 후설에 의하면 타자의 심리적 상태는 결코 나에 의해 직접적으로 지각되지
않는다. 즉 근원현전(Urpräsenz)하지 않는다. 그것은 오직 타자 신체에 대한 지각을
매개로 간접현전(Appräsenz)된다. 그러한 의미에서 타자는 의사(擬似) 지각적으로 지
각된다고 말할 수 있다.

## §5. 공간현상, 그리고 정상적 상태의 다양한 주체의 현출들 간의 상응

각 자아는 자신을 중심점으로, 소위 좌표계의 영점으로 '발견'한다. 이때 각 자아는 이미 인식되었거나 인식되지 않은 세계의 모든 사물을 이 영점으로부터 바라보고 질서 짓고 인식한다. 그러나 각 자아는 이 중심점을 상대적인 것으로 파악한다. 예를 들어 이 자아는 공간에서 신체가 차지하는 장소를 변화시킨다. 그리고 [이러한 신체의 장소 변화에서도] 줄곧 "여기"라고 말하면서도, 이 "여기"가 그때마다 다른 장소임을 알고 있다. 각 자아는 객관적 공간 위치들의 체계인 객관적 공간과 공간현상을 구별하는데, 이 공간현상은 [객관적] 공간이 "여기와 저기", "앞과 뒤", "오른쪽과 왼쪽"으로 현출하는 방식이다. 그리고 시간에 관해서도 사정은 마찬가지다.

이와 같은 사실은 **사물들**에 대해서도 타당하다. 모든 자아는 자기 주변에 동일한 세계를 가지며, 경우에 따라서 다수의 자아들이 동일한 사물을, 세계의 동일한 한 부분을 본다. 하지만 각 자아는 자기의 사물 현출을 가지며, **동일한** 사물이 공간에서 각 자아의 서로 다른 위치에 따라 각 자아에게 다른 방식으로 현출한다. 사물에는 앞과 뒤, 위와 아래가 있다. 그리고 나에게 사물의 앞인 것은 다른 사람에게는 뒤일 수 있다. 하지만 그것은 동일한 속성들을 가진 동일한 사물이다.

무한한 객관적 공간에서 각 사물은 현재 차지하는 공간 위치(장소)를 다른 사물과 맞바꿀 수 있으나, 이는 오직 연속적 운동에서만 그러하다. 서로 다른 사물들이나 [같은 사물의 서로 다른] 부분들이 동일한 공간 위치를 차지할 수는 없으나, 이들은 연속적 운동에 의해 이 서로 다른 공간 위치를 서로 맞바꿀 수 있다. 이러한 사실은 신체에 대해서도 타당하다. 만약 하나의 신체와 다른 신체가 객관적 공간 위치를 서로 맞바꾼다면, 이 [신체에] 속한 자아가 경험된 사물에 대해 갖는 현출들은 연속적으로 변화한다. 그리고 이상적 경우에는 이처럼 신체 위치를 맞바꿈에 따라 이 [사물의] 현출들도 서로 맞바꿔지는 것이다. 여기에는 **정상성**(Nomalität)이라는 이름하에, 그러나 오직 이상적 **정상성**이라는 이름하에, 모종의 이상적 가능성이 지배한다. 이 이상적 정상성에 따르면, 만약 정상적 두 개체가 자신의 장소를 맞바꾸거나 맞바꾸었다고 생각하되 그 신체가 이상적으로 정상적인 상태라면, 각 개체는 [장소를 맞바꾸기] 이전에 다른 개체의 의식에 현실화되었던 것과 정확히 동일한 현출을 [장소를 맞바꾼 후에] 자기 의식에서 '발견'할 것이다. 만약 나와 타자의 눈이 모두 "정상적"이라면, 그리고 동일한 불변 사물이 우리가 차례로 차지할 수 있을 동일한 객관적 공간 위치에서 우리에게 드러난다면, 우리가 보는 것은 동일할 것이다. 그리고 만약 우리 중 각자가 타자와 동일한 위치에서 본다면, 나아가 눈 위치의 모든 공간적 관계가 동일할 뿐 아니라, 눈과 신체 전체가 같은 "정상 상태"에 있기도 하다면, 우리 중 각자는 항상 동일한 현출을 가질 것이다. 이것은 이상적 진술들이다. 그러나 일반적으로 각자는 자신에게 현출하는 것과 다른 사람에게 현출하는 것이 대략적으로 상응할 것이라고 상정하며, 병이나 그와 유사한 이름하에 나타나는 예외로서 편차를 '발견'하며, 이러한 편차가 적어도 가능함을 '발견'한다.

그리고 자아들은, 달리 말해 인간들은 이 모든 것에 대해 서로 의사소통을 한다. 각자는 자기에게 때로는 이렇게 때로는 저렇게 현출하는 사물들과 관련하여 나름의 경험을 하며, 이 경험을 근거로 판단하고, 이 판단을 의사소통을 통해 다른 사람과 교환한다. 그는 현출들을 반성할 계기가 없다면, [따라서] 대상을 경험하면서 **곧바로**(geradehin) 대상에 향하고 있다면, 현출이 아니라 사물에 대해 판단한다. 즉, 그는 사물을 기술하며, 사물은 그에게 하나의 동일한 사물, 가령 불변의 질들을 지닌 불변의 사물이다. 그리고 그는 이 사물을 이러한 [동일한 불변 사물]로 진술한다. 그럼에도 그가 공간에서 머리와 눈과 신체 전체를 움직일 때, 이것은 계속 다르게 현출한다. 예컨대, 사물은 때로는 멀리서, 때로는 가까이에서, 때로는 앞에서, 때로는 뒤에서 현출한다.

## §6. 앞선 서술의 개괄

우리는 지난번 강의에서 자연적 태도를 기술하는 것에서 시작했는데, 이는 자연적 태도에서 '발견'되는 것을 일반적으로 기술하기를 시도하는 방식이었다. 이제 그 내용을 상세히 **개괄**해 보면 좋을 것 같다.

우리들 각자는 자기 자신을 자아로 알고 있다. 각자가 자신을 자아로 '발견'하는 이 동일한 태도를 취할 때, 각자는 자기 자신 안에서, 그리고 자기 자신과 연관하여 무엇을 '발견'하는가? 그리하여 우리는 모든 사람이 "나"라고 말하는 방식을 기술하는 것에서 시작했다. 그리고 모든 다른 것들은 그것과 연결되어 있다. 이제 [1인칭] 단수로 말하여 다음과 같이 이어가는 게 최선일 듯하다. 나는 나 자신이 존재함을, 그것도 여기 이것으로 존재함을, 그리고 이러저러한 특정 내용을 가지고 존재함을 정립한다. 나는 나 자신이 이러저러한 것을 체험함을 정립한다. 나는 이러저러한 상태와 작용들을 가지고 있다. 그러나 나는 나 자신을 상태 혹은 작용으로서 정립하지 않고 '발견'하지 않는다.

더 나아가 나는 나 자신을 단지 체험하는 주체로서뿐만 아니라 인격적 속성을 가진 주체로서, 어떤 성격을 가진 인격체로서, 어떤 지적이고 도덕적인 성향을 가지고 있는 자 등등으로서 '발견'한다. 물론 나는 나의 체험을 '발견'할 때와는 완전히 다른 방식으로 그것을 '발견'한다.

더 나아가 나는 나 자신과 나의 속성들을 시간 속에서 지속하는 것으로서, 그리고 자신이 지속하는 동안 변화하거나 변화하지 않는 것으로서 '발견'한다. 그때 나는 흐르는 지금(Jetzt)과 파지에서 주어지는 "방금(Soeben)"을 구별한다. 더 나아가 나는 회상에서 나 자신이, 지금 있는 것같이 이전에도 있었던 저 나와 동일한 나임을 다시 '발견'하며, 이전에 지속하면서 이러저러한 것을 바꾸어가며 체험했던 나와 동일한 나임을 다시 '발견'한다.

더 나아가 나는 다음을 '발견'한다. 나는 하나의 **신체**를 가지고 있고, 이때 신체는 내가 '발견'하는 여러 다양한 사물들 가운데 하나의 사물이다. 또한 나는 **이를** 시간 속에서 '발견'한다. 즉, 나는 나의 신체로서 지금 존재하는 신체를 지금 '발견'하고, 방금 존재했던 신체를 방금 '발견'하며, 회상되는 신체를 회상에서 '발견'한다. 다시 말해, 신체는 지속적으로 나에게 속한다.

내가 나의 자아의 시간이자 나의 가짐(Haben)의 시간으로 '발견'하는 이 모든 시간점들에서, 나는 사물들로 이루어진 변화하는 주위를 '발견'한다. 이 주위는 부분적으로는 직접적 주위, 즉 직접적으로 정립하는 직관에서 주어지고 주어졌던 주위이고, 부분적으로는 간접적 주위, 즉 본래적으로 직관된 주위와 더불어, 추론적 사고에 의해 함께 정립함(Mitsetzung)되는 주위이다. 함께 정립함의 방식에서 주위는 이른바 무한한 주위이고, 무한히 펼쳐져 있는 공간과 무한히 계속해 나아가는 시간에서 무규정적으로 정립된 사물성이다. 나는 그러한 함께 정립함을 기호적이고 유비적인 직관에서 명료하게 한다. 만약 이러한 함께 정립함이 기억되는 주위로 인도하지 않는 경우에는, 유비에 의해 주위를 정립한다. 즉, "대략 이런 방식으로 계속 뻗어나가겠지."라는 의미에서, 이 주위를 계속 뻗어나가는, 무규정적이며 가능적인 사물적 주위로 정립한다.

그다음에 우리는 주위의 사물들을 **사물들로서** 기술할 출발점을 넌지시 제시했는데, 이는 이 [사물]들이 그때그때 우리 자아의 주위에서 '발견'된다는 일반적 의미에 따른 것이었다. 마찬가지로 우리는 항상 "나의 신체"로서 '발견'되는 것을 그 이외의 사물과 구별지어 주는 성격상의 차이를 기술했다.

더 나아가 우리는 타자의 담지자로서의 다른 신체로 '발견'되는 것들의 의미를 기술했다. 자신의 체험과 인격적 속성들을 지니고 있는 타자는 나 자신과는 완전히 다른 방식으로 "'발견'된다." 즉, "자기 지각"이나 "자기 기억"을 통해서가 아니라 타자 경험을 통해서 '발견'된다.

마찬가지로 우리는 신체를 포함한 모든 사물이 나에게 현출할 때의 방향 설정(Orientierung)의 차이들에 대해 기술했다. 즉, 신체의 그때 마다의 공간 위치가 의존하는 자아의 각각의 공간 위치에 어떤 방식으로 사물 현출이 의존하는지를 기술했다. 이러한 주관적 공간 위치로부터 사물과 사물의 공간은 사물 현출들 속에서 이러저러하게 현시된다.[13] 그리고 우리는 시간과 시간 현출 사이의 차이에 관해서도 이와 마찬가지 방식으로 말할 수 있었다.

우리는 더 나아가 타자 경험의 길 위에서 이 모든 것들이 다른 자아들에게도 해당됨을 말했다. 자아마다 다른 방향 설정들은 정상적인 경우, 상이한 자아들이 자신의 상대적 위치로 '발견'하게 되는 필연적으로 상이한 공간 위치들에 상응하여, 모종의 일치관계를 지닌다. 보통의 경우 자아들이 상대적인 공간 위치를 자리바꿈하면, 이들의 방향 설정과 사물 현출들도 자리바꿈한다. 나는 이러한 견해의 근거에는 하나의

---

13  역자주 현시(Darstellung)는 의식에 주어진 감각 내용과 이를 통해 구성되는 대상이 갖는 연관 방식을 가리킨다. 예를 들어 지각에서 색-감각은 대상으로서의 색으로 통각되는데, 대상으로서의 색과 색-감각은 내재적 연관을 가진다. 이 경우 색-감각이 색을 현시한다고 말한다. 이는 지각 외에도 기억, 상상, 이미지 의식 등 직관의 지향적 구조가 갖는 특징이다. 이에 반해 기호 의식, 상징 의식에서는 대상이 현시되지 않고 지시된다고 말한다.

**이념**이 놓여 있음을 보여주었다. 이 이념과 대비되어, "정상적 지각과 비정상적 지각"이라는 표제하에서 편차들이 가능하다. 그런데 이것은 신체가 서로 다르게 기능함을 돌이켜 가리킨다.


## §7. 경험의 태도로서의 자연적 태도. 경험 판단의 명증성 문제

우리가 "'발견'한다"라고 표현한 것은 학문적 사고는 말할 것도 없고 모든 추론적 사고보다도 앞서 존재하는 것이며, 이는 엄밀한 의미에서 **경험한다(erfahren)**"라고 불리는 것에 다름 아니다. 따라서 자연적 태도란 경험의 태도이다. 자아는 자기 자신을 경험하며, 사물들, 신체들, 다른 자아들을 경험한다. 동물과 과학 이전의 인간이 지닌 태도는 경험의 태도뿐인 한, 이 경험의 태도는 자연적 태도이다.

　당연하게도 나는 경험한 것, 단적으로 '발견'된 것을 기술할 때, 판단한다. 그러나 이렇게 순수하게 기술하는 판단 그 자체는 경험과 '발견'된 것을 단지 표현한 것에 불과하며, 따라서 그 자체로 어떤 의미에서는 절대적으로 명증하다. 즉, 단지 표현한 것으로서 명증하다. 이것은 허구에 대한 기술조차도 [허구를] 충실하게 따르는 한에서 이러한 명증을 명백히 지니는 것과 같다. 자아가 '발견'한 것 혹은 경험한 것을 개별적 규정성이나 무규정적 일반성에서 기술할 때, 이 '발견'한 것과 경험한 것은 **존재하는 것**으로서 정립되며, 판단은 표현의 완전할 수도 있는 적합성에 속하는 명증과 상관없이, **경험 정립**의 명증을 가진다. 이때 경험 정립은 하나의 명증이긴 하지만, 일반적으로 말하면 불완전한 명증이다. 누구나 "경험이 속일 수 있음"을 알고 있다. 물론 누구나 경험에 따라 진술할 권리를 가지고 있지만, 경험되는 것이 "꼭 현실적으로 존재할 필요는 없음"도 알고 있다.

다른 한편, 우리가 앞서 경험의 태도에서 소여된 것[14]을 기술하면서 진술했던 것들은 절대적 명증이라는 권리를 요구한다. 우리가 그와 같은 것을 '발견'한다는 것은 의심 없는 진실이다. 즉, 나는 나 자신을 이러저러한 것을 가지고 있는 자로서, 주위세계의 중심점 등등으로서 **'발견'한다**는 것을 의심 없는 진리성, 절대적인 진리성을 가지고 진술하고, 보고 있다. 그리고 내가, 나는 지금 여기에서 이 특정 사물을 경험하고 있다고 진술할 때뿐만 아니라, 내가 일반적으로 사물들로 이루어진 하나의 주위에서 사물 등을 지각하며 지각했다고 무규정적이고 일반적으로 진술할 때도, 이것은 의심할 수 없는 참이다.[15] 내가 이러저러한 [개별적인] 것을 곧바로 '발견'함을 확신함도 명증적일 뿐 아니라, "나는 존재한다."는 것, 하나의 세계가 존재한다는 것, 그리고 기술된 유형에 속하는 '발견'된 것들이 그 일반적 유형에 있어 자아와 연관을 지닌다는 것도 명증적이다. 비록 특정한 개별적인 것과 관련해서는 의심과 오류가 가능하겠지만 말이다. 우리는 이러한 명증이 어떠한 종류의 것인지에 대해서 여기서 결정하지는 않을 것이다.[16]

우리는 단지 경험은 자신의 권리를 가지고 있다는 것, 정확히 말하면 판단작용은 자연적 태도에서 "경험을 근거로 하여" 자신의 자명한 권리를 갖는다는 것을 확고히 견지할 뿐이다. 제일 아래층에는 단지 기술하는 판단, 그다음 높은 층에는 기술적 학문에 속하는 귀납적인 학문적 판단, 그리고 마지막으로는 정밀한 객관적 학문들의 판단이 놓여 있다. 이것[정밀한 객관적 학문들의 판단]은 직접적 경험을 넘어서 경험되지 않은 것을 추론하지만, 이때 그의 최종적 권리 근거는 항상 직접적 경

---

14  역자주 Gegebenheit은 '소여' 혹은 '소여된 것'으로 옮긴다. 같은 계열의 단어인 geben은 '증여하다'로, gegeben은 '소여된'으로 옮긴다.
15  저자주 당연히 이것은 순수 자아를 포함한 순수 의식작용의 명증이다.
16  저자주 그러나 이것은 분명 경험적 명증이다.

험소여(unmittelbare Erfahrungsgegebenheiten)에 의존한다.


## §8. 경험과학들: 물리적 자연과학과 심리학. 자연적 세계개념

인간은 경험한 것을 기술하기만 하는 것이 아니라 이제 학문적으로 인
식하기도 하는데, 이것이 경험과학(Erfahrungswissenschaft)이다. 이것
은 자연적 태도의 학문이다.

1) 자연적 태도에 특수하게 소여된 것들, 즉 사물들에 대한 학문적
탐구는 **물리적 자연과학**의 작업이다. 다시 말해 이 학문의 대상은 정확
히 다음과 같은 의미의 사물들이다. 즉, 이들은 그 자체로 존재하는 것
들로서 경험에서 소여된 것들이며, 객관적 공간에서 특정 위치와 연장,
객관적 지속에서 특정 위치와 지속을 가지고 있으며, 이러저러하게 변
하거나 변화하지 않는다. 이때 주목해야 할 점은 사물들은 현출들이 아
니라 자기동일적 대상이라는 점이며, 이 자기동일적 대상이 나나 어떤
다른 자아에게, 이 자아들의 주관적 위치와 정상적 혹은 비정상적 신체
구조 등에 의거하여 때로는 이렇게 때로는 저렇게 현출하는 것이라는
점이다. 하지만 사물은 단지 소여 전체의 한 부분을 형성할 뿐이다.

2) 앞서 상술된 바에 따르면, 인간들은 자신을 경험하고 이웃 인간들
을 경험하며, 동물과 여타 영혼 존재라 불리는 다른 체험하는 유기적
존재를 경험한다. 타자 경험, 그리고 타자의 진술에 대한 이해를 통해,
이들은 실천적으로 상호 소통할 뿐만 아니라, 인식을 목적으로 서로를
관찰한다. 자기에 대한 지각과 자기에 대한 기억이라는 형식으로 소위
심리학적 인식을 획득하는 것과 같이, 타자 경험과 그에 근거한 이론화
라는 형식으로 이를 획득한다. 마찬가지로 (자신 및 타자의) 심리적인
것의 신체에의 의존 관계와 관련하여 심리물리학적 인식을 획득한다.

물리적인 것에 관한 자연과학이 사물(물리적 현출 속에서 나타나지만 물리적 현출, 즉 체험 자체는 아니며, 객관적 속성, 변화, 상태들을 가진 사물)을 기술하고 인과법칙적으로 설명하듯이, **심리학**은 변화하는 상태와 작용, 그리고 변화하는 성향(기질 등)을 가진 인간이 지닌 인격들을 인과법칙적으로 기술하고 설명한다. 하지만 심리학은, 인격들이 자기 자신 및 타자들에게 변화하면서 이러저러하게 나타나는 바로서의 현출들은 기술하고 설명하지 않는다. 이때 물론 현출이라는 단어는 적절히 이해되어야 하겠지만 말이다. 그러나 어떤 의미에서는 물리적 현출, 그리고 영혼의 자기현출 및 타자현출을 포함하여 **모든** 현출이 심리학의 영역에 속하는 한에서, 사태는 위와 달라진다. 왜냐하면 비록 **나에게** 타자가 현출하는 방식, **타자가** 나 자신에게 현출하는 방식, 마지막으로 내가 나 자신에게 현출하는 방식들을 그때마다 기술하는 것이 나의 자아 자체를 기술하거나 다른 인격 자체를 기술하는 것 등과는 다르다고 할지라도, 내가 나 자신에게 대상이 되는 의식이나 내 앞에 마주 서 있는 타자에 대한 의식은 모든 의식과 마찬가지로 자아의 체험이기 때문이다. 거듭 말하자면, 사물은 결코 사물 현출이 아니다. 사물은 그것을 내가 지각하든 말든, 따라서 상응하는 지각 현출을 가지든 말든 그것인 바대로 존재한다. 사물은 물리적인 것이지 심리적인 것이 아니다. 그러나 지각 현출을 가짐과 거기에 근거한 사물에 대한 사고작용은 심리학 영역에 속하는 것이다. 더 상세한 관찰을 통해 가령 사물 지각에서 현출하는 것[사물]의 현출을 가짐과 현출 자체([자아는] 이것을 소위 의식 속에서 가진다) 사이에 차이가 있음이 드러난다 할지라도, 현출은 [자아가] 가지는 현출인 한에서 심리학에 속할 것이다. 이 [현출을] "가짐"은 다만 [현출의] 내용을 통해 서로 구별될 뿐이다.

그리고 이 모든 것은, 앞서 기술한 자연적 태도에서 파악된다는 의미에서 심리학의 영역에 속한다. 심리학적 자아는 객관적 시간, 즉 공간

세계가 속해 있는 것과 동일한 시간이며 시계와 여타 시간측정기에
의해 측정되는 시간에 속한다. 그리고 이 자아는 시공간적으로 신체에
결합되어 있다. 객관적 시간 속에 들어가 배열되는 심리학적 상태와
작용은 그의 객관적, 즉 시공간적 현존 방식과 규정 내용(Dasein und
Sosein)에서 이 신체의 기능에 의존한다. 모든 심리적인 것은 시공간적
으로 존재한다. 물론 심리적 자아 자체(그리고 그의 체험들)가 연장과
장소를 가진다는 것을 아마 정당하게도 불합리하다고 생각할 수도 있
을 것이다. 그러나 심리적 자아는 공간에서 객관적 위치를 차지하는 해
당 신체의 자아이므로, 공간 안에 현존한다. 그래서 누구나 나는 지금
여기에 있고 나중에 저기에 있을 것이라고 말하는 것은 당연하고도 올
바르다. 그리고 정확히 동일한 것이 시간에 관해서도 타당하다. 자아와
그의 체험 **자체**를 지구 운동에 의해 규정되고 물리학적 장치에 의해 측
정되는 그 시간에 편입시키는 것도 이에 못지않게 불합리할지도 모른
다. 그러나 누구나 나는 지금 존재한다, 그리고 이와 동일한 지금 지구
는 궤도에서 이러저러한 위치에 있다고 말하는 것은 자연스럽고 올바
르다. 이것에 따라 심리학과 심리학에 풀려날 수 없게 결합된 심리물리
학(우리는 기껏해야 실천적으로 이들을 구별하고자 한다)을 자연과학
이라고 부르는 것이 이해가 된다. 공간과 시간 안에 현존하는 것에 관
한 학문은 모두 자연과학이다. 그리고 자연은 통일적인 총괄개념이다.
달리 말하면, 더 상세히 고찰하면 드러나듯이, 자연은 모든 시공간적
현존들이 법칙적으로 통일된 전체, 즉 하나의 공간에서 장소와 연장을
가지며 하나의 시간에서 위치와 지속을 갖는 모든 것들이 법칙적으로
통일된 전체이다. 이 전체를 우리는 **세계** 혹은 **전체 자연**(Allnatur)이라
고 부른다. 이 세계에 사물과 영혼이라고 불리는 두 개의 세계가 서로
분리되어 존재하는 것이 아니다. 경험은 단지 하나의 세계만 알고 있을
뿐이다. 영혼은 바로 신체의 영혼이고, 세계는 경험 세계이며 그 자체

로 모든 다른 자아들처럼 그 자신도 세계에 경험의 방식으로(erfah-rungsmäßig)[17] 편입된 자아들을 돌이켜 가리키기 때문이다.

이쯤에서 그치기로 한다. 이러한 최초의 기술들은 여기 제시된 모든 방향으로 훨씬 더 멀리까지 나아갈 수 있으며, 아마도 현저하게 새로운 방향으로 나아갈 수 있을 것이다. 가장 높은 권위를 갖는 철학적 관심은 소위 **자연적 세계개념**과 자연적 태도에 대한 완전하고 전면적인 기술을 요구한다는 사실 또한 제시될 수 있을 것이다. 다른 한편, 이러한 종류의 정밀하고 깊이 들어가는 기술은 쉽게 해결할 수 있는 일이 아니며 극단적으로 어려운 반성을 요구한다는 사실 또한 제시될 수 있을 것이다. 하지만 비록 이 강의의 계획이 저것과 같은 철학적 관심에 의해 조율되어 있다 할지라도, 그러한 종류의 철학적 관심에 대해서는 여기에서 어떠한 말도 하지 않겠다. 우리의 다음의 목표를 위해서는 지금까지 주어진 대략적 출발만으로 충분하다. 우리는 단지 자연적 태도가 무엇인지를 보여주고자 했을 뿐이다. 그리고 우리는 자연적 태도에서 '발견'될 수 있는 것, 즉, 자연적 의미에서의 세계에 대해 일반적이고 간략하게 기술하였다. 즉, 세계는 자연과학과 심리학의 무한한 대상일 뿐이며, 그것도 물론 정밀하게 기술하는 학문들과 이론적으로 설명하고 나아가 인과적으로 설명하는 학문들의 무한한 대상일 뿐이라는 점을 말이다.

---

17  역자주 erfahrungsmäßig와 empirisch를 구별하기 위해 erfahrungsmäßig는 문맥에 따라 '경험에 따라', '경험의 방식으로', '경험에 의거하여' 등으로 옮기고, empirisch는 '경험적'으로 옮기거나, 경우에 따라 '경험사실적'으로 옮긴다. 문맥상 혼동이 될 경우, 독일어를 병기할 것이다.

후설에게서 경험(Erfahrung)은 술어적 판단 이전에 대상을 직관하는 것을 말한다. empirisch는 apriorisch(선험적)와 대비되는 것으로서, 사실적으로 현존하는 것에 대한 경험(Erfahrung)과 관련된다. 경험은 일차적으로, 사실적으로 현존하는 대상에 대한 경험이라는 점에서 경험사실적 경험(empirische Erfahrung)이다. 따라서 erfahrungsmäßig와 empirisch가 혼동되어서는 안 되지만, 둘 사이에 깊은 연관이 있다는 사실 또한 놓쳐서는 안 된다.

## §9. 경험적 태도 혹은 자연적 태도와 선험적 태도. 자연 존재론과 형식적 존재론

자연이나 세계를 볼 수 있고 인식할 수 있는 장으로 삼는, 이제까지 기술한 자연적 세계파악의 태도와 대립되는 어떠한 새로운 종류의 태도가 가능한가? 자연은 모든 현실적 존재를 포함하고 있지 않은가? 만약 우리가 "현실적"이라는 단어를 곧바로 시간과 공간 안에 현존하는 것에 해당하는 것으로 이해한다면, 그것은 확실하다. 하지만 올바른 판단과 통찰적 인식 판단은 [시간과 공간에] 현존하지 않는 대상과도 관계할 수 있음을 고려한다면, 그것은 확실하지 않다.

이리하여 순수 기하학은 기하학적 도형에 대해서, 순수 산술은 수에 대해서 진술한다. 하지만 순수 공간의 가능 형태인 순수 기하학의 도형들과 수 계열의 순수한 수인 산술의 수는 사물이 아니며, 어떠한 의미에서도 결코 자연의 사실들이 아니다.[18]

따라서 우리는 사실적으로 시공간적으로 현존하는 것들의 세계인 자연, 즉 "경험적" 세계(empirische Welt)에 대립해서 **이념적** 세계, 즉, 이념들의 세계가 존재한다고 말할 수 있다. 이 이념들은 비공간적이고 비시간적이며 비실제적이지만 그래도 바로 수 계열에서 수들처럼, 존재하는 것들이며, 그리하여 자연의 사물들과 마찬가지로 타당한 학문적 진술의 주제들이다. 따라서 우리는 자연적, 경험적 태도(empirische Einstellung)와 비경험적 태도, 즉 **선험적** 태도(apriorische Einstellung)[19]를 구분해야만 한다. 전자에서는 현존 대상들이, 후자에서는 본질 대상들이, 전자에서는 자연이, 후자에서는 이념들이 소여된다.

---

18  저자주 이는 형상적 태도이다.
19  역자주 apriorisch를 '선험적', 그것의 명사형인 Apriori는 '선험적인 것'으로 번역한다.

이에 대해서는 이론의 여지가 없다. 지각이나 기억에서 어떤 사물의 계기로 색이 우리에게 주어지고, 우리가 지각하고 기억하면서 색을 **의향하는** 것과 시선을 돌려 단지 색의 이념만을, 즉 해당 색의 종(Far-benspezies)만을 순수 소여로 포착하는 것은 명백히 서로 다른 태도이다. '도'라는 질을 갖는 개별 음을 지금 막 울리고 있는 바이올린의 소리로 지각하는 것과, 범례가 되는 소리 현출을 근거로 하여 [소리의] 질 '도'의 **이념**을 형성하는 것은 다른 태도이다. 이 이념은 이념적이고 일회적인 소리질 계열에 속한 유일무이한 이념이다. 혹은, 4개의 선분을 보는 것과 4개의 선분을 보되 시선을 돌려 유일무이한 이념이며 범례를 통해 직관되는 이념인 수 4를 향하는 것은 서로 다른 태도이다.

이러한 이념들은 이제 **대상들**로 기능하고 동시에 이 이념에 상응하는, 무규정적이고 일반적으로 사고되는 개체들, 즉, 단지 사고될 뿐이고 존재하는 것으로 정립되지는 않는 개체들과 관련된 진술을 가능하게 한다. 이때 이러한 진술들은 무조건적 일반성이라는 성격을 갖는다. 예를 들어 산술의 이념들이 그러하다. 모든 이념이 그 자체로 지니는 속성은, 각 이념에 소위 외연이 상응한다는 것, 그것도 개체들로 이루어진 순수 외연이 상응한다는 사실이다. 이러한 개체들과 관련해서는 어떠한 현존 정립도 수행되지 않는다. 따라서 순수 기하학과 순수 운동학 그리고 순수 음향학 등은 실제적 현존에 대한 어떠한 진술도 포함하고 있지 않다. 현존하는 것이 있든지 없든지 간에 이 학문들의 명제들은 타당하다. 이 명제들은 순수 명제로서 타당하다.

물론 선험적인 것이 가지는 **순수성**, 즉 그것의 현존으로부터의 자유(Deseinsfreiheit)를 보고 그것을 확고히 견지하기 위해서는 하나의 조치, 하나의 결단이 필요하다. 자연과학자들과 수학자들은 수학적 명제들에 경험적 의미를 부여하길 좋아한다. **만약** 이들이 수학적 명제들을 판단하고 정초함에 있어, 셈의 무규정적 단일체[수]들이 현실적 존재자들,

현존 사물들, 현존 경과들을, 다만 모든 임의적이고 경험적인 존재자를 포괄하는, 사고의 저 무규정적 일반성에서 대리한다고 생각한다면, **이 경우** 수학(그리고 이와 같은 의미에서 모든 유사한 학문)은, 잘 유념해야 하겠지만 저들이 해석하는 것처럼 처음부터 자연의 영역에 속할 것이다. 사실상 순수 이념과 이와 연관된 순수하고 완전히 무조건적인 일반성은 자연적이고 경험적인 태도와 거리가 멀다. 현존으로부터의 자유라는 의미에서 선험적인 것, 이념적 존재자를 포착하고 초경험적이고 비공간적이고 비시간적인 이념을 파악하기 위해 우선 필요한 것은, 수학적인 것에 대한 위와 같은 해석에 반대해 [수학적인 것으로부터] 무규정적 **현존** 정립까지 포함한 모든 **현존** 정립을 제거하는 것이다.

하지만 이것은 원칙적으로 보면 부정확한 표현이다. 이념을 일단 순수하게 직관해 본 자, 그리고 순수하게 혹은 "엄밀한" 일반성 속에서 판단을 수행해 본 자는 경험적 일반성에서 출발할 필요가 없으며, 경험적 현존을 제거하는 별도의 작용이 필요치 않다. 우리는 이념과 순수 일반성을 바로 하나의 고유한 태도에서, 즉 [경험적 일반성이 아닌] 다른 것을 향하는 고유한 봄과 의향에서 포착한다. 한편, 다음에도 주목해야 한다. 순수한 선험적인 것을 갖고, 파악하고, 의향하는 것과 이렇게 파악되고 진술된 것의 의미를 추후에 반성하면서 이것을 올바로 해석하고, 이것이 주어지는 그대로 취하는 것은 서로 별개의 일이다. 대개 수학자들은 엄밀한 일반성 속에서 판단하는 일은 매우 잘 할 수 있고 그렇게 하기도 하겠지만, 순수하게 포착된 것을 추후에 경험적으로 해석하는 경험주의적 선입견에 유혹될 수 있다. 따라서 우리는 이념들과 본질들을 선험적 태도에서 포착한다.

여기에는 공간의 이념과 공간적 형태들의 이념들이, 그 자체는 공간적이지는 않은 공간적인 것들에 **관한** 이념들이 속한다. 현실적 공간 즉, 자연에는 어떠한 공간 이념, 삼각형 이념 등도 존재하지 않는다. 마찬가지로 현실적 시간에는 그 자신 비시간적 존재이며 바로 이념인 시간 이념이 존재하지 않는다. 따라서 본질 태도, 그리고 최종적으로는 **직관적 이념화 작용(Ideation)**의 태도는 하나의 새로운 영역, **현존으로부터 자유로운** 영역을 내어주며, 어떤 의미에서 이러한 태도는 이미 철학적 태도라고 칭해질 수 있다. 확실히 경험적으로 제한된 수학의 비순수한 선험적인 것으로부터 순수 수학의 엄밀한 선험적인 것으로 이행하는 것은 커다란 철학적 의미를 가지며 참된 철학이 확립되기 위한 필수불가결한 단계이다. 이러한 단계를 수행하지 못한 자는 결코 진정한 철학의 저 높은 고지에 올라갈 수 없다.

그런데 만약 이러한 새로운 [선험적] 태도에서 일단 멈춘다면, 바로 한편에는 자연과학들이, 다른 한편에는 순수하게 파악된 수학적 학문들과 여타 선험적 학문들이 있을 뿐이다. 혹은 그보다는, 자연과학으로부터의 출발이 요청하는 선험적 학문들, 일단은 자연과학 탐구의 도구로만 구성되는 **그러한** 선험적 학문이 있을 뿐이다. 우리는 이러한 학문들을 다음과 같이 나눌 수 있다. 우리는 이념으로서의 자연에 사실로서의 자연을 대립시킨다. 사실로서의 자연에는 일반적인 의미에서의 자연과학 즉 경험적 자연과학이 관계하고, 이념으로서의 자연에는 순수 자연과학이 관계한다. 이는 자연의 이념을 구성하는 이념들의 학문 즉, 기하학, 순수 시간론, 그리고 칸트의 순수 자연과학 이념에 상응하는, 운동들 및 사물의 가능한 변형들 자체에 대한 순수 이론들을 낳는다. 우리는 자연의 이념에 상응하는 이러한 분과학문들을 **자연 존재론**이라는 이름 아래서 파악하자.

다른 일군의 선험적 분과학문들의 성격은 본질적으로 이와 다른데, 자연과학들은 종종 이들의 진리를 활용해야 한다. 나는 여기에서 순수 명제논리학, 순수 확률론, 순수 산술, 마지막으로 순수 다양체론을 생각하고 있다. 이 학문들은 자연의 이념에 속하지 않는다. 또한 자연의 이념을 구성하고 있는 선험적인 것들을 해명하지 않는다. 산술이 가지고 있는 현존으로부터의 자유는 그때마다의 실제적 현존의 현실적 정립으로부터의 자유만이 아니라, 모든 자연 이념의 정립 및 사물과 속성 등의 이념의 도입으로부터의 자유이기도 하다. 산술에서 '하나'는 어떤 것 일반이며, 여기에는 사물적인 것, 시공간적인 것뿐만 아니라, 이념이든 숫자이든 어떤 것 일반이 들어온다. 만약 형식논리학이 명제 진리를 다룬다면, 무조건적 일반성에서의 명제 이념은 자연과학적 사고내용을 갖는 임의의 명제들뿐 아니라, 예를 들어 순수 산술적 사고내용과 같은 임의의 사고내용을 갖는 명제들도 포함한다. 이제까지 언급된 분과학문들은 보편적인 선험적 존재론으로도, 즉 사고된 **존재 일반**과 관련된 존재론으로도 해석될 수 있음이 분명해진다.

순수 자연과학, 혹은 더 나은 표현으로 말하면 자연 존재론은 자연의 이념에 속하는, 혹은 자연의 이념에 대해 구성적인 이념들에 속하는 모든 분과학문을 포괄하는 명칭일 것이다. 여기에는 공간과 시간의 이념, 따라서 순수 공간론(기하학), 순수 시간론, 순수 운동학 및 공간적 형태의 가능한 변형에 관한 순수 분과학문들이 속할 것이다. 그러나 더 나아가 지속과 기하학적 형태뿐만 아니라, **인과적** 연관에 놓인 **실제적 속성** 및 **실제적 변화**도 갖는 사물의 이념에는, 그 자체로는 현존 사물의 사실성과 관계하는 것이 아니라 사물성의 이념 자체에 속하는 선험적 법칙들도 속한다. 이리하여 우리는 **칸트적 의미의 "순수 자연과학"**에 맞닥뜨리게 된다. 잘 알려져 있다시피, 칸트는 이를 기하학, 순수 시간론, 그리고 앞서 언급된 다른 분과학문들로부터 분리했다. 하지만 이 분과학문[칸트적 의미의 순수 자연과학]은 사람들이 기대했던 기능들을 실제로 수행하지 못했다는 것, 그리고 역사적으로 자연과학의 선험적 보조 분과학문으로서(말하자면, 사물성의 수학으로서) 형성되지도 못했고 사용되지도 못했다고 말할 수 있다. 그것은 진정 미해결의 문제로 남아 있으며, 보잘것없는 단초들을 넘어서 나아가지 못했다. 예를 들어 물질적 사물의 불과투입성 명제나, 하나의 사물의 장소는 운동에서만, 즉 연속적 장소 변화에서만 변한다는 명제 등, 여기저기 흩어져 있는 명제들만 자연과학에 봉사해 왔다. 더 나아가, 모든 속성 변화는 경험적 법칙, 즉 자연법칙에 따라서만 진행된다는 인과법칙 정도만 자연과학에 봉사해 왔다. 이때 물론 칸트적 순수 자연과학에 속하는 이 원리를 경험법칙으로 간주하는 경향이 있는 한, 다른 원리와 마찬가지로 이 원리에 관해서도 논쟁이 분분하다. 그러나 이러한 경향은 다른 측면에서는 결정적으로 부정된다. 철저한 지적 성실성을 고수하도록 배운 자는, 그리고 모든 혼란스러운 오해와 심지어 유행 이론에 맞서 본질 태도에서 직관된 것을 반성에서 소여된 것으로서 견지하도록 배운 자는, 앞에서 언급된 것처럼, 순수 공간, 순수 시간, 순수 운동 등과 이념적 방식으로 관계하고 있고 그렇게 인정되어야 할 수학적 분과학문에서와 동일한 태도를 여기에서도 취할 것이다.

그러나 이제 본질적으로 다른 성격을 가지며, 부분적으로는 역시 수학적이라고 불리는 일군의 분과학문도 언급해야 한다. 이 학문들은 지난 백 년 동안, 그러나 완전한 형태로는 최근에야 비로소 전성기를 맞이하면서 순수하게 확립되었고 또한 사실적 현존에 관한 학문의 도구 역할을 수행하게 되었다.

우선 진술명제에 대한 순수 형식논리학이 그것이며, 철저히 순수하게 파악된 확률 및 가능성에 관한 이론이 그것이다. 사례를 드는 것으로 충분할 것 같은데, 첫 번째 것에는 수학자들의 작업에 의해 최근에 수학적 형태를 띠게 된 삼단논리학 전체가 속한다. 순수 확률론은 아직 [순수성을] 배제하는 현존과 혼합되어 있다. 단지 소수만 현존으로부터 완전히 자유로운 확률론의 이념을 지지하고 있을 뿐이다. 더 나아가서 나는 삼단논리학과 근접한 순수 산술 및 순수 다양체론을 언급하기를 잊지 않아야겠다.

이 모든 분과학문들은 예를 들어 기하학과 달리 자연의 이념에 속하지 않으며, 자연의 이념을 그 고유한 본질에 따라 구성하는 것에 관련되지 않는다. 예를 들어 현존으로부터의 자유라는 산술의 성격은 (물리적 현존이든 심리적 현존이든 간에) 실제적 현존의 현실적 정립을 완전히 배제함을 의미할 뿐 아니라, 자연 이념의 개별적 본질 내용은 하나도 문제 삼지 않는다. 따라서 공간, 사물, 사물의 속성 등의 이념은 이념적 방식으로도 문제 삼지 않는다.

산술에서의 하나(Eins)는 어떤 것 일반 정도를 뜻한다. 만약 또 하나의 단일체(Einheit)에 대해서 말한다면, 이는 바로 앞의 어떤 것 일반과 무규정적 일반성에 있어 다르게 사고되는, 어떤 다른 것 일반을 뜻할 뿐이다. 어떤 것이 순수한 일반성에서라도 물리적으로 현존하는 것이냐, 심리적으로 현존하는 것이냐, 심지어 또한 이념으로 존재하는 것이냐는 아무런 차이도 없다. 이 모든 것은 셀 수 있으며, 예를 들어 (결코 사물적인 것이 아닌) 수들도, 그리고 공간과 시간도 셀 수 있다. 내가 공간과 시간은 모든 가능한 자연 일반의 두 개의 순수 형식이라고 말할 때 그러하다.

좁은 의미에서의 형식논리학도 사정은 마찬가지이다. 이 학문이 명제 일반을 다룬다는 것이 특별히 자연이라든지 그 밖의 것과 관련된 명제 등을 다룬다는 뜻은 아니다. 지금 언급된 모든 분과학문은 서로 내적으로 연관되어 있으며, 따라서 이들 모두를 **형식 존재론**, 즉 **무조건적으로 일반적인 존재론**의 이념 아래에서 서로 연결시킬 수 있을 것이다. 이에 대립해서, 물질적으로 규정되었기 때문에 매우 제한된 **자연 존재론**의 이념, 즉 물리적 자연과 심리적 자연의 존재론의 이념이 놓여 있다. 내가 앞에서 암시했던 것처럼 선험적 분과학문의 이러한 범위는 아직 더 높고 본래적인 철학적 문제학의 층이 아니다. 우리는 계속 더 나아가야 하는데, 우선은 우리가 마주친 철학적 분과학문들이 유일한 선험적 학문인

가라는 물음으로 나아가야 할 것이다.[20]

## §10. 자연의 선험적인 것, 자연적 세계개념과 자연과학. 아베나리우스의 "순수 경험 비판"

더 나아가기 전에 우리는 하나의 교훈적인 보충적 논의를 하려고 한다. 여기에서 나는 아베나리우스 학파의 실증주의와의 원칙적인 대결을 시도하고 싶다.[21] 아베나리우스 학파는 세계개념에서 모든 "형이상학적" 첨가물을 제거하고 순수 경험의 "자연적" 세계개념을 재구축하는 것을 순수 경험 이론과 비판의 과제로 보고 있다.[22]

　우리가 앞서 시작했던 자연적 세계개념에 대한 기술을, 이러한 가장 넓은 외연과 크기 속에서 사고된 자연 존재론과 관련해서 숙고하는 것이 이제 중요하다.

---

**20**　편집자(이소 케른 Iso Kern, 이하 동일)주 후설은 후에 다음과 같이 언급한다. "정신과학, 즉 '정신적 형성물'에 대한 학문이 고찰되지 못했다. 이에 대해서는 부록 참조." 이 부록은 이 강의의 원고 묶음에는 존재하지 않는다. 아마도 그것은 〈1910/11년 강의를 위한 준비〉[본 역서 부록 1]이거나 'W 원고'[본 역서 부록 1, 131쪽 편집자주 참조]이거나 후설 전집 13권의 부록 17, 18로 출간된 텍스트와 관계된 것으로 추측된다.

**21**　역자주 아베나리우스는 독일의 철학자로서 소위 '경험 비판론(empirio-criticism)'을 통해 형이상학적 가정이 철저히 배제된 소위 "순수 경험"에 기초해서 새로운 철학을 수립할 것을 주장하였다. 후설은 아베나리우스의 "순수 경험"이나 "자연적 세계개념"에서 많은 영감을 받았으며, 아베나리우스의 경험 비판론을 현상학의 선행자로 간주했다. 후설의 현상학적 순수 경험이나 생활세계 등이 이러한 영향의 결과로 평가되기도 한다. 하지만 그는 아베나리우스가 제시한 순수 경험이나 자연적 세계개념에는 여전히 자연주의적 선입견이 포함되어 있다고 비판한다.

**22**　편집자주 후설이 매긴 강의 원고의 쪽번호에 의거하면, 여기에서 원고 두 장이 빠져 있다. 편집자는 이를 후설 유고 가운데에서 발견하지 못했다. 이 문단들을 부록 22 [본 역서의 부록 3]의 "내재 철학—아베나리우스"와 비교해 보라.

우리의 기술은 일반적인 기술이었으며, 어떤 방식에서는 명증적인 기술이었다. 그럼에도 다른 한편 그것은 하나의 기술이었고, 그 기술은 기술된 것의 현존을 정립하였다. 우리들 모두는 이 기술 속에서 다음과 같이 말한다. "나는 시공간적 주위 속에서 사물과 다른 인간들 사이에서 존재하고 그러한 나 자신을 '발견'한다. 나는 그것들 모두에 관한 현출들을 가지며, 현출들을 '나의 신체'라는 유별난 사물과 관련해서 '발견'한다." 등. 그것은 당연히 사실들이다. 내가 기억을 근거로 해서 다음과 같이 기술할 때에도 마찬가지이다. "나는 존재했었고, 주위 속에서 존재했었다." 등. 그리고 다시 다음과 같이 말할 때도 마찬가지이다. "다른 신체들에는 [다른] 자아들이 결합되어 있으며, 이 자아들은 나와 동일한 주위에 연관된다." 등. 그때 내가 눈앞에 가지고 있는 그때마다의 개별적인 사실들이 현실적으로 존재하는지 그렇지 않은지는 의심될 수 있다고 사람들은 말할 것이다. 그럼에도 여기에 또 하나의 명증, 우리가 기술과 관련해서 요구했었던 명증은 남아 있는가? 물론 여기에서는 완전히 상세하게, 그리고 필요한 깊이에서 그 문제를 다루지 않은 채 숙고해 보자. 쉽게 발견해 낼 수 있는 제약 아래에서이긴 하지만 다음과 같은 사실들은 명증적이다. 즉, 나는 그때마다 내가 이러저러한 지각들, 예상들, 확신 등을 가지고 있다는 것, 나는 알려진 인격체로서 나에 관한 자기 지각과 자기 파악을 갖는다는 것, 나는 주위 등등에 관한 지각을 갖는다는 것 등을 말할 수 있다는 것은 명증적이다. 그리고 더 나아가서 다음은 명증적이다. 앞서 제시했다시피, 나의 판단은 지각된 것 자체, 기억된 것 자체 등등에 대한 순수한 표현인 한에서, 그리고 순수하게 기술하는 표현을 통해 자신이 관련되는 지각과 예상들 및 그 밖의 경험확실성들이 가진 단순한 **의미**를 반영하는 한에서, 그것은 모든 가능한 오류들을 배제한다는 사실은 명증적이다. 비록 나는 사물들이 거기에 존재한다는 점에서는 속을 수 있지만, 그러나 내가 지각한다는 것, 그리고 지각이 공간적 주위 내부에서 하나의 사물에 관한 지각 이라는 것 등등은 의심할 수 없다.[23]

　　그러나 이제 우리는 더 나아가서 다음과 같이 말할 수 있다. 만약 자연적 태도에서 정립된 것이 현실적이라면, 바꾸어 말해 지각과 예상 등등이 정당화된다면(따라서 지각이나 예상이 가지고 있는 대상적 의미가 자신의 타당성 속에서 객관적으로 유지될 수 있다면), 그러한 대상적 의미 일반이 선험적으로 요구하는 것은 객관적으로 타당함에 틀림 없다는 사실 또한 명증적이다. 나는 지각, 기억 등을 일반적 표현을 가지고 지각 일반, 기억 일반으로 기술하며, 또 그와 상관적으로 인격체, 사태, 체험, 성향, 사물, 사물적 속성, 공간적 연장, 시간적 지속 등에 관해서 말할 때 그러한 일반적 표현을 사용한다. 바로 이러한 일반적 표현들은 모든 경험적 진리가 명백히 결합되어 있는 일반적 의미를 나타내고 있다. 비록 나는 경우에 따라서는 내가 내 앞에 가지고 있다고 믿는 사물이 현실적으로 존재하는지, 그것이 나타나는 바와 같은 방식으로 존재하는지에 대해서는 속을 수 있다. 하지만 사물은 나타나고 있으며, 내가 그것이 현실적인지 아닌지, 현실적이라면 어떻게 현실적인지에 관한 물음을 숙고하기 전에, 나는 미리 오직 사물은 속성 등을 갖고 존재한다는 **의미에서**만 [사물이 현실적이거나 현실적이지 않거나] 할 수 있다는 것을 알고 있다. 왜냐하면 사물은 이러한 [속성을 가진 사물로서] 지각적으로 나타나고 있으며, 현출하는 것이 존재하는지에 대한 물음은 바로 이것을 통해 비로소 하나의 **특정한** 물음, 즉 이 **사물**이 존재하는가라는 물음이 될 수 있기 때문이다.

　　우리는 이러한 생각을 다음과 같이 자세히 설명할 수 있다. 우리가

---

23　저자주 기술(記述)은 그것이 해당 의식작용의 대상적 의미를 충실히 표현하는 한에서 명증적이다.

기술할 때에 다음은 [엄연한] 사실이다. 즉, 나는 내가 이러저러한 것을 추정적으로(vermeintlich) '발견'하고 있다는 것, 나 자신을 다른 사물들과 다른 심리적 존재자 사이에서, 그리고 시공간적 주위 안에서 추정적으로 '발견'하고 있다는 것을 일반적으로 확신할 뿐만 아니라, 비록 나는 개별적인 경우에 세계 내부에서 나에 의해서 가정되는 개체들과 관련해서 속을 수 있다 할지라도, 그 모든 것이 **이렇게 일반적으로 말해질 때** 참이라는 것 또한 확신하고 있다. 이제 철학적 관점에서 이러한 정립적인 명증, 세계 사실 자체를 일반적으로 제시하는 이러한 일반적인 명증이 우리에게 어떠한 문제를 제기할 수 있는지는 지금 결정하지 않고 내버려 둔다. 그것은 하나의 명증**이다.** 만약 우리가 이러한 명증의 테두리 안에서 개별적인 경험적 정립이 작동하고 있다는 사실, 통속적인 삶 및 마찬가지로 자연과학에서 이미 이루어지고 있듯이, 경우에 따라서는 경험의 개별적 사물들이 정립되고 그에 기반해서 사물들이 경험의 방식으로 판단된다는 사실을 생각한다면, 다음과 같은 사실은 절대로 의심할 수 없다. 즉, 일반적으로나 개별적으로, 모든 가능한 경험 인식은, 이미 [경험] 정립들이 수행될 때 [전제]되는 **의미**에 구속되어 있다. 자연과학은 자연에 관한 학문 이외의 다른 것이 아니며, 다른 것이 되고자 하지 않는다. 자연과학은 모든 상세한 경험소여들에 대한 방법적 처리에 앞서서, 그에게 경험소여성으로서의 자연에 관한 일반적 의미가 지시해 주는 것, 그리고 자연적 태도와 그것의 내용, 그리고 자연적 세계 자체에 대한 기술이 사용하는 단어들을 통해 일반적으로 표현되는 것을 전제한다. 사물, 속성, 변화, 원인, 결과, 공간, 시간, 다른 한편 인격체, 체험, 현출, 성향 등의 단어들이 그것들이다.[24]

---

24  저자주 하지만 선험적인 불변자가 경험적인 불변자(유형적이고 경험적인 유형)와 어떻게 구별되는지가 해명되지 않았다. 또한 빈 의향을 가능한 완전한 경험으로 환원함 또한 해명되지 않았다.

그것은 다음과 같은 사실을 의미한다. 즉, 모든 자연과학은 그것이 자연적 세계 조망(natürliche Weltansicht)의 정립을 전제하고 이러한 테두리와 의미 안에서 존재를 탐구하는 한에서, **선험적으로 실제적 존재론(reale Ontologie)에 구속되어 있다.**[25]

실증주의자들, 특히 아베나리우스가 항상 되풀이해서 주장해 왔듯이 자연과학이 그것이 실제로 존재하는 바에 있어서, 자연적 세계 조망에 위배되는 비뚤어진 해석들로 가득 차 있고 위조되어 있다고 해보자. 다시 말해서, 자연과학적인 방법 안에서 유용한 기능들을 수행하긴 하지만, 그것이 사실적으로 정의되고 해석되는 바에 있어서는, 자연적 세계 조망의 근본 도식에 위배되는 사고의 과잉을 포함하는 보조 개념들로 가득 차 있다고 해보자. 그렇다면 **"비판"**을 수행하는 것은 궁극적인 자연 인식의 획득을 위해서 필수불가결한 중요한 과제이다. 이러한 비판은 아주 정확하게 **"순수 경험의 비판"**이라고 불릴 수 있다. 그렇게 되면 순수 경험은 실증주의자들이 늘 되풀이하고 있는 말로 표현하자면, 모든 "형이상학"을 배제하는 경험이고 경험인식일 것이다. "형이상학"은 이때 우리의 (물론 실증주의적이지 않은) 입각점에서 보면, 다음과 같은 가정들 이외의 다른 것을 뜻하는 것이 아니다. 즉, 자연적 세계정립의 **토대 부여하는 의미**(grundlegenden Sinn)로부터,[26] 혹은 "경험"의 의

---

**25** 저자주 이것은 다음과 같이 이해되어야 옳다. 경험의 지속적인 정립은 그것의 지속적인 의미와 더불어, 지탱되는 경험 일치의 테두리 안에서 계속 경과한다. 그리고 정립의 명증은 항상 경험 명증으로서 잠정적으로, 반드시 잠정적으로 남는다. 자연의 이념이 주어진 자연에 적용될 수 있다는 사실은 바로 주어진 자연을 전제한다. 그러나 자연이 현실적으로 존재하는지, 현실성 속에서 실존하는지는 항상 잠정적이다.

**26** 저자주 세계 경험, 즉 자연 경험의 "토대 부여하는 의미"란 무엇인가? 세계에 대한 모든 사고, 세계에 대한 모든 의향은 "순수 경험"에 기인한다. 만약 우리가 모든 사고를 그것이 올바른지 그른지 묻지 않고 떼어내 버린다면, 그리고 경험된 것으로서 순수하게 경험된 것만을 견지한다면, 우리는 일반적인 개념에서 순수 경험의미를 원본적으로 규정할 수 있을 것이다.

미로부터 벗어나는 가정들일 것이다. 그렇다면 경험이란 자연적 태도
가 수행하는 정립과 똑같은 것을 의미한다. 따라서 과제는 자연과학의
개념에 대해 필요한 비판을 수행하는 것, 그리고 우선은 비판의 척도를
설정하기 위해 모든 자연과학이 근거하고 있는 자연적 정립의 일반적
의미를 철저하게 설명하는 것에 있다. 그러한 방식으로, 그리고 오직
그러한 방식에 의해서만, 구체적인 내용을 지닌 현실적으로 일치하는
세계개념이 자연과학으로부터 형성되어 나올 수 있다. 다른 식으로 말
하면 사실적 자연과학이 "순수한" 경험과학으로 변형될 수 있다. 그 모
든 것들은 여기에서 우리가 명백히 밝혀냈던 바대로 이해되는 한에서
의심의 여지가 없다. **자연의 "존재론"은 자신의 분과들 안에서 자연적 정
립의 순수한 형식적-일반적 의미를 전개**하거나, 자연적 태도 자체에 주
어지는 것을 전개한다. 반면, 무엇이 그러한 의미 내용의 특정한 정립
을 타당하게 만드는 것인지에 관한 물음들은 거기에 속하지 않는데, 이
는 그 이상의 개별적인 물음들, 즉 무엇이 그때마다의 개별적인 자연과
학을 그의 개별적인 정립 속에서 타당하게 만드는지에 관한 물음들이
거기에 속하지 않는 것과 같다.

　자연적 세계개념이란 모든 인간들이 진기하게, 그리고 사실적으로
가지고 태어나는 세계개념을 의미하지도 않으며, 의미해서도 안 된다.
즉, 수백만 년 동안의 동물적인 진화의 유산으로서, 동물 및 인간의 점
점 더 완전해지는 적응 과정의, 점점 더 사고경제적(denkökonomisch)
으로 자연에 적응하는 과정의 침전물로서의 세계개념을 의미하지 않는
다. 혹은 역사적 인간, 심지어는 개별적 인간이 경험적으로 생성해 내
었던 세계개념, 그에 의해서 인류학적, 역사적, 문화적 관계의 변화에
따라 다르게 형성될 수도 있었으며, 형성되어야만 했던, 그리하여 인간
이 일반적인 척도를 부여하는 자가 되는 그러한 세계개념을 의미하지
않는다.

당연하게도, 우리가 자연적 태도에서 판단했듯이, 이 세계의 어떤 인간들이 가지고 있는 체험과 체험의 집합체들은 모두 그 자체로 이 세계에 속하며, 그 속에서 어떤 경험적 법칙에 따라 경험적 필연성을 가지고 주어진 상황 아래에서 생겨난다. 그러나 인간이 그 안에서 통일적인 내용으로서의 세계개념을 갖게 되는 현행적인 체험들이 어떻게 생겨나든지 간에, 세계에 대한 의식을 갖고 있으며, 경험적인 현존을 정립하는 지각과 예상 등등을 포함하는 체험을 갖는 인간이 존재하는 곳인 세계라는 말이 자신의 의미를 유지하는 한에서, **자연적 세계개념은 절대적이고 선험적으로 타당하다.** 선험성이란 자연적 세계의 이러한 정립과는 다른 [세계] 정립이 모든 의미에서 불가능하다는 것을 의미하는 것도 아니며, 개체에 대한 다른 [형태의] 지각 및 우리가 사물 지각, 인간 지각 등등이라고 부르는 지각 등과 다른 [형태의] 경험이 단적으로 생각 불가능하다는 것을 의미하는 것은 아니다. 거기에 대해서 우리는 오히려 여기에서 판단을 유보한다. 대신 선험성이란 다음을 의미한다. 우리가 자연적 태도의 사실(Faktum)로부터, 이 태도에서 파악 가능하고 일반적으로 성격 규정 가능한 자연 정립의 사실로부터, 그리고 이러한 정립은 자신의 의심할 수 없는 권리를 가지고 있다는 사실로부터 출발한다면, 이러한 정립 속에서 정립된 개별적인 것을 학문적으로 규정하는 진술인 모든 자연과학적 진술은 만약 일반적인 의미 규정적 내용에 따른 이 정립의 의미를 위반한다면 무의미해진다는 것을 말한다.[27]

따라서 인간이 자신의 경험 진행 속에서, 혹은 더 고차적인 동물이 점점 완전해지는 자연에의 이성적 적응 과정 속에서, [지금] 정당화된

---

**27** 저자주 사실(Faktum)에 관한 이러한 말 안에는 우리가 사실을 무한하게 계속 지속되는 것으로 생각한다는 것이 함축되어 있다. 따라서 우리 각자가 매번 수행한 정립은 경험의 일치 속에서 계속해서 유지된다는 것을 예기하면서 가정한다는 것이 함축되어 있다. 그러나 이러한 예기는 세계 경험 자체의 통일에 근거한다.

세계개념과는 다른 세계개념을 만들어낼 수도 있었을 것이라는 가능성을 말하는 것은 무의미하다. 마치 이러한 [자연적] 세계개념이 자연과학 교과서에서 다루는 특수하고 일반법칙적인 사실들과 마찬가지로, 자연 속에 있는 인간과 동물에 대해서 우연적인 것이라는 듯이. 나는 그것이 무의미하다고 말한다. 왜냐하면 우리는 인간과 자연, 그리고 자연 속에서 가능한 것에 관해서 말해왔으며, 그리하여 우리는 자연과 인간을 전제했고 자연 일반을 가능하게 해주는 것을 전제했기 때문이다. 즉, 우리는 자연의 의미, 바로 자연적 세계개념을 전제했기 때문이다. 세계 속에서 세계란 말의 의미를 부정하는 어떤 것도 존재할 수 없다. 왜냐하면, 그것은 의미(본질)로서의 의미를 전제하기 때문이다.

더 나아가 내가 올바로 기억한다면, 만약 이 문제를 아베나리우스가 파악했거나 적어도 그의 학파에서 의미했던 것처럼 파악한다면, 즉 우리 모두가 학문에 앞서 가지고 있거나, 인간이 학문 이전에 가지고 있었던 세계개념을 기술할 수 있고, 그다음에 "인간이 자연과학을 추구한다면, 이러한 세계개념을 버릴 **동기**, 그것도 경험적(erfahrungsmäßig) 동기가 있는가?"라고 물을 수 있다고 파악한다면, 이것은 근본적으로 전도된 것이다. 왜냐하면 이런 물음은 경험이 자연적 세계개념을 이성적으로 변양할 동기를 야기할 수 있다고 전제하기 때문이다. 그러나 우리의 분석은 이러한 추정된 가능성이 모순이라는 것, 그것도 단어의 가장 날카로운 의미에서 모순이라는 것을 가르쳐주고 있다.[28]

세계 안에서 한 인간이 이 세계와는 다른 세계가 현실적인 세계일 수 있음을 이성적 권리를 가지고 발견할 수 있다고 암묵적으로 주장함이

---

28  저자주 또한 다음이 주목되어야 한다. 자연적 세계개념은 인간이 학문 이전에 스스로 만들어냈던 개념이 아니다. 그것은 세계개념으로서 학문 이전이나 이후에 자연적 태도의 의미를 이루고 있다. 하지만 이 자연적 태도의 의미는 존재론의 근본 개념들을 통해 비로소 가공되어 부각되어야 한다.

무의미하다고 해도, 다른 한편 다음과 같이 주장하는 것은 무의미하지 않다. 아마도 다른 세계가 존재할 수도 있고, 심지어 이 세계, 즉 자연적 태도나 경험의 세계와의 연관 바깥에, 여전히 하나의 세계, 이것과는 완전히 다른 종류의 세계, 유클리드 공간이 없는 세계가 존재할 수도 있다고 주장하는 것은 무의미하지 않다. 주의하라! 무의미하지 않다! 그다음 우리는 무의미를 만들어내는 것인 바, 다음과 같은 주장을 하지 않는다. 즉, 인간이, 혹은 인간과 원리적으로 동일하며 신체를 가지고 있는 존재자가 그러한 [다른 가능한] 세계를 '발견'하고 학문적으로 인식할 수 있다고 주장하지 않는다. 또한 자연적 세계개념을 근거로 한 학문이며 첫마디부터 소위 사물, 공간, 시간 등등을 정립하는 학문인 자연과학이 자연적 세계개념을 버리기를 경험에 의해 강요받을 수 있다고 주장하지 않는다. 여기서 언급한, 다른 세계들의 유의미한 가능성에 대한, 그리고 이 세계와 그것의 자연적 정립의 사실성에 대한 최종적 물음에 어떤 거대한 문제가 달려 있는지는 여기에서 다룰 수 없다. 그러나 자연적 태도에서 벗어나 있거나, 경우에 따라서 자연적 태도와 엮여 있는 태도에 대한 물음으로 지금 되돌아온다면, 이러한 높은 차원의 문제에 접근하게 될 것이다.

# 2

## 근본 고찰: 순수 체험을 향한 태도의 획득으로서의 현상학적 환원

### §11. 주관적 의미에서의 인식의 영역, 그리고 경험적 심리학과 이성적 심리학

이제 논의되어야 할 물음은 다음과 같다. 즉, 이러한 선험적 학문 분과들이 본질 태도[1]에서 우리에게 주어지는 학문 전체인지, 따라서 선험적 영역 전체가 우리가 접어든 길 위에서 빠짐없이 규정되었는지가 그 물음이다. 우리가 이제까지 일반적인 것, 그리고 더 상세히는 선험적인 것뿐만 아니라, 개별적인 것에서도 주시한 사태는 자연적 태도라는 출발점을 통해 규정되었다. 즉, 우리는 이러한 태도 안에서 자연적 세계, 가장 넓은 의미에서의 자연을 주시했다. 이 시선은 자연적 태도이다. 이 태도는 실제적 존재론에서 전개된 자연의 선험적인 것을 우리에게 주었다. 우리는 더 나아가서 학문 일반을 주시했다(자연에 대한 학문, 그리고 기하학과 같은 선험적 자연에 대한 학문 등). 그리고 다음과 같은

---

1 역자주 선험적 태도를 의미한다.

사실을 생각해 냈다. 즉, 모든 진술 안에서, 예를 들어 의향된 사태연관(Sachverhalt)으로서의 명제 자체 안에서 우리는 형식과 같은 것을 발견할 수 있다. 마찬가지로 우리는 명제 연관 안에서, 그리고 수, 조합, 다양체 안에서 형식들을 발견한다. 우리는 이 경우 어떤 의미에서 **대상적으로 방향을 취하고 있었고**, 물론 형식적 존재론에 관해서도 말했다. [이러한 종류의] 선험적인 것은 학문적인 사고 일반의 대상으로서의 대상의 형식과 관련된다. 대상들이 다양한 방식으로, 참된 대상이거나 개연적인 대상으로서 개념들 속에서 파악되고 술어적으로 규정되고 이론적으로 정립될 수 있는 한에서 말이다.

이러한 작업과 더불어 모든 것이 끝났는가? 새로운 시선의 방향이 존재하지 않는가? 사고 자체에 대한 반성, 사고와 관련해 규범적인 판정을 하는 데 중요한 모든 체험들에 대한 반성은 어떠한가? 예를 들어 다양하게 변전하는 지각들에 대한 반성은 어떠한가? 우리는 이 체험을 사물들에 관해 수행하며, 이 체험은 때로는 단적인 경험 판단의 근거로 놓여 있으며, 경험 판단은 그것에 충실하게 정향함으로서 자신의 논리적 권리 가치를 획득할 수 있다. 주관적인 의미에서 인식작용의 전체 영역의 경우에는 어떠한가? 즉, 인식작용 속에서 의향된 것이며, 우리가 이미 권리를 부여한 대상적 의미와는 구별되는 인식작용의 전체 영역의 경우에는 어떠한가? 이러한 물음은 당연히 가장 넓은 범위에서 제기될 수 있다. 경험적 영역에 관련해서만이 아니라, 어떤 선험적 영역과 관련해서도 말이다.

내가 주관적 의미에서의 인식에 관해 말했던 한에서, 나는 방금 그것에 겉으로 보기에는 대답을 주었다. 모든 주관적인 것은 그 자체로 자연적인 영역에 속하고, 더 정확히는 **심리학**의 영역에 속한다. 그것은 개별적인 경험적 주체의 사실들로서, 일반적으로는 인간 세계 일반 안에 있는 인식하는 체험의 사실로서, 당연히 자연과학으로서의 심리학에 속한다. 이에 대한 선험적 숙고도 가능하지 않겠는가? 물론 그러하다. 물리적 사물에 관해서 선험적인 것, 즉, 경험적인 사물 정립의 일반적 **의미**에 속하는 것에 다름 아닌 선험적인 것이 당연히 존재하는 것처럼, 경험적인 "영혼"[2] 정립, 인간의 정립, 인간의 체험으로서의 체험의 정립 등의 본질과 의미에 속하는 것을 해명하는 심리학적인 선험적인 것이 존재한다. 나는 감히 여기에서 오래전에 매장된 **이성적 심리학**(rationale Psychologie)의 이념을 다시 일깨우고자 하는데, 이는 몇십 년 전부터 심리학자들 사이에서 극단적 경험주의가 유행하고 있는 상황에서, 많은 사람들에게 믿을 수 없는 일로 보일 것이다. 하지만 어쩔 수 없다. 사람들이 일찍이 한 번이라도 사태를 보았다면, 절대적으로 명증적인 사태 자체의 관점으로부터 달리 말할 길이 없다. 순수 자연과학에 순수 심리학이 평행하게 달려간다는 사실은 곧바로 자명하다. 어쨌든 자아 경험과 영혼적인 것의 경험 안에 놓여 있는 의미를 분절해 드러내는 명제 집합이 있음에 틀림없다. 이 명제 집합은 틀림없이 영혼적인 것의 해당 양상의 완전한 소여 안으로 옮겨 들어가 봄으로써 명증을 획득할 것이다. 우리는 하나의 사물이 동일성을 계속해서 유지하면서, 그 것이 지속적으로 항상 더 완전하게 주어지게 되는 지각 연관으로 들어가 생각함으로써 사물 자체가 그 본질에 있어 무엇인지를 해명한다. 또한 우리는 사물 변화들의 상호의존성이 계속된 확증 속에서 점차적으로 증시되는(ausweisen) 연관들로 들어가 봄으로써, 인과성이 그 자체로 무엇인지를 해명한다. 이와 마찬가지로, 자아 성격의 본질은 우리가 직관적으로 들어가 보는 어떤 경험 연관 안에서, 우리가 한 인간의 성격이라고 부르는 것이 이러한 종류의 대상성이 스스로 요구하는 바대

---

2 역자주 영혼(Seele)은 물체(Körper)가 경험적 물리학의 대상이 되는 것에 대응하여, 경험 심리학의 대상이 되는 바, 심리적인 대상 및 그의 영역을 가리킨다. 따라서 본 문맥에서 경험적인 영혼 정립이란 경험 심리학에서의 심리적 대상의 정립을 의미한다.

로 증시되고 점점 새롭게 확증되는 경험 연관 안에서, 가령 허구적이지만 철저히 명료한 어떤 소여 연관 안에서 증시됨에 틀림없다. 이는 체험의 본질에 속하는 것이 무엇인지를 증시하고자 하는 경우에도 마찬가지이다. 체험은 체험하는 인격체의 체험이고, 작용 혹은 상태로서 이 인격체에 속하고 이 인격체와 더불어 객관적인 시간위치를 가지기 때문이다.

## §12. 경험적인 것 및 자연 본질의 배제의 문제. 자아가 신체에 결합함

자연적 태도로부터 출발하면서, 우리는 항상 계속해서, 경험을 통해 의향된 것으로서, 그리고 자신을 증시하는 소여로서 **경험적** 자아들을, 즉 시간 안에 있는 경험적 인격성으로서의 자아들이나 영혼들을 '발견' 한다. 그리고 신체에 속한 경험적 자아의 객관적 시간에 의해 규정된 체험들을 '발견' 한다. 그리고 그 가운데에서 우리는 또한 이러저러한 심리적 개인이 특정한 시간 속에서 가지고 있는 현출로서의 사물 현출도 '발견' 한다.[3]

---

3 편집자주 후설 자신이 매긴 원고의 쪽번호에 따르면, 이 부분에서 원고 한 장이 빠져 있음에 틀림없다. 그럼에도 다음 단락은 앞과 단절 없이 잘 연결된다. 후설은 다음 단락부터 152쪽 34행[본 역서 77쪽 5행]까지의 원고를 이 강의의 원 맥락으로부터 꺼내 1912년 여름 학기 강의 원고 안에 놓았다. 그리고 그것에 '현상학 입문'이라는 이름을 붙였는데, 이것이 『이념들 1』에서의 상술을 위한 기초가 되었다. 후설은 이 중요한 1912년의 강의를 나중에 여러 다양한 조각으로 분해하였는데, F I 4, B II 19, F I 16, M III 6, F IV 3, A IV 5 등 다양한 문서 번호를 갖고 후설 문서보관소에 보관되어 있다. 우리의 1910/11년 강의("현상학의 근본 문제들")의 이어지는 쪽들[즉 본 역서 63쪽 이후의 쪽들]은 B II 19가 출처이며, 1912년 '현상학 입문' 강의의 가장 중요한 부분을 포함하고 있다. 바로 이어지는 단락 옆에 후설이 손으로 쓴 1910년 11월 26일이라는

이제 나는 묻는다. **경험적인 것**(Empirische)을, 즉 자연적 태도에서 고유하게 소여된 것을 완전하게 배제하는 하나의 태도를 획득할 수 있는지를, 그럼으로써 **자연 본질로서의 경험적인 것의 본질 또한 배제되고**, 반면에 자연의 본질 및 자연 자체에 개별적으로 관계하는 구성요소들은 그대로 유지하는 하나의 태도를 획득할 수 있는지를 말이다.

이것은 우선은 이해하기 어려운 물음이다. 좀 더 자세히 숙고해 보자. 자연적 태도 속에서 자아는 자연의 구성원으로서, 시공간적 현존 안에 있는 객체로서 경험된다. 그리고 자아가 사물적인 **신체**에 경험적으로 결합되어 있기 때문에 그렇게 경험된다. 자아는 체험하지만, 체험은 신체에 연관된 것으로, 앞으로 좀 더 상세히 기술되어야 할 것인 바 어떤 [구성의] 단계 질서 안에 있는 것으로 경험된다. 감각적 체험, 그러니까 색이나 음에 대한 감각 등의 감각 요소들을 지닌 사물(신체까지 포함해서)에 대한 지각은 우선은 현출하는 사물인 자신의 신체와의 어떤 독특한 관계를 가지고 있다. 그리고 눈 운동, 손 운동 등등에 속하고, 신체와 신체의 부분들에 위치 지어지는, 독특한 종류의 신체감각 역시 마찬가지로 그러하다. 이와 마찬가지로, 감각적 감정 역시 신체와 결합된다. 높은 수준의 심리적인 체험은 이들과 내적으로 결합된 정초된 체험이다. 주위에 있는 가능한 다양한 사물들에 대한 자아의 지각 체험은, 그것이 배치되는 전체 양상에 있어, 현존하는 것으로 정립된 **신체**와의 관계를 가진다. 그리고 이 배치의 방식은 그때마다의 **자신의** 신체에 속하며, 반면 타인의 신체 그리고 타자 경험에 의해 이 타인의 신체에 속하게 된 지각들에는 상응하는 다른 배치 방식이 속한다. 그리고 여기에는 **다른** 지각 집합이 속한다. 왜냐하면 어떤 한 사람의 지각은 그와 다른 사람의 지각이 아니며, 그 반대도 마찬가지이기 때문이다.

---

날짜가 적혀 있다.

이러한 복잡한 연관에 대한 해명과 학문적 기술은 극히 중요하고 어려운 일이다. 우리는 여기에서 다만 다양한 체험들은 신체와 지각적으로 현출하는 연관을 가진다는 사실만 확실히 해둔다. 그러나 사물로서의 신체는 객관적인 시간과 객관적인 공간에 일차적으로 속한다. 최초의 객관적인 시간은 사물의 시간이다. 바로 사물의 시간과 함께 신체와 신체적인 것은 자신의 시간을 가지게 된다. 또 신체에 속하고 신체에 위치 지어지는 모든 것들 역시, 비록 이미 2차적인 의미이긴 하지만, [사물의 시간과 함께] 자신의 시간을 갖게 된다. 그 결과 더 나아가서, 높은 수준의 심리적 기능에 있어서 자기동일적인 지금 현출하는 것, 자기동일적인 과거에 현출했던 것은 [사물의 시간과 함께] 자신의 시간을 갖게 된다.

### §13. 사고하는 것(res cogitans)과 연장적인 것(res extensa) 사이의 경험적 결합의 분리 가능성. 현상학적 구별

**무릇 신체에 결합된 모든 것은 분명히 다시 신체로부터 분리될 수 있다.** 신체는 사물로서 있다. 하지만 소위 감각하는 사물이라는 것은 사물의 본질에 속하지 않는다. 즉, 찌를 때 고통을 느끼고, 간지러움을 태우면 간지럼을 느끼는 것 등등으로 반응하는 것은 사물의 본질에 속하지 않는다. 그리고 이와 같은 것은 신체를 이루는 구체적인 사물적인 형태의 본질에도 속하지 않는다. [감각하는 사물]과 같은 방식으로 현출하고 있는 사물이 신체라는 것은 하나의 **사실성**(Faktizität)이다. 그것이 심리적인 것과 결합되어 있다는 것은 경험이다. 공간적이지 않은 사물, 실제적인 속성을 가지고 있지 않은 사물이라는 말은 부조리한 말일 것이다. 그러나 사물이, 우리가 잘 알고 있는 인간의 신체 혹은 감각하는 사물이 아니라는 말은 부조리하지 않다. 사물, 즉, 연장적인 사물은, 사고 작용이 그것과 어떤 의미에서 경험의 방식으로 결합되어 있는 한에서 만 사고하는 사물이다. 반면 사고작용은 그 **자체로서는** 연장적인 사물 과 어떤 관계도 가지고 있지 않다. 사고작용의 본질과 연장의 본질은 원리적으로, 본질적으로 서로 아무 관계가 없다. 당연히 우리는 "연장" 이라는 개념을 사물적인 본질의 전체 범위에서 취하고 있다.

우리가 다른 방향에서 논의를 시작하는 경우에도 같은 결과가 따라 나온다. 고통과 쾌락의 본질에는 사물과의 어떠한 관계도 놓여 있지 않 다. **색 감각, 음 감각의 본질에는, 그리고 또한 지각, 판단, 욕망, 의문 등등 체험의 본질에는,** 사물과의 결합이 이들 사고작용의 존재에 본질 필연적인 것인 양 **사물과의 어떤 본질적 관계가 있는 것은 아니다.** 사정 이 이와 같다면, 우리는 구체적 통일체(concretum)에서 본질적으로 서 로 비독립적이고 분리 불가능한 각 계기들을 구별한다는 의미에서의 추상화, 즉, 흄이 말한 실제적 구별(distinctio realis)의 의미에서의 추 상화를 수행함 없이, 사고작용과 사물 사이의 경험적 연관을 끊을 수 있을 것이다.

비슷한 의미에서 우리는 원인이 등장함에도 불구하고 이 원인에 경 험의 방식으로 속한 결과가 등장하지 않는 경우를 생각할 수 있고 나아 가 직관적으로 떠올릴 수도 있다. [인과적] 결합은 경험적 의미에서 필 연적 결합이긴 하지만, 이념적인 의미에서 필연적인 결합은 아니다. 원 인이 되는 사물의 존재는, 이것이 경험의 방식으로 이 원인에 속한 결 과물의 존재와 필연적으로 결합되어 있는 것인 양 비독립적인 존재가 아니다. 여러분은 내가 모든 사물의 존재에는 변화의 인과율이 속한다 는 사실을 인정한 이상 지금 모순을 범하고 있다고 생각해서는 안 된 다. 내가 반복해서 말하건대, 모든 사물적인 변화가 인과성 아래 놓여 있다는 사실은 모든 사물 경험과 그것의 **본질**에 속한다. 그러나 그렇다

고 해서 경험의 방식으로 발견된 이 원인이 이 변화에 속한다는 것이
경험된 변화의 **본질**에 놓여 있다는 것은 아니다. 경험 영역의 모든 필
연성은 결코 본질 필연성이 아니다. 만약 그렇게 된다면 모든 자연과
학이 선험적인 학문일 것이다. 따라서 우리는 이제 다음과 같이 말한
다. 체험과 체험을 가지는 인간 사이의 결합은 "우연적"인 것이다.

　따라서 우리는 모순 없이 체험과 모든 사물적인 현존의 경험적 결합
을 끊을 수 있다. 우리는 어떤 현상학적 구별(distinctio phaenomeno-
logica)을 수행한다. 이 구별은 무엇을 의미하는 것이며, 그것은 어떤
종류의 구별인가? 체험이 체험하는 인간의 체험이고 따라서 신체와의
관계를 가지고 있으며 자연 속에 속한다는 것은 참되지 아니한가? 나는
이 진술에서 무엇인가를 수정할 수 있겠는가? 그것은 기왕지사 부득이
한 진실이다. 하지만 우리는 그럼에도 불구하고 체험을 경험적인 연관
에서 고찰하지 않고 그 자체로서 고찰할 수 있다. 우리는 자연적 정립
(자연적 현존의 정립)을 다음과 같은 의미에서 배제할 수 있다. 즉, 우
리는 단적으로 자연에 대한 어떠한 정립도 사용하지 않으면서 학문적
인 관찰을 할 수 있으며, 자연이 있든 없든, 정신-신체적인 세계가 있든
없든 이러한 관찰은 타당하다는 의미에서 말이다.


## §14. 자연 대상에 대한 체험의 존재 우위. 경험적(초재적) 지각과 순수 체험의 지각

실제로 하나의 체험은 독자적인 자신의 존재를 가지고 있다. 비록 물체
와 정신들을 포함한 시공간적 자연이라는 말이 무의미한 상상물이라
할지라도, 체험은 그것인 바로 존재하고 있다고 말할 수 있다. 그리고
좀 더 정확히 보면, 체험의 존재는 그 자체로 자연 대상의 현존에 비해

압도적인 우위를 가지고 있음을 볼 수 있다.

좀 더 상세히 들어가 보자! 경험적 존재와 현상학적 존재 사이의 대립을, 그리고 그와 상관적으로 경험적 지각과 현상학적 지각 사이의 대립을 명료하게 해보자. 이 경우 지각이란 존재에게 의미를 규정해 주는 작용들을 의미한다.

우리는 인식과 의식에 대해서와 달리 사물은 즉자적인 존재라고 말한다. 그것도 명증적인 권리를 가지고 그렇게 말하고 있다. 사물은 경험 안에서 직접적으로 주어지고 경험사고 안에서 사고되고 규정된다. 사물이 실존한다면, 비록 이 사물을 경험하는 경험이 존재하지 않고 그것을 객관적으로 타당하게 규정하는 경험적 사고가 존재하지 않는다 하더라도, 이 사물은 그 사물인 바로 존재한다. 모든 인간이 잠을 자고 있다면, 혹은 지질학적인 격변이 모든 인간과 생명체를 죽인다면, 지구, 지구 위의 모든 물체들, 지구의 공전을 사고하고 규정할 어느 누구도 지구 위에 존재하지 못할 것이다. 그러나 그럼에도 이 지구는 그것인 바로 존재할 것이다.

자연과학적으로 말하면 이것은 옳다. 하지만 다른 측면에서 보면, 사물에 대한 인식은 벗어버릴 수 없는 단점을 가진다. 비록 하나의 사물이 훌륭한 근거를 통해 현존하는 것으로 경험되고, 이후 계속되는 경험 속에서 그의 현존이 확증되고 경험과학적으로 규정될 수 있다 하더라도, 그것은 **현존에 대한 한갓된 참칭**(blosse Daseinsprätention)으로 남아 있게 된다. [사물의 현존을 뒷받침하는 근거가] 아무리 훌륭한 근거일지라도 경험의 진행 속에서 그것은 불충분한 것으로서, 더 나은 근거를 통해 극복될 수 있는 것으로서 드러날 수 있다.

이 모든 것들이 현출의 본질 혹은 경험 대상 자체의 의미에 속한다. 우리는 단지 경험되는 것이 제시되는 경험 안으로 들어가 숙고해 보기만 하면 된다. 그러면 우리는 경험 가능한 존재는 원리적으로 지각됨

(percipi)으로 해소될 수 없으며,[4] 지각에 대립한 즉자 존재라는 사실을 명증적으로 알게 된다. 이 즉자 존재는 소여되지만, **원리적으로 결코 절대적인 방식으로 소여되지 않는다.** 또 이 즉자 존재에 대한 의향은 항상 결코 최종적으로 타당하게 소여될 수 없는 증시를 필요로 한다는 의미에서, 단지 의향에 불과하다. 따라서 우리가 경험 의식을 결코 현실적으로 벗어날 수 없는 한에서, 사물의 즉자 존재도 인식에 대립해서 [**현존에 대한**] 지속적인 참칭에 불과하다. 일단 한번 수행된 경험 정립이 타당하게 유지될 수 있는지는 경험의 계속적인 경과에 항상 의존하고 있다. 경험사고 속에서는 우연적으로 경험되는 것이 정립된다. 우리가 계속 이어지는 모든 경험을 중단하는 즉시, 저 즉자 존재의 경험 정립은 허공에 떠 있게 된다. 왜냐하면 경험 정립이란 최종적으로 타당하게 증시되지 않으며 증시될 수도 없기 때문이다. 이러한 사실은 경험이 그것의 의미에 있어 **초재**(Transzendenz)를 정립한다는 사실과 연관되어 있다.

사물은 경험 안에서 주어지는 동시에 다른 한편으로 주어지지 않는다. 왜냐하면 사물 경험은 **현시**(Darstellung)를 통한, **"현출"**을 통한 소여이기 때문이다. 모든 개별적 경험 및 모든 (연결되어 유한하게 종결된) 경험의 계열은 경험된 대상을 원리적으로 불완전한 현출 속에서, 즉, 일면적이거나 다면적으로 소여할 뿐이지, 사물이 무엇인 바 그 모든 것에 따라 전면에서 소여하지 않는다. 완전한 경험은 무한한 어떤 것이다. 유한하게 종결된 작용 안에서 대상을 완전하게 경험할 것을 요구하는 것, 그리고 동일한 말이지만, 완전하고 궁극적으로 타당하고 완결된 방식으로 사물을 의향할 수 있는 유한하게 종결된 지각 계열을 요

---

4 역자주 "존재는 지각됨이다(esse is percipi)"라는 버클리의 명제를 빗대고 있는 듯하다.

구하는 것은 모순이며, 경험의 본질로부터 배제된 어떤 것이다. 물론 이것은 우리가 여기에서는 그 완전한 근거를 댈 수 없는 하나의 주장이지만, 여러분이 만약 사물 지각의 의미 안으로 들어가 본다면 그것을 통찰할 수 있을 것이다.

순수 체험에 대한 지각에서는 단적인 경험, 우선은 경험적 지각에서 와는 사정이 완전히 다르다. 이 지각은 순수 체험을 모든 경험적 파악으로부터 끊어내고 그것을 **그것의 순수한 의미 자체에서** 취한다.

우리가 방금 체험한 감정을 주목해 보고 그것을 그 자체로 순수하게 파악해 보자! 우리의 파악 안에 "경험적 통각"[5]을 끌어들이지 말자. 즉, 그것을 현재의 심리물리적 상황 아래의 이 경험적 인격체, 이 인간으로서의 우리가 가지는 감정 상태로 파악하지 말자. 우리는 자연의 어느 것도 끌어들이지 않으며, 감정을 심리물리적인 자연 안으로 끌어들이는 것을 중지한다. 그리고 그것을 시계에 의해 측정되는 객관적 시간 안에 자신의 위치를 차지하고 있으면서 우리의 신체적인 상태에 의존해 있는 어떤 것으로 정립하는 것을 중지한다. 이 모든 것을 옆으로 치워버린다. 그렇게 되면 무(無)만 남는 것이 아니라, 비록 자연이 있든 없든 감정 그 자체가 자신의 본모습대로 여전히 남아 있다. 감정 자체는 비록 전체 자연이 무화된다고 생각되더라도 그것에 의해 영향을 받지 않고 남아 있게 된다.

사람들은 다음과 같이 말할 수 있을 것이다. 이처럼 경험적 통각을

---

5  역자주 통각(Apperzeption)이란 지향적 체험이 의식 체험으로 주어지는 비대상적인 자료들(질료)을 대상화(객관화)하는 것, 비대상적인 자료들을 대상 x의 어떤 것으로 해석하고 의미 부여하는 것을 말한다. 자연 물체만이 통각되는 것이 아니라, 심리적인 것 역시 통각될 수 있는데, 예를 들어 나의 내면에서 언뜻 스쳐 지나간 불쾌한 느낌들의 흐름을 나는 나의 신체 안에서 일어나는 심리물리적인 사건으로서의 분노로 통각할 수 있다. 이것을 자연적 방식의 통각, 즉 경험적 통각(empirische Apperzeption)이라고 한다.

삭제하고자 하는 이상한 의지는 도대체 무엇이란 말인가? 왜냐하면 경험적 통각은 [이러한 삭제에도 불구하고] 어떻든 존재하며 항상 존재하고 있기 때문이다. 내가 감정을 주시하면서 로크적 의미에서의 반성을 수행한다면, 감정은 **나의** 감정으로서, **내가** 느끼는 쾌락으로서, **나를** 아프게 하는 통증으로서 존재한다.

　우리는 거기에 다음과 같이 대답해야만 할 것이다. 물론 경험적 통각은 존재하고 반성의 구성 부분이다. 그러나 우리가 우리의 시선을 한 측면에서는 감정 자체로, 다른 측면에서는 이것과 결합된 파악 자체로 향하게 해보자. 분명히 [한편으로] 경험적 통각을 수행하는 것, 그 속에 사는 것, 따라서 감정을 경험적 인격체이고 신체를 가진 나와의 이러저러한 관계에서 생각하는 것과 [다른 한편으로] 감정 자체를 파악하고 의향하는 것, 그리고 감정과 결합된 파악 그 자체를, 그것이 그 자체에서 형성하는 모든 것들과 더불어 파악하고 의향하는 것은 서로 다른 것이다. 이 [감정에 대한 경험 통각적] 파악은 자아 파악을 함축한다. 나는 나를 지금 강의실의 강단 위에 서 있는 이 인간으로서 발견한다. 그리고 어떤 감정 상태 속에 있는 나를 발견한다. 이때, 바로 이 지각 파악 자체는 당연히 내가 그 자체로 파악하고 정립할 수 있는 존재이고, 이 존재는 강의실에 있는 자아 사물과 자아 인격체에 대한 지각 파악이 정립하는 존재와는 다른 것이다. 경험적 자아와 주위 사물에 대한 지각이 정립한 것이 거짓이라고 가정해 보자. 나는 내가 정립한 대로의 내가 아니고, 이 신체는 전혀 존재하지 않거나 방금 정립한 대로 존재하지 않으며, 이 주위는 실은 존재하지 않는다는 등을 가정해 보자. **이 경우에도, 지각의 이러한 재평가는 내가 반성적 시선 속에서 그 자체로 존재하는 것으로 취하고 정립한 지각 고유의 존재에 있어서는 그 어떤 것도 변경시키지 않을 것이다.**

　따라서 나는 감정을 그 자체로서 포착하고 정립할 수 있다. 그리고 내가 이 감정 자체와 결합된 파악과 정립을, 즉 감정을 자연 대상인 인간과 연관시켜 심리적인 상태로 파악하고 자연 안에 귀속시키는 파악과 정립을 발견한다면, 나는 하나의 새로운 작용 속에서 바로 이 파악과 정립을 그 자체에서 정립할 수 있다. "그 자체에서"라는 말은 내가 경험적 파악을 그 자체로 대상으로 만들되, 이제 나의 것으로 만들지는 않는다는 것을 의미한다. 이것이 뜻하는 바는, 이제 내가 **이 [파악]**이 정립하는 것을 계속 정립하지 않음을, 혹은 **이 [파악]**이 현실성으로 정립한 것을 전혀 사용하지 않는다는 것이다.

## §15. 현상학적 태도. 순수 체험에 대한 현상학적 직관 혹은 지각을 심리학적 체험에 대한 내적 지각과 구별함

우리는 이제 모든 체험과 관련하여 이러한 방식으로 태도를 취할 수 있다. 즉, 우리는 하나의 **새로운 태도**를 우리 자신에게 줄 수 있는데, 이것은 모든 경험적이고 초재적인 태도를 배제한다. 따라서 우리는 이제부터 경험적 태도에서 주어지는 어떠한 대상도 현실적인 것으로 받아들이지 않으며, 경험적 태도에서 주어질 수 있는 어떤 것도 우리 자신에게 주는 것을 허락하지 않는다. 우리는 더 이상 어떠한 경험적 태도도 **"수행"**하지 않으며, 자연적이고 소박한 사물 정립, 가장 넓은 의미에서의 자연의 정립을 수행하지 않는다. 소위 쇄도해 들어오는 모든 경험적 작용과 우리가 현재 수행한 모든 경험적 작용을, 우리는 말하자면 **괄호 안에** 집어넣는다. 우리는 이 작용이 우리에게 존재하는 것으로 제공해 주는 것을 어떤 식으로든 받아들이지 않는다. 이러한 작용의 수행 속에 사는 대신에, 그리고 작용의 수행 이후에 작용의 정립을 그것의 의미와 더불어 소박하게 견지하는 대신에, 우리는 이 수행 자체로 시선을 돌리고, 그것 자체와 그것이 우리에게 제공하는 것을 대상으로 만든다. 이때, 이 대상은 어떤 자연도, 그리고 자연 정립과 같은 그 어떤 것도 더이상 포함하고 있지 않다. 우리는 **이렇게** 모든 경험을 우리의 것으로 한다. 그러나 우리는 경험을 하고, 경험 속에 살면서 경험 판단을 내리고 경험이론과 경험과학을 추구하는 것이 아니라, 모든 경험 작용, 경험 판단, 모든 완전하거나 불완전한 경험인식을 우리의 영역 속에 그것이 그 자신인 바의 **순수** 현존으로서 받아들일 뿐이다. 이와 반대로 경험으로서의 그것이[경험 작용이] 정립한다고 스스로 참칭하는 현존을 [이 경험 작용과] 더불어 정립하는 모든 일은 완전히 중지된다.

이렇게 우리가 기술한 태도는 자연적 태도와 대립해서 **현상학적 태도**라고 불린다. 자연적 태도에서의 경험이란 자연적 태도에서 주어지는 대상을 증여하는 경험에 대한 표제라면, 즉, 자연적 태도의 모든 증여하는 의식에 대한 표제라면, **현상학적 직관 혹은 봄**이란 현상학적 태도의 증여하는 작용을 포괄하는 표제일 것이다. 현상학적 태도의 영역은 자연의 영역과 완전히 분리된 영역이라는 것에 대해 나는 말할 필요도 느끼지 않는다. "자연의 대상"은 경험을 근거로 규정될 수 있는 경험 가능한 존재자의 영역인 것이다.

현상학적 영역이 어떻게 분절될 수 있는지에 대해서는 아직 상론될 수 없다. 우리는 현상학적 태도의 고유성을 완전히 분명하게 하는 데에 계속 머무를 것이다. 우선은 한마디만 해두자. 우리가 예를 통해 보여주었던 현상학적 직관, 더 자세히 말하면 저 현상학적 대상에 대한 지각하는 파악을 로크적 의미의 반성(Reflexion), 즉, 독일어로 말한다면 내적 지각(innere Wahrnehmung)이나 자기 지각(Selbstwahrnehmung)과 뒤섞어서는 안 된다. 사람들은 이러한 이름들 아래에서 자신의 심리적 체험을 그것의 고유한 구성요소에 따라 지각하는 것을 이해한다. 그러나 이러한 지각은 경험적 지각이고, 모든 경험적 정립이 배제되어 있지 않은 한에서 경험적 지각으로 머물러 있다. 따라서 시간과 공간 안에 있는 사물과 더불어 모든 그 밖의 자연에 대한 정립이, 그중에서도 자신의 신체와 신체 체험의 심리물리적 연관이 배제되어야 할 뿐만 아니라, 인격으로서 신체와 결합된 것으로 생각된 경험적 자아, 그리고 다른 경험적 자아만이 아니라 자기 자신의 경험적 자아마저 그 정립이 배제되어야 한다. 이렇게 **현상학적 환원**을 일관적이고 완전하게 수행하고, 심리적 체험에 대해 내적 기술을 수행할 때, 이 심리적 체험을 더 이상 체험하는 자아의 상태이자 "체험"으로서, 객관적 시간 안에 있는 것으로 파악하고 정립하지 않을 때에라야, 우리는 비로소 **순수** 체험을 현상학적 지각의 대상으로서 획득하고, 무엇보다도 경험적 지각과의 근본적 차이 안에서 참된 현상학적 지각을 수행하게 된다.

## §16. 데카르트의 근본적 고찰과 현상학적 환원

현상학적 환원을 수행했지만, 그것을 수행하자마자 곧바로 포기했던 최초의 철학자는 데카르트였다. 근대 철학의 전체 발전 과정을 열었던 **근본 고찰**이 현상학적 환원의 개시 이외의 다른 것이 아니었다는 것은 아주 주목할 만한 사실이다. 이것이 주목할 만한 이유는, 사실상 모든 참된 학문적 철학의 출발과 모든 참된 철학적 문제의 발원점이 바로 여기에 놓여 있기 때문이다. 현상학적 지각의 상관자는 데카르트적 의미에서의 의식작용(cogitatio)이고, 우리는 그것을 경험적 의식과 대립된 순수 의식이라고 말할 수 있다. 의식작용, 즉 의식이란 모든 종류의 감각, 표상, 지각, 기억, 예상, 모든 종류의 판단, 추론, 모든 종류의 감정, 욕구, 의욕 등등이다. 이것들은 잘 알려진 것들이며, 데카르트가 말했다시피 모든 사람들이 "자신 안에서" 직접적으로 직관하는 것들이다.

따라서 모든 사람들은 그것에 대해서는 결코 의심할 수 없다. 그때에 경험적 심리학자가 그때마다의 인간적이거나 동물적인 자아의식의 심리적 체험이라고 생각하는 모든 것들은 비로소 현상학적 환원을 통해 절대적 의미에서의 의식작용, 즉 순수 현상학적 소여라는 의미에서의 의식작용이 된다. 그리고 비로소 그때 소여는 또한 다음과 같은 의미에서 순수하고 절대적이다. 즉, 하나의 이것(ein Dies)으로서, 존재로서 단적으로 정립함은 가능한 의심의 여지를 어떠한 방향에서도 열어두지 않으며, 따라서 의심은 여기에서 모든 의미를 상실한다는 의미에서 그러하다. 바로 이것이 데카르트에게는 중요했다. 반면에 우리에게는 그것은 주요 관심사가 아니다. 모든 학문을 개혁하려는 지향, 즉 학문의 체계를 절대적으로 타당한 학문으로서 가능하게 하고, 모든 기만적 가상을 배제하려는 기도, 그리고 모든 사이비 학문의 수립을 배제하려는 기도는 물론 충분히 의미가 깊다. 궁극적으로 볼 때, 확실히 철학이란 절대적 인식을 향한 지향 이외의 다른 것이 아니다. 그러나 현상학적 태도에서의 인식이 절대적 인식 일반을, 또 경험 영역에서의 절대적 인식을 정초하는 데 기여할 수 있는지, 그리고 어떻게 기여할 수 있는지는 미리 결정될 수도 미리 이해될 수도 없다. 그리고 데카르트의 작업자체는 난파하고 마는데, 왜냐하면 그는 절대적 학문의 의미에 대한 탐구 없이, 그리고 그가 그것의 존재에 대해 전혀 예감도 하지 못했던 체계적 현상학의 건립 없이, 절대적 학문에 대한 정초를 감행할 수 있다고 믿었기 때문이다.

여기에서 우리에게는 절대적인 보편과학이 아니라 현상학적 태도 내에서의 학문이 중요하다. 우리는 이러한 태도에서의 학문이 절대적이라고 불릴 수 있는지, 어느 정도로 불릴 수 있는지, 그리고 이것을 넘어서 어느 정도로 여전히 절대적인 학문이 가능한지 아닌지를 확정하는 문제는 별도의 고찰로 남겨둘 것이다.

## §17. 자연적 판단으로부터 현상학적 판단의 독립성

가장 큰 어려움을 일으키는 것은 현상학적 태도 자체의 본질에 대한 인식이고 현상학적 태도를 잘못 규정하는 모든 방해물들이다. 내가 지금 이 방 및 방에 있는 사람을 지각한다면, 현상학적 태도는 그때 무엇을 보여주는가? 나는 이 사물을 지각한다. 내가 그것을 수행할 때, 사물들은 내 앞에 있으며, 통일된 공간은 이 사물들을 포함하며, 내가 나의 자아, 즉, 이 잘 알려져 있는 자아를 귀속시키는 나의 신체를 포함하고 있다. 그리고 그 모든 것에 대해서 나는 지금 진술했고, 지각판단을 내렸고, 늘 새로이 지각판단을 내린다. 이것은 자연적 태도이다. 이제 나는 이를테면 시선을 돌린다. 나는 새로운 태도를 수행한다. 이 인간, 이 의자들 등등은 "아직도 계속해서 여기 놓여 있다." 그러나 나는 그것을 근거로 해서 그것들이 거기에 있다는 판단을 하지 않는다. 나는 이 사물들에 대해서 진술하지 않으며, 이 사물들에 대해서 타당한 것이 무엇인지 탐구하지 않는다. 나는 방금 전에 스스로 판단을 내렸고, 새로이 나는 "여기 이 의자 등이 있다"는 판단을 수행한다. 그러나 나는 이 판단을 배제하고, 그것이 참으로 제시하는 것을 내가 새로운 태도에서 허용하는 진리들 아래로 받아들이지 않는다. 대신 나의 영역에는 판단이 "여기 있는 이것"으로서 그의 고유한 속성과 더불어 속한다. 즉, 판단은 "이 방"에 있는 의자에 대해서, 그리고 공간 안에 있고 자연 안에 있는 사물들에 대해서 판단하지만, 그럼에도 나는 그때 단지 이러한 판단이 판단하는 것을, 그 판단이 참으로 정립하는 것을 단지 기술하되, 그 판단이 참된 것으로 정립한 것 자체를 받아들이지는 않는다.

지금 나에게는 오직 내가 나의 [현상학적 태도에서] 허용된 판단 안에서 정립한 것만이 존재하는 것으로 타당하며, 내가 [현상학적 태도에서] 허용되지 않은 판단 속에서 정립했거나 때때로 다시 정립하는 것은 타당하지 않다. 그렇다고 해서 나는 그것이 나에게 비존재하는 것으로 타당하다는 것을 말하는 것이 아니며, 내가 그러한 존재를 의심하거나, 어떤 식으로 수상히 여긴다고 말하는 것이 결코 아니다. 오히려 나는 거기에 대한 모든 태도 취함(Stellungnahme)[6]을 중단한다. 즉, 판단이 이러저러한 의자에 대한 판단이라는 것은 이러저러한 의자들이 **존재한 다**. 그러한 정립의 판단이 올바르다거나 올바르지 않다는 등의 가장 약한 주장까지도 수행하지 않는다는 것을 의미할 수 있다.

한편 우리의 이러한 태도는 누군가가 우리의 판단을 의심하거나, 우리 자신이 비판적인 반성의 욕구를 느끼거나 어쨌든 "선입견 없이" 검사하려고 할 때와 비슷하다. 선입견 없이! 이 말은 우리 자신이 가령 동요하게 되었다거나 심지어 우리의 판단을 이미 포기해 버렸음을 뜻하는 것은 아니다. 우리의 확신은 아마도 완전히 확고할 수 있으며, 따라서 이전과 마찬가지로 나중에도 그렇게 판단할 수 있다. **그럼에도** 선입견 없이 검사한다. 그것은 여기에서는 우리가 새로운 관찰을 위해 이런 판단을 배제한다는 것을 말한다. 이 판단된 것을 우리의 관찰 속에서 진리로서 받아들이지 않으며, 그것이 참이라고 주장하는 것을 이제 전혀 사용하지 않는다. 우리가 이러한 사실을 망각하고, 부지불식중에 혹은 말로 된 다른 표현을 통해 원래의 태도에 빠져서, 검사하고 정초할 때 이 판단의 주장의 내용을 전체든 부분이든 사용한다면, 우리는 순환 논증이라는 잘 알려진 오류에 빠지게 될 것이다. 따라서 비판적 태도는

---

6  역자주 태도 취함(Stellungnahme)은 소박한 믿음, 의심, 가능한 것으로 간주함, 추정함, 부정, 확신 등과 같은 지향적 체험의 믿음 성격(Glaubenscharakter)과 연관된다. 이러한 다양한 믿음 성격들은 자신이 관계하는 대상의 타당성과 부당성, 참과 거짓을 최종적으로 결정하려는 동기에 의해 이끌리는데, 이러한 과정에서 소박한 믿음은 의심으로 변경되기도 하고, 의심을 거쳐 부정에 이르기도 하고, 재차 확신에 이르기도 한다. 태도 취함은 대상의 타당성을 최종 결정하고, 그 결정을 확고히 고수하는 것으로서, 대상의 존재 성격에 대한 자아의 적극적 향함을 가리킨다.

사실상 현상학적 태도와 유사하다. 의향된 존재가 현실적 존재로서 타당할 수 있는지를 검토해야 하는 곳에서는 의향된 것은 의문 속에 놓여 있다. 그리고 우리는 의향된 것을 이미 현실적인 것으로서, 참된 것으로서 다루지 말아야 한다. 우리가 의향된 것을 현실적인 것으로 간주할 경우에는, 현실적인 것으로 간주함 자체를 배제하고 괄호쳐야 한다.

내가 사용하지 않는 판단들, 더 나은 표현으로는, 내가 원리적으로 학문적인 영역 내부에서 확언을 위한 전제로서 사용하지 않는 명제들은 그러한 확언에 대해서 어떠한 영향도 끼치지 않는다는 것은 명증적이다. 따라서 나의 확언들의 진리성이 저 판단들이 타당한지 타당하지 않은지에 따라서는 영향받지 않음은 절대적으로 확실하다.[7] 따라서 내가 현상학자로서 일상적 의미에서의 모든 경험적 판단을 배제한다면, 내가 자연적으로 사고하는 인간으로서 다시 경험적 판단을 내리고 자연과학에게 신뢰를 보내더라도 나의 현상학적 진술들은 영향을 받지

---

7 편집자주 아마도 1921년에 이루어진, 앞의 두 개의 명제에 대한 비판적인 보완: "사람들은 이런 식으로 말할 수 없다. 사람들은 진정 다음과 같이 반박할 수 있다: 내가 기하학적인 한 영역에서 단지 몇몇 명제들을 사용하되, 다른 명제 영역에 대해서 판단하지 않는다면, 이것이 곧 이 두 개의 [영역의] 명제가 진리로서 (현실적이거나 가설적인 진리로서) 서로 독립적이라고 말하는 것은 아니다. 따라서 먼저 물어야 할 것은 어느 정도로 현상학적인 판단과 존재론적인 판단이 독립적인지 혹은 이 독립성이 정당하게 무엇을 의미하고 의미할 수 있는지이다. 물론 어떤 의존성이 존재한다. 내가 하나의 사물이 실존한다고 단초정립한다면(ansetzen), 혹은 일반적인 방식으로 내가 사물 일반의 가능한 실존을 단초정립한다면, 이와 함께 모든 자아들에 대해 그의 가능한 경험하는 의식의 규칙이 밑그림 그려진다. 그럼에도 불구하고 나는 최소한 단적인 사물에 대해 판단하지 않고서도, 나는 내가 지금 현행적인 경험에서 가지지만 순수하게 지향적 대상으로 다루는 하나의 대상과의 관계에서, 일치하는 경험 연관을 떠올릴 수 있다. 나는 이 연관을 완전한 일치 연관으로 해석할 수 있다. 나는 그것을 그의 체계학에서 기술할 수 있고, 따라서 그것에 대해 판단할 수 있으며, 판단의 전체 체계를 명증적인 진리에서 진술할 수 있다. 마찬가지로 최소한 존재론적으로 사물 일반의 가능성에 대해, 사물성 일반의 고유한 본질에 속하는 사물에 대해 판단하지 않고서도, 나는 형상적으로

않는다. 또한 내가 완강한 회의주의자로서 경험적 판단의 진리에 대해서 의심하고, 나아가 정당성과 의미를 갖든 갖지 않든 경험적 판단의 진리를 부정하더라도, 역시 나의 현상학적 진술들은 영향을 받지 않는다. 현상학의 관점으로부터 보면, 자연적 태도로서의 진리는 현상학자와는 아무 관련이 없는 개인적인 일일 뿐이다. 왜냐하면 현상학은 그것을 이미 배제했기 때문이다. 그리고 그때 명시적이거나 암묵적으로 현상학자 자신의 존재를 자연의 구성원으로서 정립하는 모든 판단도 배제된다.

---

"사물 일반"을 순수하게, 가능한 방식의 경험함 및 일치하는 경험함의 지향적 가능성으로서 관찰할 수 있으며, 가능한 일치하는 경험 체계를 구축할 수 있다. 반대 방향에서 보면, 나는 존재론을 추구할 수 있고, 순수한 존재론적인 태도 속에서 원리적으로 결코 현상학적 판단과 조우하지 않을 수 있다.

내가 존재론적으로 잘못 판단하고 현상학적으로 옳게 판단하거나 혹은 그 반대인 것도 가능하다. 하지만 **진리들** 자체의 독립성은 결합하는 본질 상관관계 덕분에 존재하는 것이 아니다. 판단하는 행위, 진리를 목표로 하는 행위의 독립성, 그리고 인식 자체의 독립성은 진리로서나, 참칭되거나 가설적인 진리로서나 해당 판단 자체의 독립성을 의미하지 않으며, 사태연관, 판단연관의 독립성을 의미하지 않는다. 사태적인 영역에서도 그러하다. 즉 나는 모든 사태적으로 폐쇄된 인식 안에서, 수학 등등 안에서 독립적이다. 내가 정초, 증명을 달성하는 인식 [영역]에서 나는 독립적이다.

단지 다음이 중요하다. 나는 존재론적인 태도를 취함이 없이도 순수 현상학적으로 판단할 수 있고 현상학적으로 통찰적인 진리들을 획득할 수 있다. 자연의 현실성과 관련해서 이미 형상적인 판단은 세계의 실존을 전제하지 않는다는 것을 보는 것이 중요하다. 경험주의(즉 여기에서는 객관주의적 경험주의, 단지 "실증적인" 경험과학, 객관적인 경험과학만을 인정하는 경험주의)에 대립해서, 순수 의식이 존재한다는 것, 세계가 실존하지 않는다 하더라도, 순수 의식은 비록 변양되더라도, 나의 '나는 생각한다(ego cogito)'로 여전히 남아 있다는 것을 보이는 것이 중요하다. 그다음 나는 나의 자아를 물론 삭제할 수 없다는 것, 하지만 존재론적인 가능성의 영역도 그리고 순수 형상학적 현상학의 영역도 객관적인 세계의 실존에 독립적이라는 것을 보게 된다." 이 부분을 수정한 것이 부록 23, 200쪽[본 역서 부록 4, 157쪽] 이하에 실려 있다.

# 3

## 현상학적 환원의 의도에 대한 몇몇 반론에 대한 잠정적 논구

### §18. 유아론이라는 반론

따라서 현상학적 탐구란 유아론적 탐구인가? 현상학은 자신의 탐구를 개별적인 자아에, 더 자세히 말하면, 자아의 개별적인 심리적 현상의 영역에 제한하는가? 결코 그렇지 않다. 솔루스 입세(solus ipse)[1]라는 말은 내가 홀로 존재한다는 것이다. 혹은 내가 모든 나머지 세계를 배제하지만 나 자신과 나의 심리적 상태와 작용들은 배제하지 않는다는 것이다. 반대로 현상학자로서 나는 모든 세계와 마찬가지로 나 자신도 배제하며, **나의 것**으로서 바로 자연인 나의 심리적 상태와 작용들도 배제한다. 우리는 유아론의 모순된 인식이론이, 현상학적 환원의 근본 원리를 잘 알지 못하면서도 초재를 배제한다는 [현상학적 환원과] 같은 의도를 갖고 심리학적이며 심리학주의적인 내재와 참된 현상학적 내재

---

1 역자주 유아론(Solipsismus)의 라틴어 어원을 풀어서 적은 말이다. solus는 '오로지 하나', ipse는 '자기 자신'을 뜻한다.

를 혼동하는 데에서 발생한다고 말할 수 있다. 우리는 또한 **초재**의 본래적 의미와 초재를 배제한다는 것의 본래적 의미를 오해하기 때문에 (바로 유아론적 내재인) 심리학적 내재와 현상학적 내재를 혼동하게 된다고 말할 수 있다. 그럼에도 우리는 여기에서 인식이론적인 문제들은 옆으로 치워두고자 한다.

## §19. 자아의 현상학적 배제 가능성에 대한 반론

아마도 사람들은 다음과 같이 반박할 것이다. 자신의 자아를 배제하고자 하는 현상학적 환원은 사고 불가능한 어떤 것이라고 말이다. 한갓 의식작용들 자체에로, "순수 의식"에로 환원되어야 한다고 하지만 그것은 **누구의** 의식작용들인가? **누구의** 순수 의식인가? 자아와의 관계는 의식작용들에게 본질적이고, 따라서 실로 절대적인 소여는 데카르트가 하고자 했듯이 "나는 생각한다."라고 말이다.

우리는 당연히 다음과 같이 대답해야만 한다. 상술한 의미에서 경험적인 모든 초재를 배제하는 가능성, 모든 자연의 실존을 괄호 안에 넣을 가능성은 논쟁의 여지가 없는 것이고 이와 함께 나의 경험적 자아의 실존도 마찬가지이다. 이 경험적 자아에 대해서는 어떠한 판단도 내려지지 않고 전혀 사용되지 않는다. 따라서 이런 반론은 단지 경험적 자아와 다른 **순수 자아**가 의식작용들과 분리할 수 없는 어떤 것으로서 여전히 상정되어야만 함을 의미할 수 있을 뿐이다. 이에 대해서 우리는 어떠한 결정도 내려서는 안 된다. 우리가 말할 수 있는 것은, 현상학적 탐구는 현상학적 태도 안에서 발견할 수 있는 모든 것을 진술할 수 있고 진술해야만 한다는 사실뿐이다. 따라서 사물과 인간, 세계시간과 세계공간을 지닌 자연적 세계는 괄호 안에 놓이고, 따라서 이들이 현상학적 태도에 대해 존재하지 않는 상태에서, 현상학적 탐구가 순수 자아나 순수 시간과 같은 것이 항상 주어지며 정립될 수 있음을 발견한다면, 그것은 현상학적인 것일 것이다.

## §20. 현상학적 소여의 절대적 성격에 대한 반론과 현상학적 학문의 가능성 및 자연과학의 현상학적 정초 가능성에 대한 반론

현상학적 인식에 반대해서 사람들은 진지한 의심도 제기할 수 있을 것이다. 사람들은 가령 다음과 같이 말할 것이다. 경험소여가 배제되고 그와 더불어 모든 경험 판단도 배제될 것이다. 왜냐하면 물론 경험은 대상을 증여하는 작용이긴 하지만, 원리적으로 최종적으로 타당하게 증여하는 작용이 아니기 때문이다.[2] 이러한 소여성은 원리적으로 이 소여가 그럴 수 있고 아닐 수도 있고 다를 수도 있다는 가능성을 포함하고 있다. 현상학적 직관은 이러한 문제로부터 자유롭다고 한다. 그것이 소여하는 것은 한갓 현출이 아니라, 존재 자체라고 말이다. 그러나 이러한 것은 실제로 유지될 수 있는 주장인가? 절대적인 소여가 대체 성취될 수 있는 것인가? 설령 현상학적 소여가 절대적인 성격을 유지할 수 있더라도(이에 대해 우리는 곧 타당한 의심을 제기할 테지만), 그것이 우리에게 무슨 커다란 도움이 될 수 있단 말인가? 데카르트 또한 의식작용의 의심할 수 없는 존재를 가지고 더 이상 아무것도 시작할 수 없었다. 여기에서 우리는 어떻게 하나의 학문이 건립될 수 있는지, 심지어 자연과학이 건립될 수 있는지 미리 알 수 없다. 결국은 자연이 어디에서나 진정으로 우리의 관심거리이다. 순수 현상학적 토대 위에서

---

2  저자주 경험(Erfahrung) = 객관적-자연적 경험. 경험(Empirie) = 객관적 경험.

가령 어떤 환상적인 추론 방식을 통해 **자연**에 도달하고, 자연에 관한 배제된 경험인식에 대비되는 보다 고도의 절대적 자연 인식을 획득할 수 있기를 희망하는가? 그것은 처음부터 무의미한 것으로 거부되어야만 한다. 자연은 그의 본질에 따라 **오직** 경험의 길 위에서만 인식 가능하다. 자연과 경험인식은 상관자인 것이다. 자연의 대상들에 대한 주장으로 끝나는 모든 추론은 만약 그것이 이성적이라면 최종적으로는 경험 속에서 정초되는 전제를 요구한다.

## §21. 현상학적 환원의 무동기성

현상학적 직관[3]의 절대적 성격을 의심하는 근거들에 대해 묻기 전에, 가설적으로 말했겠던 것에 관해 대답하고 싶다. 경험 정립을 배제하려는 **동기를** 현상학에 슬쩍 **밀어 넣을 필요가 없다.** 현상학으로서 그것에는 그러한 동기가 전혀 없다. 물론 현상학자들은 그것을 가지고 있을 수도 있지만, 그것은 개인적인 일일 뿐이다.[4] 현상학은 경험적 정립을 배제하고 그다음에도 여전히 남아 있는 것에 탐구를 제한한다. 유일한 물음은 [경험적 정립을 배제한 후에] 탐구될 것이 무엇인지, 학문을 위한 영역이 남아 있는지 등이다. 우리의 유일한 관심은 자연이라고 말해서는 안 된다.[5] 자연 탐구자는 그렇게 말할 수 있다. 그러나 그것은 그

---

3  저자주 여기에서 "직관"은 환원된 지각에 대한 표현이다. 현상학적 환원의 지반 위에서 경험적 학문(empirische Wissenschaft)으로서의 현상학, 따라서 형상적 현상학으로 사고되지 않고, "필증적" 정당화에 대한 물음도 없는 현상학.

4  저자주 혹은, 현상학이 기여할 수 있는 학문들이 있다. 그때 이것들은 이 학문들의 관심사이다. 현상학은 스스로 서 있을 수 있다. 그것은 판단중지(Epoché)로 시작할 수 있으며, 그 이상의 동기에 대해 물을 필요가 없다.

5  저자주 자연은 항상 객관적 세계와 같다.

의 개인적 관점일 뿐이다. 현상학자의 관심은 경험 안에서, 그리고 보편적인 경험과학 안에서 정립된 현존으로서의 자연이 아니다. 현상학적 탐구가 자연 인식에 대해 어떤 무엇인가를 의미할 수 있는지 아닌지, 그리고 어떻게 그럴 수 있는지는 당연히 현상학의 건립에 선행하는 물음이 아니다.

## §22. 현상학적 인식의 절대성에 대한 반론을 논의하기 위한 예비적 숙고

현상학적 인식의 절대성에 대한 가능한 반론을 논의하기 전에 이와 관련해서 다음과 같이 말할 수 있다. 자연과학자는 자연 인식에 마음을 쓴다. 그는 경험이 의심할 바 없는 권리를 가지고 있음을 잘 알고 있으며, 경험을 근거로 해서 의심할 바 없이 가치 있는 인식을 무한한 충만 속에서 획득할 수 있음을 잘 알고 있다. 그러나 경험인식의 의심할 바 없는 권리는 그것이 절대적 인식이라는 것을 의미하지는 않는다. 자연과학자 자신도 그렇게 생각하지 않는다. 그는 방법적으로 정밀하게 세워진 모든 이론이 앞으로 올 경험을 통해 본질적으로 변양될 수 있음을 잘 알고 있다. 아마도 모든 경험적인 것을 배제한 현상학적 인식도 참된 의미에서의 인식이고, 의심할 바 없는 권리를 가지고 있으며, 풍부한 학문적 통찰들의 영역일 것이다. 그렇다면 현상학[6]의 건립을 위해서는 이 이상의 어떠한 증명도 필요없을 것이다. 물론 절대적인 의심 불가능성이 현실의 학문 안에서, 마찬가지로 현실의 현상학적 학문 안에서 완전히 실현될 수 없는 하나의 이념일 수도 있다. 그리고 현상학적

---

6  저자주 항상 여기에서 정의된 의미에서.

확언들이 기만할 수 있고, 미래에 올 확언들에 의해, 급조된 것이고 수정이 필요한 것으로 드러날 수도 있다. 그렇다고 하더라도 원리적으로 말해 현상학적 소여가 현실적인 소여이고 현상학적 방법이 현실적인 방법임이 명증적인 한에서, 현상학은 자연과학과 마찬가지로 자신의 가치를 보유하고 있다. 아마도 현상학적 소여가 실제로 절대적인 소여로서 주장될 수는 있다. 하지만, 다른 한편, 예를 들어 언어적으로 고정시키는 방식의 모든 이론화 작업과 마찬가지로, 현상학의 학문적 가공 작업에서 일어나는 기만의 원천을 수반하게 된다. 어쨌든 그럼에도 현상학적 탐구는 다른 모든 학문보다 절대적인 학문의 이념에 더 가까울 것이다. 왜냐하면 참된 학문의 모든 방법적 절차가 가지는 정당성은 직접적 소여에서, 바로 현상학적 영역에서 증시될 수 있어야 하고 증시될 수 있기 때문이다.

사정이 이와는 약간 다를지도 모르겠다. 현상학적 환원의 내부에서 다시 다양한 소여 방식들이 구별될 수 있을 것이다. 절대적으로 의심 불가능한 소여 방식과 그렇지 않은 소여 방식으로 말이다. 현상학은 하나의 분과학문이라기보다는 하나의 방법에 대한 표제일 것이다. 다양한 현상학적 분과학문이 존재할 것인데, 어떤 것은 절대적인 소여와 관련되고 어떤 것은 "불완전한" 소여에 관련될 것이다.

# 4

## 현상학은 절대적인 소여의 영역을 넘어 나감[1]

### §23. 현상학적 소여의 절대적 성격의 문제

현상학적 소여의 절대적 성격에 대해 제기되는 의심들은 어떤 것들인
가? 그것들을 약간 검토해 보자. 그것은 현상학적 소여가 주어지는 방
식에 주목하게 한다는 의미에서도 유용하다. 현상학적 환원은 우리를
맨 먼저, 우리가 잠정적으로 현상학적 직관이라고 불렀던 절대적 소여
로, 즉 현상학적 **지각**으로 이끈다는 사실이 실로 드러날 것이다. 이때
현상학적 지각이 가지고 있는 절대적이고 의심 불가능한 성격은 물론
옹호될 수 있다. 그러나 이 소여 방식과 어떤 방식으로든 연루되어 있

---

**1  저자주** 여기에서 지각, 파지, 회상 등 근본적인 형태의 현상학적 경험에 대한 **필증적
비판**의 이념이 처음으로 모습을 드러내고 있다. 4장에서는 지각에서 (그것의 지향적 구
조에 따라) 어떻게 현상학적 환원이 실행되는지, 그리하여 현상학적으로 순수한 지각
이 획득되는지가 점진적으로 드러나며, 자유로운 파지, 회상, 예상에서도 마찬가지로
드러난다. 우선은 순수한 현상학적 경험이 획득되어야만 하고, 그다음에야 필증적 비판
이 실행될 수 있다. 부록 24, 211쪽[본 역서 부록 5, 177쪽] 이하의 4장과 5장에 대한
자기 해명을 보라.

지만, 더 이상 이것과 동일한 의미(즉 의심 불가능하다는 의미)에서 절
대적 소여 방식이라고 주장할 수 없는 다른 종류의 소여 방식이 (물론
언제나 현상학적 태도의 내부에서) 곧장 드러나게 된다. 우리는 이러한
관점에서 현상학적 직관의 개념을 확장해야만 할 것이고, 그럼으로써
이 개념은 경험적 직관과 평행하게 될 것이며, 말하자면 현상학적 경
험, 즉, 현상학적 현전과 재현[2]이 될 것이다.

## §24. 현상학적으로 지각된 것의 절대적 소여. 현상학적 지각에서 배제의 무의미성

나는 지각한다. 그리고 지각된 사물의 실존을 배제하고 오직 지각 작용
자체를 바로 이것(ein Dies)으로서 확고히 붙잡는다. 그러나 지각 작용
은 지속하는 것이다. 그것은 방금 있었던 것이고 지금도 여전히 존재하
고 있으며, 이 지금은 또 다시 방금 지나간 것으로 변경되고 새로운 지
금이 다시 시작된다. 이를 통해 지각 작용은 지속한다.[3] **그렇다면 절대
적 소여의 문제는 어떻게 되는 것인가?** 지각 작용의 지나간 부분은 더
이상 소여되지 않는다. 사람들이 그것이 소여되었다(gegeben war)고

---

2  역자주 현전(Gegenwärtigung)은 대상을 몸소(leibhaft), 원본적으로(originär) 자
체 증여하는 체험으로서 대상을 현행적인 현재에 존재하는 것으로 정립한다. 여기에는
지각이 속한다. 이에 반해 재현(Vergegenwärtigung)은 대상을 현행적인 현재에 존재
하는 것으로 정립하지 않고 과거나 미래의 양상, 유사-현재의 양상 등에서 정립하거나
유사-정립한다. 여기에는 회상, 예상, 상상, 타자 경험 등이 속한다.
3  저자주 여기에는 다음의 사실이 놓여 있다. 지각은 원본적인 자기 소여의 흘러가는
점을 가지며, 그것을 넘어 방금 지나간 것으로서의 파지적인 소여의 지평을 가진다. 마
찬가지로 다른 측면에서 예지적인 소여의 직접적인 미래 지평을 가진다. 하나의 지각이
경과한다면, 그것의 자리에 단적인 파지가 등장하며, 이것은 계속되는 "침전"의 형태
속에서 잠시 생생하게 있다가 마침내 완전히 침전된다.

말할 때, 이 "-었다(war)"가 소여되는지는 의문스럽다. 지금에는 그것은 하나의 "-었다"로, 소여되었음으로 소여된다고 한다. 아마도 이것은 기만일지도 모른다. 기억은 종종 우리를 속이는 것이다. 아마도 나는 그것이 소여되었다고 생각하고 있지만, 실은 그것은 지금 비로소 시작하는 것인지도 모른다. "지금" 말이다. 그러나 내가 이런 식으로 확인하면서 판단하여, 지금 실제로 소여된 것을 붙잡으려고 하자마자, 그것은 이미 과거 속으로 사라진다. 지금은 이미 새로운 지금이 되었다. 그리고 내가 확인하고자 했던 것은 지금 이미 지나간 것으로 존재한다. 지나간 것은 지금을 초월한다. 그리고 나는 이 지나간 것을 경험적인 초재와 마찬가지로 배제해야만 한다. **하지만 이때 이러한 배제의 시도는 모두 의미를 상실한다.** 왜냐하면 판단하는 탐구를 위해 우리는 소여되지 않는 것을 배제하고 엄격한 의미에서 소여된 것만을 판단 영역에 집어넣고자 했지만, 어떤 것도 거기에 집어넣지 못하기 때문이다. 즉, 이러한 배제는 우리가 판단할 어느 것도 더 이상 발견할 수 없을 만큼이나 급진적이다.

자, 잘못된 길로 빠지지 말자! 지각에 주의를 기울이면서 그것을 완전히 직접적인 이것!(Dies!)으로 파악해 보자. 그것도 지속의 통일체로서 말이다. 그리하여 우리가 더 이상 아무것도 거기에 덧붙이지 말고 이러한 이것!과 더불어 정립된 것만을 순수하게 받아들인다면, 그리고 우리가 여기 이 지각 작용을 여기 지속하는 것으로서 순수하게 취한다면, 이러한 모든 의심은 의미를 상실할 것이다. 만약 우리가 어떤 것이 단지 그렇게 나타나 보이는 것인지, 아니면 현실적으로 존재하는지 묻는다면, 그것은 다음을 의미할 것이다. 지각이나 기억이나 표지(Anzeige) 각각 방식에 상응하는 "나타나 보임", 즉 나타남이 타당한지 아닌지 의심하는 것이고, 또 판단 등의 방식에서 "나타나 보임"이 타당한지 아닌지를 의심하는 것이고, 그것에 현실적으로 어쩌면 아무것도 상응하는 것이 없을 수 있다고 의심하는 것이다. 하지만 [이러한 의심]과 더불어 이 나타남, 이 지각함, 이 기억함, 이 판단함 등은 그것이 실제로 주어지는 바 그대로 소여된 것으로 전제되어 있다. (아마도 더 정확히 다음과 같이 말할 수 있을 것이다. 현출하는 것 자체, 지각되는 것, 기억되는 것, 사고되는 것, 한마디로 "한갓 의향된 것"과, 이들이 타당한 경우에 이들에 상응하는 **존재**를 구별할 수 있을 것이다.) 어쨌든 의심은 소여를 전제한다. 즉, 의심 속에서 정립되는, 의향의 의심 불가능한 소여를 전제한다. **따라서 이 지각, 이 지속하는 경험적 소여의 현상은 그 고유 존재에서 그리고 지속 속에서 소여되고 절대적으로 소여된다.**

### §25. 현상학적 태도 내부에 있는 "초재"로서, 현상학적 지각에 함축된 파지

이로부터 또한 우리들은 지속하는 지각의 소여되어 있음에 함께 포함되어 있는, **방금 있었던 지각**에 대한 올바른 태도도 발견할 것이다. **바로이 "있었던 것"**은 어떤 소여된 것이고, 방금 있었던 것으로서 어떤 이것이지만, 방금 있었던 것으로서, 그리고 소여된 지속하는 것의 소여된 과거 국면으로서 어떤 이것이다. 우리는 바로 이렇게, 그리고 이와 다르지 않게 이것을 취해야 하고, 그것이 그때마다 소여되는 것과 다른 어떤 내용을 덧붙이지 않아야 한다. 물론 이 있었던 것과 지금 위상을 기술하고 분석하는 문제, 특히 비교하면서 분석하고 기술하는 문제는 다른 문제이다. 그러나 어쨌든 현상학적 직관과 파악은 [현상학적] 판단을 위한 근거이며, 그것은 [현상학적] 사고가 정초될 수 있는 지반을 열어준다. 물론 그러한 사고가 무엇을 진지하게 수행할 수 있는지, 심지어 그것이 학문을 낳을 수 있는지는 결정되지 않았다. 그리고 이것을 철저하게 숙고해야 할 것이다.

무엇보다도 한계를 얼마나 넓게 그어야 하는지 물어야 한다.

현상학적 환원을 견지하면서 이제까지 말한 것과 같은 의미에서 "절대적 소여"라고는 더 이상 주장될 수 없는 많은 소여들을 만나게 된다는 것을 우리는 알 수 있다.[4]

단지 (현상학적 직관의) 지각 현재만 타당하다고 간주하는 **경향**에 우리는 굴복할 수 없었다. 우리가 **파지**를 배제하려 했다면, 지금이 과거와 미래 사이에 있는 영원히 흐르는 한계점(Grenzpunkt)이라고 주장할 수 없었을 것이고, 이 한계점이 이러한 성격을 갖는 지금이라고 주장할 수조차 없었을 것이다. 따라서 우리가 파지 자체를 현상학적 존재로서 인정할 뿐만 아니라 이 파지가 **그것에 대한** 파지인 것, [즉 파지되는 것]도 현상학적 존재로서 인정한다면, **우리는 현상학적 태도 안에 있는 "초재"를 허용해야 한다.** 모든 파지의 지금은 어떤 지금-아님의 파지이고 방금 있었던 것의 파지이며, 우리는 이 있었던 것이 소여된다고 말했다. 우리는 그러한 소여를 의심하는 것이 절대적 회의주의에의 항복과 똑같은 것을 의미함을 쉽게 분명하게 알 수 있다. 즉, 그러한 파지적 명증이 또한 경험적 지각 속에 전제되어 있다는 것을 분명하게 알 수 있고, 어쨌든 경험적 지각에 의존하는 자연 탐구자와 자연 인식을 신뢰하는 모든 철학자들은 현상학이 문제가 될 때 갑작스럽게 과도한 비판을 해서는 안 된다는 것을 분명히 알 수 있다.

지속하는 지각 내부에 있는 파지에 대해서와 마찬가지로, 완전히 경과해 버린 지각에 직접적으로 이어져 있는 소위 자유로운 파지에게도 당연히 그러한 타당성을 부여해야만 할 것이다.

---

4 저자주 **형상적** 환원은 수행하지 않는다. 본 탐구는 현상학적으로 환원된 의식을 그것의 개별적인 흐름에서 관찰하는 것이다.

## §26. 현상학적 회상과 그것의 기만 가능성. 경험적 기억의 현상학적 기억으로의 변경

회상, 그중에서 우선은 파지 내부에서 여전히 경과하고 있는 회상의 경우에는 사정이 어떠한가? 현상학적으로 환원된 것은 현상학적인 있었음(Gewesenheit) 속으로 가라앉는다. 그것이 여전히 가라앉아 있는 것으로서 우리 의식에 의식되는 동안에는, 바로 이 의식되었던 것의 경과는 회상이라는 형식 속에서 반복될 수 있고 새로이 등장할 수 있다. 이 경우 이렇게 회상되는 것, 반복으로서 경과하는 것은 경과한 것과 실제로 동일한 것인가? 특히 파지의 의식과 결합되어 있지 않은 회상의 경우에는 어떠한가?

만약 내가 어제 하나의 사건을 보았고, 그 즉시 이 지각에 대한 반성을 수행했다고 치자. 지금 나는 이 지각을 기억한다. 나는 이때 현상학적 환원을 수행한다. 즉, 나는 어제 자연 현실성 속에서 이러한 심리적 사건이 객관적으로 규정될 수 있는 시간 속에서 경과했다고 주장하지 않는다. 나는 첫째, 이것이, 이 회상의 의식이 있다는 것을, 둘째, 이 의식에서 기억된 (이러저러한 사건에 관한) 지각이 실로 있었고 이제 다시 의식된다는 것을 주장하고 있을 뿐이다.

그때 우리는 **현상학적 내재 안에 있는 새로운 "초재"**를 갖게 된다. 그러나 그러한 회상은 정당화되는 것인가? 절대적 의심 불가능성으로서 정당화되는가? 모든 사람들은 **그것**이 의심 불가능한 것이 결코 아니라고 항변할 것이다! 기억은 속인다. 그리고 경험적 기억과 마찬가지로 또한 현상학적 기억도 그러하다. 사람들은 심지어 경험적 기억의 기만에 근거해서 현상학적 기억의 기만 가능성을 증명할 수 있다. 왜냐하면 어떤 방식으로든 사람들은 경험적 기억 속에서 반성할 수 있고, 소위 경험적 기억 속에서 현상학적 기억을 만들어낼 수 있기 때문이다. 어떤 경험적 기억은 두 사건이 동시적으로 있었다고 나에게 말한다. 나중에 나는 더 풍부한 기억 연관을 통해서, 훨씬 더 강력한 힘을 지닌 새로운 회상을 갖게 되고, 그것은 두 사건이 이러저러한 명료하게 회상된 사건을 사이에 두고 분리되어 있었다고 나에게 말한다. 나는 현상학적 환원을 수행한다. 모든 자연과 마찬가지로 사건의 존재도 괄호쳐지고, 지각된 것의 현존과 마찬가지로 회상된 자연 사건의 현존도 괄호쳐진다. 그때 현상학적으로 소여되는 것에 어떤 결과가 생겨나는가? 명백히 첫 번째 회상의 환원은 두 사건지각들이 현상학적으로 '동시에(Gleichzeitig)'이었음을 산출하고, [더 강력한] 두 번째 회상은 이 두 사건지각들이 현상학적으로 동시가 아니었음을 산출한다. 지각이 점적으로 간주되어서는 안 되듯이, 이때 '동시'도 점적으로 이해되어서는 안 된다. 어쨌든 이것으로 이미 현상학적 회상의 기만 가능성이 드러난 것으로 충분하다.

또한 우리는 모든 통일적 회상이 이전의 경험의 다양들을 하나의 경험적 의식에로 결합시키는 한에서, 경험적 의미에서의 이 통일적 회상이 현상학적 환원을 통해 통일적인 현상학적 회상을 산출함을 보게 된다. 이때 통일적인 현상학적 회상은 현상학적인 다양들을 하나의 현상학적으로 환원된 재의식(Wiederbewusstsein)으로 결합시킨다. 기억은 우선, 이러저러한 것이 **있었다**고 말한다. 그러나 그것은 또한 이러저러한 것이 **지각되었다**고 말하는, 혹은 이러저러한 것에 대한 지각이 있었다고 말하는 반성을 가능하게 한다. 지각된 것의 추정된 동시성은 지각 작용의 동시성에 상응하며, 이 동시성은 재의식되고 현상학적 반성 속에서 대상화된다. 주관적 직관 속에서 드러나는 모든 경험적 기만은 현상학적으로 환원된 회상의 기만 의식을 낳는다. (이와 같은 사실은 지금 내가 다루지는 않을 심리학적 자기 경험의 영역에서도 당연히 나타날 것이다.)

## §27. 경험의 전체 영역을 현상학적이지만 절대적이지 않게 전유할 가능성. 예상

이제 우리는 모든 종류의 경험 정립을 의미하는 바 경험의 전체 영역을 현상학적 환원을 통해서 [우리의 탐구 영역으로] 전유할 수 있음에 주목하게 된다. 물론 그 결과는 동일한 것이다.

가령 **예상**을 취해보자. 모든 경험적 예상에는 [이에 대한] 현상학적 환원으로부터 발생되는 현상학적 예상이 상응한다. 예를 들어 나의 시선은 매력적인 피리새 한 쌍을 관찰한다. 수컷은 항상 나무에서 나무로 날아다니는 암컷을 뒤쫓는다. 지금 암컷이 옆 정원으로 날아간다. 나는 수컷이 뒤쫓을 거라고 예상한다. 우리가 현상학적 환원을 수행한다면, 여기에서 자연은 괄호쳐진다. 모든 이러한 경험적 예상이 현상학적 예상을 말하자면 자기 안에 품고 있음은 명료하지 않은가? 수컷이 뒤따라 날아갈 것에 관한, 내용적으로 이러저러한 어떤 봄에 대한 예상이 날아가는 암컷을 봄에 의존하고 있지 않은가? 물론 우리는 사실상 사태에, 자연에 향하고 있다. 그러나 우리가, 경험하는 사태가 아니라 사태의 경험함에 향하는 태도를 취할 수도 있고, 이러저러한 경험이 "틀림없이" 올 것임에 향하는 태도를 취할 수도 있음은 분명하지 않은가? 그리고 우리는 미리부터 현상학적 태도를 취할 수 있다. 그리하여 경험 속에 살고 그것의 정립을 소박하게 수행하여 "존재자를 존재하는 것으로 받아들이는" 대신에, 오히려 경험함에로 향하고, 그것의 정립을 괄호칠 수도 있다. 그렇다면 현재의 경험은 미래의 경험을 동기화한다. 그러나 현상학적 환원이 순수하게 이루어졌다 할지라도, 이를 통해 이 동기작용이 절대적 소여로서의 가치를 가지는 것은 아니다. 가령 내가 사건을 관찰하는 동안에 모기가 내 콧속으로 날아들면 나는 재채기를 해야 한다. 예상되었던 봄은 이제 전혀 일어나지 않는다.

## §28. 현상학적 경험. 그것의 "내재 안의 초재"와 기만의 가능성. 타자 경험과 자기 경험

더 정확히 숙고해 본다면, 우리는 현상학적 동기들[5]이 몇 개의 이름들, 특히 지각, 파지, 회상, 예상이라는 막연한 이름들에서 추측할 수 있는 것보다 무한히 풍부하다는 것을 발견하게 된다. 우리는 심지어 지각이나 여타 방식으로 경험되는 경험적인 대상 영역 자체도 고려해야 한다. 현상학적 환원은 항상 놀랄 만큼 풍부한 직관적 연관들을, 그것도 현상학적 지각의 방식에서 직관되지는 않고 소위 다른 다양한 방식의 **현상학적 경험**에서 직관되는 연관들을 준다. 이 연관들은 직관되지 않는다면, 그리고 의향하는 향함 및 정립과 엮이지 않는다면, 그것들은 [주제적으로] 의향되지는 않는다. 하지만 그래도 그것들은 어떤 방식으로든 의식되고 지향된다는 점, 그리고 이러한 향함의 가능성과 현실적인 현상학적 경험의 가능성이 보장된다는 점이 통찰될 수 있다. 여기에는 물론 도처에 **현상학적 내재 안의 초재**가 놓여 있으며, 기만의 가능성이 놓여 있다.

지속하고 있거나 변화하는 사물에 대한 지각이 예가 될 수 있겠다. 즉, 가령 우리 앞에 있는 시가 케이스를 이것의 공간 형태, 색, 물리 인과적 속성 등에 따라 실제로 지각 가능한 한에서 지각하는 작용이 예가 될 수 있겠다. 하나의 사물이 여기 있다. 우리는 바로 이것을 보면서 모든 사고를 멀리한 채 보이는 것 그 자체에 주의를 기울인다. 그리고 우리는 공간 형태를, 예를 들어 시가 케이스의 공간 형태를 본다. 시선은 이리저리 움직이고, 어떤 때는 시가 케이스의 이쪽 선을, 어떤 때는 저쪽 선을 쫓아간다. 시선은 이 나뭇결로부터 저 나뭇결로 넘어간다. 이

---

5  역자주 나중에 "현상학적 동기들" 뒤에 "(경험의 양상들)"이 추가된다. 편집자주 참조.

모든 것을 우리는 현상학적 환원을 통해서, 그리하여 시선 방향의 변경 속에서, 현상학적 예상 계열 같은 것으로 바꾸어 생각해 볼 수 있다. 그리고 예상이 현실적으로 수행되지 않을지라도 이는 그의 본질에 따라 현행적인 예상 계열로 변경될 수 있는 동기들의 계열이다. 이제 이러한 현상학적 동기들은, 비록 이리저리 왔다 갔다 하는 시선이 대상 위를 자의적으로 움직여간다 할지라도 자신의 특정한 구문론(Syntax)들을, 형식 및 규칙들을 갖게 된다. 그리고 각각의 특정한 공간 형태에는 특정한 특수 구문론이 상응하고, 시선의 각각의 모든 위치에는 복합적인 가능성의 어떤 체계가 속하며, 모든 객관적인 변화에는 이러저러하게 형성된 현상들의 변화 계열이 상응한다. 이 모든 것들이 현상학적 환원 속에서 생각된 것이다. 그때 시선 위치와 시선 변경은 감각 현상들 및 파악 현상들로 환원된다. 눈, 머리, 그 밖의 모든 것들은 현상학적 환원 이후에는 현존을 잃기 때문이다. 시가 케이스의 색에 속하는, 특히 이런저런 측면의 색에 속하는 감각과 파악의 다양체에 대해서도 똑같이 말할 수 있다. 또한 낯선 영혼 삶에 대한 **타자 경험**이라 불리는 독특한 형태의 경험과, 이에 앞서는 경험적 자기 경험도 끌어들일 수 있을 텐데, 이것들은 환원된 현상들의 동기 연관들로, 그것도 형식과 종류에 있어서 완전히 특정한 동기 연관들로 재차 이끌어갈 것이다. 그러나 이러한 동기 연관들에 관한 앎은 결코 현상학적 **지각**의 앎이 아니며, 의식 작용의 명증이 우선 그리로 이끌어가는 저 절대적 자기소여의 직관이 아니다. 그리고 이러한 사실은 어디에서나 타당하다.

## §29. 절대적 소여 영역을 넘어섬은 현상학적 학문의 가능성의 필연적 조건

현상학적 방법에서 확정할 수 있는 소여와 연관해서 과연 하나의 학문이 가능한지에 대한 물음의 해결은 무엇보다도 먼저 다음과 같은 물음의 해결에 의존하고 있다. 즉, 여기서 우리에게 "현상학적 경험"으로서, 즉, 다양한 종류의 초재적인 현상학적 반성으로서 등장하는 이들 소여 방식의 가치를 우리가 어떻게 해석하는가에 의존하고 있다.

나는 좀 더 정확하게 표현해 보고자 한다. 만약 우리가 절대적으로 의심 불가능한 소여인 의식작용의 소여에, 즉 지속하는 의식작용을 수행하는 동안 현상학적 환원 및 반성으로부터 생겨나는 지각 소여인 의식작용의 소여에 제한한다면, 우리는 항상 "이것"이라고만 말할 수 있지, 여기서 어떻게 학문적 인식이 생겨나게 되는지는 파악될 수 없다. 그러나 이제 다음과 같은 사실이 등장한다. 즉, 파지에서, 회상에서, 예상에서, 특히 모든 내적이고 외적인 자연적 경험에 대한 현상학적 환원에서, 이들의 다양한 내용을 끌어들임으로써, 무한히 풍부한 현상학적 소여들이 우리에게 유입된다는 것이 드러난다. (즉, 다음을 통해 그렇다. 예를 들어 회상에서는 체험으로서의 회상 자체를, 절대적으로 증여하는 현상학적 지각의 대상으로 만드는 **하나의** 반성 및 환원만 가능한 것이 아니다. 회상에서는 이른바 회상 **안에서** 진행되는 두 번째 환원 및 반성도 가능하다. 이는 회상된 [과거의] 체험을 현상학적 '있었음'으로서 증여하되, 더 이상 어떠한 의심도 배제하도록 절대적으로 증여하지는 못한다. 다른 경우들에서도 마찬가지이다.) 우리가 현상학적 대상이라고 부르는 이 모든 대상은 개별적 대상으로 사고되며, 모든 현상은 절대적 일회성(Einmaligkeit)으로, 개별적인 '여기 이것(Dies-da)'으로 사고된다.

심리학자는 다음과 같이 말할 것이다. 즉, 이제 이 모든 것들은 심리적 현상이며, 현재하거나 지나간 심리적 현상, 나의 고유한 현상이다, 혹은 만약 내가 타자 경험에 근거해서 이런 심리적 현상을 생각해 볼 경우에는 그것은 타자들의 심리 현상이라고 말할 것이다. 만약 그것이 순수하게 현상학적 환원 속에서 고찰되지 않고 경험적 자아의 현상으로서 파악된다면, 물론 심리학자들은 우리가 [현상학] 고유의 대상들의 장으로서 규정했던 이 모든 것들을 자신들도 다룰 수 있다고 정당하게 주장할 수 있다. 이때 심리학자는 물론 체험에 대한 이러한 자연주의적 파악, 그리고 심리학적 체험이라는 개념이 얼마나 거대한 어려움을 지니고 있는지 전혀 예상하지 못하고 있다. 아무튼 그런 한에서 모든 것이 잘 돌아간다. 그러나 **우리는** 경험적 주체도 마찬가지로 배제할 것을 주장한다. 그리고 그때 당연히 현상학적인 개별적 존재는 결코 심리학적 체험이 아니다. 굳이 "심리적인 것"이라는 말을 쓰고자 한다면, **경험적으로 심리적인 것**에 대비해서 **초월론적으로 심리적인 것**이라고 말해야 할 것이다.

이제 제기된 물음에 대한 대답은 어떻게 되었는가? 우리는 절대적 성격을 갖지 않는 앞서 언급된 유형의 현상학적 경험을 허용해도 되는가? 여러분은 아마 대답을 예상할 것이다. 어느 누구도 자연과학자에게 그가 예상하고 있는 소여 방식이 절대적 소여 방식이어야 한다고 요구하지 않는다. 그러한 것을 요구하는 것이 바보 같은 짓, 더 나아가 부조리한 짓이기 때문만이 아니라, 자연과학 자체가 보여주듯이 엄밀한 학문의 건립을 위해서 그러한 것은 전혀 필요하지 않기 때문이다. 따라서 초월론적 심리학,[6] 즉, 현상학적 환원 속에서의 체험에 대한 학문을 추구하는 것에는 아무런 걸림돌도 있을 수 없다. 현상학적 경험은 자주

---

6  저자주 초월론적 심리학으로서의 현상학.

자연적 경험보다 더 좋은 것은 아닐 수 있지만, 어쨌든 그것보다 더 나쁜 것은 아니다. 자연주의적 경험과학에 대비되는 현상학적 경험과학이 왜 존재할 수 없겠는가! 따라서 우선 최소한, 모든 경험에는 또한 경험에 관한 학문이 상응할 수 있어야 한다고 생각할 수 있겠고, 이것을 자명하다고 간주할 수도 있겠다.

## §30. 내재와 초재. 이 용어의 다의성과 현상학의 장에서 내재와 초재의 의미.

이때 이 학문[7]은, 이 객체들[8]이 가령 기억되거나 예상되는 한에서 때때로 경험함[9]에 **"초재적"**인 그런 객체들과 관계한다는 것, 그러나 이 객체들은 더 중요한 다른 의미에서 **내재적**이라는 것, 즉 자신의 고유한 본성에 따라 그 자체가 절대적으로 주어질 수 있다는 것에 주목해야 한다. 즉, 원리적으로 이 객체들은 절대적으로 지각 가능하며, 따라서 또한 회상에서 절대적으로 직관 가능하다.[10] 이들은 현출을 통한, 즉 한갓된 현시를 통한 대상들이 아니다.

자연은 절대적으로 주어지지 않는다는 의미에서뿐 아니라, 원리적으로 **"절대적으로" 주어질 수 없다**는 의미에서 경험함을 넘어서고 있다는

---

7    역자주 현상학을 가리킨다.
8    역자주 여기에서 객체는 현상학적 경험의 대상, 즉 체험을 가리킨다.
9    역자주 여기에서 경험은 현상학적 경험을 가리킨다.
10   저자주 하지만 이 말은 상당한 오해를 불러일으킬 수 있다. 내재적 자료는 지각되거나 파지적으로 의식되거나 재현되거나 간에, 현재하거나 지나갔거나 도래한다. 즉, 지나간 내재적 자료는 현재했던 것이고, 그다음에 과거의 것으로서 지나간 것이다. 하지만 그것들은 다양한 현실적이며 가능적인 재생들(Reproduktionen) 등의 계속 머무는 통일체로서만 **객체들**이다.

점이 **자연**의 고유한 본성이며, 자연이라는 표제 아래에 놓여 있는 모든 것들의 고유한 본성이다. 왜냐하면 그것은 **반드시** 현시 및 음영을 통해서만 주어지며, 이러한 음영 짓는 현시는 원리적으로 현시된 것 자체를 그대로 복제(Reduplikation)한 것일 수 없기 때문이다.[11]

여러분은 내재와 초재라는 말이 다양한 의미를 가지고 있음을, 그리고 최근에 내가 내재 안의 초재라는 말을 되풀이 말했을 때, 이 말이 올바로 이해되어야 함을 알아차릴 것이다.

초재에 관해서는 다음과 같이 말할 수 있겠다.

1) 첫째, 인식 대상 자체는 인식작용 안에 (그리고 일반적으로 인식 대상의 상관자인 의식 안에) 현재하지 않는다는 가장 일반적인 의미에서 말해질 수 있다. 이제 의식, 즉 그때마다의 의식작용은 그 자체가 아닌 다른 어떤 것에 관한 의식임은 지향적 관계(바로 의식과 의식 대상 사이의 관계)의 본질에 본래적으로 속한다. 그리고 그것은 현상학적 직관의 경우에도 타당하다. 즉, 현상학적으로 직관된 것은 본래적 의미에서 작용 안에 있지 않다. 그러나 우리는 지금 이러한 관점에서의 초재에 관해서 말하고 있는 것은 아니다. 왜냐하면, 이 경우 내재라는 대립항은 어떤 의미도 갖지 않을 것이기 때문이다.

2) 사람들이 한편에는 가장 엄밀한 의미에서 (항상 특정한 작용으로 이해된) 의식에게 몸소 현재함(leibhaft Gegenwärtigsein)을 놓고, 다른 편에는 그것의 부정, 즉 이러한 자체 현재함 없이 의향되는 것을 놓는 경우는 이와 완전히 다르다. 이러한 [내재의] 가장 엄밀한 의미는 다음과 같다. 의식은 자신이 직관하는 것 자체를 가지거나 그 자체를 포착하고 그 자체를 접촉하는 직관이라는 것이다. 이는 현재 생생하게 존재

---

11 저자주 그리고 외적인 초재는 반복해서 지각 가능하지만, 내재적 대상은 반복해서 지각 가능하지 않으며, 단지 반복된 회상의 통일체이고 일반적으로는 재현의 통일체일 뿐이다.

하고 있는 의식작용에 직관이 향하고, 의식작용을 직관 속에서 말하자
면 자신 안에 가지고 있는 것과 같다. 이때 반성이 가르쳐주듯이, 이 둘
은 하나의 현재 통일성을 형성한다. 생생한 현재적 직관은 생생하게 현
재적으로 직관된 것과 하나로 통일되어 있다. 이것이 내재와 초재 사이
의 대립 방식의 하나이다. 내재 편에는 오직 직관된 것이 놓여 있고(경
우에 따라서는 이런 방식으로 직관 가능한 것이라고 말할 수도 있는데,
이는 현실적으로 직관되는 것과 합일되어, 반성적 시선의 전환이 현실
적으로 직관되는 것으로부터 직관 가능한 것으로 이끌어갈 수 있다.),
초재 편에는 나머지 모든 것이, 특히 대상으로서 의식되기는 하지만 현
재하지 않는 모든 것이 놓여 있다. 비록 현상학적으로 환원된 회상과
심지어 파지가 직관되었던 것을 재생한다 할지라도, 이 기억된 것은 기
억 의식에 대해서는 초재하는 것일 것이다.

　3) 만약 우리가 내재와 초재라는 개념으로 대상들을, 특히 개별적 대
상들을 분류한다면, 내재와 초재에 관한 또 다른 개념이 생겨난다. 이
것에 따르면, 개별적 대상들은, 직관될 수 있고 절대적인 자체현재 속
에서 주어질 수 있는 것들과, 단지 자체현재 속에서 현출할 수 있되, 단
지 현출, 현시를 통해서만 주어질 수 있는 것들로 나뉜다.[12] 이런 경우
에 모든 현상학적 의식은 내재와 관계한다. 내재하는 것은 현상학의 영
역이다. 지금 우리는 현상학을 자연에 관한 모든 배제를 통하여 내재로
가져온 개별적 대상들에 관한 하나의 가능한 학문으로 이해하기 때문
이다. 그다음 초재의 측면에는 자연이 속한다. 왜냐하면 자연은 현출을
통해서 자기 자신을 나타내는 대상들의 전체를 포괄하는 명칭이기 때

---

**12**　저자주 그러나 하나는 단지 한 번 원본적 생성 속에서 주어질 수 있으며, 다른 하
나는 반복해서 주어질 수 있다. 하나는 지각되었던 것으로서만 있었을 수 있고 따라서
어쩌면 회상되는 것으로 존재할 수 있다. 다른 하나는 모든 지각에 앞서 있었을 수 있
다 등.

문이다. **따라서 현상학은 모든 의미에서의 초재를 배제하려고 하지 않는
다.** 처음부터 현상학은 자연, 특정한 의미에서의 초재, 현출하는 것이라
는 의미에서의 초재를 배제하는 것을 통해서 정의된다.

# 5

## 통일적으로 연관된 전체적 의식 흐름의 현상학적 획득

§31. 현상학적 대상의 배경과 다양한 의식작용에서의 현상학적 대상의 동일성. 현상학적 시간의식

그러나 우리는 본론에서 벗어난 이러한 논의를 지나 우리 고찰의 주요 영역으로 되돌아가자. 우리 앞에 떠오르는 의미에서의 현상학, "현상학적 경험"을 근거로 한 학문은 가능한가? 이 학문은 이제까지 상술된 것을 통해서 확보되었는가? 경험사실적 경험(empirische Erfahrung) 혹은 여러분이 이렇게 표현하기를 원한다면, 자연주의적 경험은 비록 절대적으로 의심 불가능하게 소여하는 작용은 결코 아닐지라도 자신의 모든 양상들에 있어서 권리와 명증을 내포하고 있다. 현상학적 경험도 자신의 평행하는 양상들과 함께 마찬가지로 권리와 명증을 지니고 있다. 이 측면에서 결여된 것은 아무것도 없다. 양 측면 모두에서 인식의 장은 무한하다. 한쪽에서는 우리가 자연이라고 부르는 대상들의 전체가 있으며, 다른 쪽에는 우리가 의식, 의식작용, 현상학적 자료라고 부르는 대상들의 전체가 있다.

이 [후자의] 영역에 좀 더 상세히 접근해 보자. 대상들은 현상학적 환원을 통해서 우리 수중에 들어오는 개별적 단일체들이다. 이들은 특히 절대적 자기소여로서의 현상학적 지각을 통해서, 그러나 다른 한편 현상학적 파지, 회상, 예상, 타자 경험을 통해서도 우리 수중에 들어온다.

물론 작용들이 처한 상황들은 보기와는 달리 매우 복잡하게 얽혀 있다. **모든 현상학적 대상에는 대상적 배경이 있으며**, 이것은 지각에 대해 배경으로 있으면서, 함께 의식되지만 함께 의향되지 않은 현재하는 것이다. 이것은 추후의 반성과 기억을 통해서, 이전에 현재했었지만 이전의 지각에서 의향되지는 않은 것으로서 의향될 수 있다. 모든 경험에 대해서도 마찬가지이다. 나는 지금 어떤 대상을 회상한다. 나는 반성하면서 어떤 배경을 발견하는데, 이때 이 배경은 회상된 대상과 똑같이, "현재했던"이라는 성격을 갖는다. 반성이 사후적으로 포착하는 이러한 배경은, [반성에] 선행하는 회상에서 함께 의식되었지만 의향되지는 않았던 배경으로 인식된다. 그리고 모든 곳에서 이러하다.

경우에 따라서는 동일한 현상학적 자료가 현상학적 경험의 다양함 속에서 우리에게 의식된다. 즉, 동일한 것이 우선은 가령 예상되고, 그다음 지각되고, 그다음 기억되고 회상된다. 타자 경험도 여기에서는 예외가 아니다. 왜냐하면 타자 경험적으로 정립된 자료는 의향된 자료이거나, 타자 경험된 **현상학적** 지각 혹은 여타 경험의 배경 자료일 수 있기 때문이다. 타자 경험 자체가 경험인 한에서, 이 자료는 지각이나 여타 경험의 소여로 정립된다. 의식의 다양한 작용(다양한 의식작용)에서의 현상학적 자료의 동일성은 비현상학적 사실이 아니라 그 자체로 현상학적 소여이며, 따라서 현상학적 경험의 사실이다.

여기에서 경험 개념은 다음과 같은 방식으로 쉽게 확장된다. 해당 자료가 동일적임이 동일성 의식 속에서 주어지는데, 이는 기억 계열에 정초되어 있다. 우리는 지금 자료를 예상하고 그다음에 그것을 지각하고 그다음에 파지로서 기억하고 그다음에 회상하고, 반복해서 회상할 뿐만 아니라, 이 작용 계열들이 회상하는 반성 속에 있는 계열들로서 우리 의식 앞에 있다. 그리하여 우리는 소여된 것을 순수하게 표현하면서 다음과 같이 말한다. 이 작용들은 하나의 시간 계열로서 잇따라 있었고, 이 작용들 **속에서** 동일한 현상학적 자료가 항상 다시 우선 예상되고 그다음 지각되고 그다음 파지적으로 의식되고 그다음 회상되었다. 우리는 [이 모두를] 포괄하는 동일성 의식을 근거로 해서 이렇게 말하는 것이다.

이때 우리에게는 (경험적 시간의식과 혼동되지 말아야 할) 현상학적 시간의식과 연관되어 있는 많은 제약 조건이 눈에 띤다. 예상은 지각에 앞서고 지각은 회상에 앞서며 첫 번째 회상은 두 번째 회상에 앞선다. 더구나 이는 같은 현상학적 내용에서는 필연적이다. 여러분이 쉽게 이해할 수 있듯이, 내용에서 차이가 있는 경우에는 제약 조건들도 다르다.


## §32. 요약과 새로운 서술: 개별적 존재인 순수 의식으로의 현상학적 환원. 환원된 의식 세계의 유효 범위와 현상학적 학문의 가능성의 문제[1]

나는 지난 시간에 염두에 두었지만 여전히 완전하게 상술하지는 못했던 주요 생각들을 요약하고자 한다.

우리가 반성을 시작해 본다면, 자연적 세계 고찰의 태도 속에 있는 인간으로서의 우리를 발견할 것이다. 이때 이 인간은 특정한 주위 속에

---

1  저자주 나의 수강생들이 발견한 문제점들 때문에 새롭게 서술함.

놓여 있으며, 그때그때 다양한 특정 심리적 작용을 수행하고 있다. 즉, 지각하고 상상하고 판단하고 있다. 우리는 이제 모든 것을 포괄하는 현상학적 환원을 실행한다. 즉, 자연적 존재 정립의 의미에서의 모든 초재를 배제한다. 우리에게 **자연적으로** 주어지는 어떠한 것에 관해서도 판단하려고 하지 않는다. 게다가 이 점에서는 의심하거나 의아스럽게 생각함 없이 그렇게 한다. 우리의 지금의 탐구를 위해서는, 경험적으로 정초된 어떤 판단도 전제와 이론적 확언으로 기능하지 않도록 원리적으로 배제한다.

일상적인 표현법에서 이해하자면 마지막 명제는 우리가 이제부터 선험적으로 판단하고자 원한다는 것을 의미할 것이다. 하지만 우리에게 이는 결코 대립항이 아니었다. 왜냐하면 참된 선험적인 것, 즉 판단 속에 필연성과 무조건적 보편타당성을 지녀야만 하는 참된 선험적인 것은 개별적 사실들과는 어떤 관계도 갖고 있지 않기 때문이다. 선험적 판단들은 일반적으로 타당한 판단들이다. 이와 달리 후험적 판단은 개별적으로 타당한 판단이며, 비록 일반적 판단이라 할지라도 개별적인 존재를 정립한다. 하지만 우리에게는 전체를 포괄하는 현상학적 환원을 통해서, 개별적 존재의 세계, 현상학적 소여의 세계, 순수 의식의 세계가 남는다.

확실히 자연적 세계는 모든 개별적 존재를 포괄한다. 말하자면 모든 것이 자연적 세계 속에 정렬되고, 모든 것이 자연적 태도에서 자연적 세계 속에 정렬되기 때문이다. 그러나 소위 의식이라 불리는 이 [자연적] 세계의 한 부분은 현상학적으로 환원될 수 있다는 고유한 특성을 가지고 있다.[2] 즉, 만약 의식 속에서 수행되고 그것과 엮인 자연적 현존 정립을 작용 중지하고 이를 우리의 판단함에서 배제한다면, 의식 자신

---

2 저자주 이렇게 말할 수 있을까?

이 순수한 내재적 존재로, 즉 이러한 정립 속의 자연이 아닌 것으로 여전히 남게 된다. 그것이 자체 현출하는 존재, 한갓 현시되는 존재도 아니고, 자연에 대한 간접적 '함께 정립함(Mitsetzung)'을 통해서 그러한 존재에 가담하지도 않는 한에서 말이다. 예를 들어 의식이 신체로 정립된 자연 사물과 인과적으로 얽힌 것으로서 파악되는 경우에 이러한 함께 정립함이 수행된다.

우리는 이제 다음을 명료하게 하고자 한다. 즉, 이 환원된 의식 세계의 범위는 어디에까지 미치는가, 우리는 현상학적 환원 속에서 이것에 관해서 어떠한 소여 방식을 갖고 있는가, 더 나아가 의식 세계는 어떠한 종류의 앎을 가능하게 하는가, 학문과 같은 어떤 것이 어느 한도에서 의식 세계 안에서 건립될 수 있는가 등을 명료하게 하고자 한다. 이것의 소여 방식으로는 먼저 현상학적 직관이라고도 불리는 현상학적 지각이 있다. 모든 환원된 현상은 지속하는 것으로서, 그것도 지속하는 자체현재로서 드러난다. 물론 경험적 사물 지각의 대상도 자체현재하는 현존으로서 자기를 나타내지만, 이것은 한갓된 현출을 통해서 주어질 뿐이다. 현상학적 현재는 현출하는 현재가 아니요, 절대적 의미에서의 자체현재이다. 따라서 예를 들어 지각 **현출**의 존재, 즉 '자체현재로 외적으로 현시됨'이라는 현상의 존재는 절대적으로 주어지는 내재적 존재이다. 내재적 존재의 이러한 소여 방식은 많은 것들을 함축하고 있다. 지속하는 존재는 지속 속에서 존재하며, 이 지속은 지금이라는 하나의 흘러가는 점과 과거의 흘러가는 점들의 연속체로 채워진 지속이다. 그리고 그에 상응해서 모든 현상학적 지각에는 지금 지각(Jetztwahrnehmung)이라는 한 점이 속하며, 이와 동일한 지금에 파지적 기억의 연속체가 속한다. 그것도 지속적인 흐름에서. 이 지각은 지금의 절대적 정립이요, 지금에서 특정한 비-지금의 지속적인 단계 서열에서의 절대적 정립이다.

더 나아가 우리는 소여 방식으로서 자유로운 파지와 무엇보다도 회상에 대해서 이야기했다. 마찬가지로 예상을 이야기했고, 마지막으로는 타자 경험도 이야기하였다.

## §33. 현상학적 경험을 전체적인 통일적 의식 흐름으로 확장함

우리가 만약 하나의 현상학적 지각 다음에 또 다른 현상학적 지각을 차례대로 수행한다면, 그리하여 순수 직관 속에서 의식작용들에 향한다면, 모든 의식작용들은 그것들이 지속하는 한에서 자체현재하는 것으로서 주어지게 된다. 의식작용들이 경과한다면, 생생한 파지 속에 한 구간이 남아 있다가 마침내는 어두운 배경 속으로 흘러가 버리게 된다. 그때 파지는 다음과 같은 방식으로 일어날 수도 있다. 즉, 이미 지나가 버려서 더 이상 직관되지 않는 의식작용에 관한 '여전히 의식함(Noch-Bewusstsein)'이 이 의식작용을 부여잡은 채 새로운 의식작용과 결합시키는 방식으로 일어날 수도 있다. 그때 우리는 의식작용들의 잇따름(Nacheinander)에 관한 의식을 갖게 된다. 그러나 또한 개별적 의식작용들과 그것의 전체 계열에 관한 회상이 등장할 수도 있다. 우리는 각 의식작용들에 대한 직관함을 흡사(gleichsam) 다시 한번 겪어나간다. 이때 의식작용은 한 번 더 시작하고, 흘러가는 지금 및 차차 사라져가는 '있었음들'의 꼬리를 지닌 채 한 번 더 지속한다. 그러나 단지 "흡사"라는 양상에서 그러하다. 이 "흡사 다시 주어짐"이 회상의 성격이다. 통일적으로 결합시키는 의식은 이 회상들의 계열을 하나의 집합으로 결합시킬 수 있다. 지나간 잇따름에 관한 의식은 집합 의식으로서, 경우에 따라서 사후에야 수립된다. 예를 들어 음 현출이 지나간다. 우리는 하나의 음 현출에 주의를 기울일 뿐 다른 것은 우리의 관심을 끌지 않는다. 한 쌍이나 전체 계열 등을 구획하는 집합 의식은 수행하지 않는다. 이와 달리, 회상에서 회상된 음의 시간 배경에 주의를 기울이고, 기억된 음 현출들을 결합시키는 분리된 독자적인 집합 의식 및 계열 의식을 형성한다. 그러면 이전에 지각에서는 주목되지 않았던 것이 기억에서 주목되며, 이전에 집합을 이루지 않았던 것이 기억에서 집합을 이룬다.

각 의식작용마다 잇따름이라는 의향되지 않은 시간 배경이 있는 것처럼, 각 의식작용마다 동시성이라는 시간 배경도 있다. 이것도 회상에서 주목할 수 있다.

만약 우리가 어떠한 자연 정립도 함께 사용하지 않는다면, 파지 및 회상은 현상학적 경험 의식이며, 파지 및 회상에 속하는 가능한 조작들도 역시 현상학적 경험 의식이다. 현상학적 지각은 적당한 한계 안에서 절대적 의심 불가능성을 주장할 수 있지만, 이러한 절대적 의심 불가능성은, 우리가 이전에 보았듯이 위와 같은 새로운 형식의 현상학적 경험에는 적용되지 **않는다**. 그러나 경험은 경험이며, 그것은 그 자체로서 가치를 가지고 있다.

만약 이와 유사한 것이 예상에 대해서도 상술될 수 있다고 가정한다면, 이미 현상학적 경험은 지금 주목된 현재로서의 개별적 의식작용들에 국한되는 것이 아니라, 하나의 유일한 시간 연관인 **전체 의식 흐름**으로 확장된다. 물론 이 전체 의식 흐름의 전체 폭과 길이는 그때그때 직관의 빛 안으로 다 들어오지 않는다.

혹은 다음과 같이 말할 수도 있겠다. 우리가 현상학적 환원을 계속 수행한다면, 그 속에는 의식의 무한한 통일성이 놓여 있으며, 적절한 비유를 사용한다면 무한한 통일적 의식 흐름이 놓여 있다. 우리는 현상학적 경험을 항상 다시 실행할 수 있으며, 이전에 가졌던 의식작용을, 기억하는 재의식의 방식으로 항상 다시 대상으로 만들 수 있으며, 이전에 부분적으로 주목되었거나 전혀 주목되지 않았던 의식작용의 시간 배경을 직관하고 의향하는 시선 속으로 항상 다시 가져올 수 있다. 그리고 동시성 연관들로 들어가거나 계기 연관들을 추적하면서, 현상들이 시간의식의 통일성에서 어떻게 서로 연관되어 있고, 연속적으로 하나이며 **하나의** 흐름인지 볼 수 있다. 물론 파지와 회상은 종종 불명료하고 무규정적이며, 무엇보다도 회상된 현상의 배경들이 그러하다. 그러나 기억이 불명료하더라도 "그것"은 명료해질 수 있다. 즉, 경우에 따라서 첫 번째 기억에 더 풍부하고 명료한 두 번째 기억이 이어서 나올 수 있고, 연관되지 않고 분리되어 있는 기억들을 연속적으로 서로 접합되어 있는 명료한 기억들의 일깨움을 통하여 명료한 기억의 통일성으로 가져올 수 있으며, 이로써 모든 개별적 기억이 가지는 경험 효력과 가치를 높이는 것에 성공할 수 있다. 경험으로부터, 경험을 충실하게 표현하고 분석하는 경험 판단이 따라 나온다. 이리하여 의식의 흐름은 현상학적 순수성 속에서 고유한 경험의 장이, 즉 인식의 영역이 된다.

## §34. 인위적 제한의 폐기. 의식 흐름에 대한 자연적 반성을 출발점으로 현상학적 의식 흐름을 획득함. 그리고 이중적인 현상학적 환원

그러나 이제까지의 고찰에서 우리는 인위적인 제한을 해왔다. 그것을 이제 치워야 한다. 의식 흐름을 먼저 최초의 반성이, 즉 **자연적** 반성이 제공하는 대로 취하고 **그다음에** 현상학적 환원을 수행한다면 비로소 우리가 말한 것들은 자신의 본래적 가치, 그야말로 자신의 타당성을 얻을 수 있다. 우리는 하나의 현상학적인 직관이나 다수의 이러한 직관 작용들로부터 출발했고, 그다음 파지와 회상과 예상 등을 실행했다. 그러나 이들은 인위적인 예외 경우이다. 의식 흐름을 그것 그대로 취해보자. 즉, 우리가 이미 그 속에 있는 자연적 태도에서 자아 체험에 시선을 향하고 그다음 이 체험에 대해서(an) 그리고 이 체험 안에서(in) 현상학적 환원을 수행하자. 즉, 우리 자신의 체험들, 즉 심리적 자연의 현상들을 외적인 자연과 마찬가지로 자연적인 직관의 소여로 가져오는 지각, 파지, 기억, 예상 및 모든 내적이고 외적인 경험에 대해서 현상학적 환원을 수행하자.

그때 지극히 주목할 만한 사실이 드러난다. 즉, **모든 경험은 이중적인 현상학적 환원을 허용한다**는 것이다. 한 번은 **경험 자체**를 순수한 내재적 직관으로 가져오는 현상학적 환원이고, 다른 경우는 **경험의 지향적 내용과 대상에 대해 수행되는** 현상학적 환원이다. 따라서 회상의 지향적 내용과 대상에 대해 수행되는 현상학적 환원이 존재한다. 예를 들어 우리는 원래의 지각에서는 주목되지 않았고 지각 배경이던 기억된 대상의 배경을 회상 **안에서** "사후적으로" 주목할 수 있는 것처럼, 회상 **안에서** 전경과 배경에 대한 현상학적 환원을 수행할 수도 있다. 이때, 이 환원은 원래의 지각에서는 수행되지 않았고, 따라서 그것은 그 자체로 이전의 환원에 대한 회상이 아니다.

그 자체로 고찰해 볼 경우, 기억을 비롯한 모든 종류의 재현 **안에서의** 반성은 가장 큰 흥미를 불러일으키며, 이에 대한 정확한 기술과 분석은 현상학의 근본 부분이다. 물론 이제까지 이 점을 보기라도 한 사람은 아무도 없었다. 여기에서 이들이 고찰의 대상이 되는 것은 이들을 가능하게 하는 극히 놀랄 만한 특정한 수행 때문이다. 그것은 **모든** 자연적 경험의 전체 포괄적인 전환인데, 이는 이 경험의 의식작용의 전환일 뿐만 아니라, **이 경험 안에 지향적으로 놓인 것의** 전환이기도 하다.

## §35. 현실적이고 가능한 순수 의식 연관들의 지표(Index)인, 자연적 경험의 초재적 통일체. 모든 자연적 경험과 모든 학문을 현상학적 경험과 학문으로 전환함

우리는 이러한 현상학적 환원 혹은 전환의 결과를 다음과 같이 말할 수 있을 것이다. 자연적 경험이 **초재적 통일체**, 즉 현존하는 실제적 사물, 실제적 배치, 현존하는 변화 경과를 현재, 과거, 미래에 있어서 정립한다면, [현상학적 환원에 의해서] 물론 이런 현존은 괄호쳐지지만, 이 정립은 특정한 순수 의식 연관들을 드러내는 **지표**로서 기여하게 된다. 이때 이 순수 의식 연관들이 이러한 경험 정립 **안에서** 현상학적 환원을 통해 드러날 수 있으며, 특히 현상학적 경험의 작용들이라는 형식에서 드러날 수 있다.

  이리하여 우리는 자연적 태도와 단적인 경험에서 눈앞에 있는 대로의 자연으로부터 출발한다. 우리는 둘러보고, 기억 속에서 이전의 지각된 것으로 되돌아가고, 직관적인 경험 안에서 앞으로도 가고 뒤로도 가며, 현출하는 자연 및 그 안의 다양한 사물, 사건, 인간 등의 직관적인 연관을 경험하면서 눈앞에 가진다. 우리가 이 모든 경험에 **대해서** 그리고 이 모든 경험 **안에서**, 지금 문제가 되고 있는 환원을 수행해 보자.[3] 그렇게 한다면, 만약 하나의 경험이 가령 이 사실적 경험에서 바로 이렇게 이 현출에서 현시되는 이 책상에 대한 경험이라면, 또 앞면과 뒷면에 있어서나 형태와 [이를 채우는] 질료에 있어서 의향되고 정립되는 이 책상에 대한 경험이라면, 이 경험에는 동기화된 실제적 가능성들로서 경우에 따라서는 현실적 경험으로 넘어가기도 하는 다양한 특정한

---

3  저자주 이것뿐만이 아니다. 사물을 보면서 우리는, 임의대로 머리를 돌리거나 사물에 다가서거나 물러난다면 이 사물이 어떻게 보일지를 항상 생각하고 표상할 수 있다.

경험 가능성들이 상응한다. 그다음 이 경험 가능성들은 동기화된 가능성으로서 상응하는 의향의 향함에서 예상되는 가능성이 되고 그렇게 됨에 틀림없다. 자연을 배제한다는 것은 경험된 사물을 확언하는 판단의 대상으로 지금 만들지 않음을, 즉 이제 우리의 영역에는 순수 내재에서 취해지는 현실적이고 가능적인 사물 경험들 및 이와 관련된 확언들이 속함을 의미한다. 그리고 거기에서 다음과 같은 인식은 막대한 중요성을 지닌다. 즉, **내재적 존재로서 취해진 각각의 자연적 경험은 다양한 다른 자연적 경험들을 동기화하고 다양한 자연적 경험의 실제적 가능성들을 동기화하며, 우리는 순수 의식의 연관들인 이러한 동기 연관을 풀어내고 이들에 시선을 향할 수 있다.** 그리고 이 시선은 현상학적 경험이라는 성격을 가진다. 이리하여 만약 우리가 지금의 태도를 위하여 자연의 실존을 배제한다면, 그리고 지금 확언하는 영역에서 자연에 관해 어떤 방식으로든 판단하지 않는다면, 우리에게는 현실적이고 가능적인 자연 경험이라는, 그때그때 특정하게 규정된 막대한 장이 남는다. 그리고 비로소 이를 통하여 우리는 순수 의식 흐름의 장을 획득하는데, 이 순수 의식 흐름은 당연히 결코 자연이 아니며, 다만 자연 경험 및 이와 결합된 여타 표상하고 느끼고 욕구하고 의지하는 작용들만 포함한다.

이러한 본래적인 환원의 싹은 흄(D. Hume)에게 있었으며, 보다 더 구체적으로는 극단적인 경험론자인 밀(J. S. Mill)에게 있었다. 밀의 영속적 감각 가능성의 이론에서는 외적 사물의 현존은 감각 가능성으로 환원되어야만 한다. 사물을 연관된 감각 집합으로 대체하는 마흐(E. Mach)의 감각 일원론도 동일한 것을 말하고 있다.

이제 모든 형이상학적이고 인식이론적인 사고 형성물들을 한편으로 치워버린다면, 모든 사물 지각에 대해 우선은 다음의 방식으로 현상학적 환원을 실행할 수 있을 것이다. 즉, 우리는 사물 지각 그 자체를 대상으로 만들고, 이 사물 지각을 통해 정립된 사물 실존과 그 밖의 자연 실존을 배제하는 가운데 '발견'할 수 있는 모든 것을 대상으로 만들 수 있다.

우리는 그다음에는 이러저러하게 제공되고 이러저러하게 서로 연관되어 있는 감각 내용들을 발견한다. 그러나 그뿐 아니라, 감각 내용은 사물의 전체 현시인 사물 현출로 포섭되어 들어간다. 또한 '함께 의향함(Mitmeinung)'의 영역도 있다. 여기에서는 완전히 열거하는 것이 중요하지 않으니, 이것으로 충분할 것이다.

지금 확언된 것은 순간적 지금과만 관련되는 것이 아니라, 완전히 지나간 지각과도, 더 분명히 말한다면, 지나간 감각, 지나간 현출 등을 포함하는 파지 구간과도 관련된다. 이와 동일한 것을 우리는 회상에서도, 즉 이전에 지각되었던 사물과 이전에 지각되었던 경과에 대한 기억에서도 수행할 수 있다. 우리는 그다음 회상된 감각, 회상된 현출, 회상된 '함께 의향함', 회상된 현재의식 등을 발견한다.

지각에는 무릇 다음과 같은 사실이 속한다. 우리가 표현하는 바와 같이, 이 사물은 지금 바로 이 측면에서 이 현출 내용을 가지고 이 '함께 의향함'에서 현시되지만, 다른 측면에서, 다른 현출 방식에서 현시될 수도 있었을 것이다. 그리고 이것은 공허한 가능성이 아니라, 실제적인 가능성이고 동기화된 가능성이다. 예를 들어 내가 머리를 돌린다면, 그리하여 이 "머리 돌림"이라는 이름에 대응하는 특정한 감각 집합이 자의적이거나 비자의적인 행위 속에서 경과한다면, 이러저러한 특정한 연속적 변화가 사물 현출과 더불어 진행될 것이고, 이러저러한 방식으로 감각 내용과 현출 내용이 변화할 것이다. 그리하여 원래의 머리 자세와 신체 자세에 속하는 앞의 지각이, 다양한 가능한 지각들을 이에 대응하는 다른 머리 자세와 신체 자세와 함께 동기화한다.

자연의 배제는 여기에서 현상학적 자료들의 완전히 특정한 연관을 산출하는데, 예를 들어 감각 내용들, 파악들, 함께 파악함들, 자의적 작용들, 경향적으로 경과하는 운동감각적인 계열들(kinästhetischen Rei-

hen) 등, 현실적 자료들 및 가능성의 관점에서 동기화된 자료들의 연관
을 산출한다. 동기화함은 대개 현출 가능성을 완전히 특정하게 밑그림
그리지는 않는다. 그러나 그것은 특정한 영역에서의 규정 가능성을 의
미하는 무규정성의 지표를 자신 안에 지니고 있다.

만약 동기화하는 것과 동기화된 것 사이의 얽힘 관계에서 동기화하는
현출의 측면에서 사실적 변경이 경과하여, 동기화되는 것에서의 상응하
는 경과를 요구한다면, 이러한 동기화된 가능성은 도래할 것에 대한 동
기화된 정립으로, 즉 예상으로 이행한다. 만약 내가 머리를 실제로 돌린
다면, 나는 사물이나 사건의 현시 방식에서의 변화를 예상하게 된다.

이 모든 것은 사물의 과거에 대한 기억 계열 안에서 **내적** 환원을 수
행하는 경우에도 적용된다. 우리는 지나간 사물에, 혹은 모든 종류의
지나간 자연 현실성에 시선을 향하는 대신에, 사물의 지나간 지각 현출
및 이에 속한 모든 것에 시선을 향할 수 있고, 지각 배경에 시선을 향하
고 이것이 감각, 현출 내용, 함께 의향함에 있어서 제공하는 것에 시선
을 향할 수 있다. 그다음에 우리는 이로부터 시선을 돌려서, 이 전환된
회상에서 주어지는 현상학적 자료로부터 흘러나오는 동기 연관으로 향
할 수도 있다. 즉, 이 현상학적 자료가 다른 현상학적 자료와 어떻게 얽
여 있는가에 향할 수도 있다. 그리고 마지막으로, 현출 변경들을 서로
결합시키는 가능한 동기화들과 기능적인 방식의 규칙들에 시선을 돌릴
수도 있다.

이리하여 우리는 모든 자연적 경험을 현상학적 경험으로 변경시키
고, 모든 종류의 자연적 정립을 자연에 대한 어떤 판단의 토대로 만들
지 않으면서 이용한다. 자연을 탐구하고 사물, 사물의 인과적 변화, 사
물성의 시간 질서 등을 기술하고 탐구하는 것은, 전체 자연을 그대로
두면서 그 대신에 사물 **경험들**을 **그들의 내재** 속에서 기술하고 탐구하
는 것과 분명히 다르며, 이 경험들에 무엇이 놓여 있는지, 이들이 어떻

게 서로 연관되고 어떻게 서로 동기화하는지, 특히 이들이 판단, 감정, 욕구 등과 어떻게 연관되고 이들을 어떻게 동기화하는지를, 자연의 존재에 대한 모든 판단의 일관된 배제 아래에서 기술하고 탐구하는 것과 분명히 다르다. 모든 경험된 사물은 그 자체로서 순수 의식으로서의 의식의 모종의 규칙을 탐구하기 위한 **지표**라는 것이 무엇을 의미하는지 여러분은 아마 이해할 것이다.

특히 나는 다음의 사실을 넌지시 언급할 수 있다. 만약 우리가 사물의 경험에 타당성을 귀속시킨다면, 그리하여 이 사물은 존재한다고 말하는 것이 옳다고 생각한다면, 여기에는 새롭게 항시 갱신되는 확증 속에서 사물의 실존을 확신할 가능성이 속한다. 이때 확증은 사물이 환상으로 나타날 가능성, 즉, 사물이 존재하지 않을 가능성을 제한하고 실천적으로 배제한다. 이때 사물의 참된 실존은 그 사물의 특정한 현출 연관, 특정하게 기술될 수 있는 현출 연관을 위한 지표가 되며, 경우에 따라서는 그와 연결된 사고 과정, 판단, 판단 정초를 위한 지표가 된다. 마찬가지로, 사물의 비실존은 다시 특정한 방식으로 기술되어야 할 다른 종류의 의식연관을 위한 지표가 된다. 즉, 사람들이 말하듯이 실존 정립이 명증적으로 폐기되거나 비실존이 명증이 되는 의식 연관을 위한 지표가 된다.

당연히 학문의 모든 내용이 현상학적인 것으로 변경될 수 있다. 정확히 말하자면, 현상학적인 연관을 위한 지표로 간주될 수 있다. 우리는 이론을 정립하지 않으며, 이론을 통해 정초되는 규정성에서 자연을 정립하지 않는다. 오히려 우리는 [이 이론의] 판단 연관 및 정초 연관으로 되돌아간다. 이때 이 판단 연관 및 정초 연관의 의미 내용과 타당한 내용이 이 이론들이다. 그리고 무릇 우리는 그러한 이론화 작용 **안에서** 현상학적 전환과 반성을 수행하고 이 이론화작용에게 순수 현상학적으로 속하는 의식 연관을 추적한다.

# 6

## 현상학적인 다수 모나드의 획득[1]

### §36. 의식의 상호주관적 연관. 현상학적 환원은 개별 의식에 제한
### 되는 것을 의미하는지의 문제

그러나 이제 하나의 중요한 보완이 필요하다. 학문의 타당한 내용 전체
로 이해되는 학문의 이론적 내용은 **상호주관적** 통일체들이고 자연도 상
호주관적 통일체이다. 하지만 우리는 지난 시간에는 의식의 상호주관
적 연관에 관해, 혹은 하나의 자아 의식에서 다른 자아 의식으로 나아
가는 **경험**에 관해 아직 말하지 못했다.

 현상학적 환원은 경험심리학적 파악 속에서는 개별적인 경험적 자아
에 속하는, 그것도 현상학자인 나의 자아에 속하는 순수 의식 연관에

---

1 역자주 후설은 라이프니츠의 모나드(Monade) 개념을 자신의 초월론적 주관성에 대
한 이름으로 사용한다. 후설의 모나드라는 개념은 본 강의록에서 나타나듯이 다른 초월
론적 주관성과의 관계에서 독립되어 있고, 단일한 의식 흐름의 통일성을 형성하는 초
월론적인 개별적 주관성을 가리키는 개념이다. 구체적으로는 모나드는 의식 체험과
그것의 상관자인 대상이 하나의 자아를 중심으로 통일되고 개별화되어 있다는 의미를
갖는다.

제한되는가? 우선, 이러한 순수 의식과 순수 자아 의식은 어떤 성격을 갖는가?

## §37. 통일적 의식 흐름의 구축 원리

경험적 자아는 신체를 가지고 있으며, 다른 한편으로는 의식을, 명백히 신체와는 전혀 다른 의미에서 가지고 있다. 그의 의식에는, 이 자아가 가지고 체험하는 의식작용이라는 의미에서의 모든 개별적인 의식이 속한다. 하지만 현상학적 환원이 수행되는 경우에도 경험적 자아는 통일을 산출하는가? 우리는 이미 **하나의 의식 흐름**에 관해 말했다. 그리고 사실상 현상학적 의식 흐름의 통일은, 경험적으로 파악된 **유일한 자아**의 의식 통일과, 혹은 현상학적 환원을 통해 이 유일한 자아로부터 등장하는 의식의 통일과 **하나이며 동일한 것**이다.

다음을 숙고해 보자. 조금 전 우리는 다음의 일반적 명제를 언급했다. 각각의 모든 의식작용에는 시간적으로 질서 지어진 배경이 있다. 그 어떤 것도 고립되어 있지 않으며, 모든 것은 말하자면 다소간 내적으로 연관되어 있는 현상학적 **자료**들의 배경으로부터 부각되어 의향된 것이다. 혹은 [자료들보다는] **"소여들(Dabilien)"**이라는 표현이 나을 것 같다. 왜냐하면 자료들을 현실적인 자료로, 즉 의향된 것과 소여된 것으로 만들기 위해서는 나의 시선 전환이 필요하기 때문이다. 이러한 사실은 우리에게 현상학적으로 소여되는 모든 의식작용에 대해 타당하다. 그것도 법칙적으로 타당하다. 이 소여가 지각소여이든, 혹은 그 밖의 경험소여이든 말이다. 우리는 이제 당연하게도 이러한 배경이 현재와 현재의 동시성을 따라, 혹은 과거와 미래의 방향을 따라 내포하고 있는 모든 것을 **하나의** 현상학적 자아에 귀속시킨다. 마치 경험적 파악 속에 있는 모든 것이 하나의 경험적 자아의식에 속하듯이 말이다. 게다가 이러한 배경은 어떤 경우에는 명료할 수도 있고, 경우에 따라서는 그렇지 않을 수도 있다. 그러나 그것이 명료하지 않게 된 후에 기억이 명료해진 한에서, 그것은 명료하고 규정적으로 드러날 수 있다. 그리고 이와 유사한 것이 대개 제대로 규정적이지 않은 사전기억(Vorerinner-ung), 즉 예상에 대해서도 타당하다. 그러나 절대적으로 확실한 것은 이러한 **시간 마당**(zeitlicher Hof)이 항상 존재하며 존재해야만 하며, 만약 그것이 무규정적인 경우라면, 마음대로 자유롭게 변경 가능하지 않고 규정 가능하다는 것이다. 물론 기억은 여전히 막연할 수 있고, 직관적으로 파악할 수 있고 분석할 수 있는 어떤 성분도 없는 빈 것일 수 있다. 하지만 명료한 기억은 **가능하다**. 그것은 불명료한 기억에 정당하게 속하면서, 이 기억을 명료하게 하고 이 기억의 과거 내용을 규정한다. 따라서 여기에는 다시 놀라운 동기 연관과 의식 규칙이 존재한다.

그렇다면 다음과 같은 경우에는 어떻게 되는가? 만약 우리가 각각의 기억 지평을 가지고 있는 두 기억을 가지면서, 어떠한 직관적인 기억의 끈도 둘의 내용을 매개하지 않는 경우 말이다. 분리된 기억은 존재할 수 없는 것인가? 보다 분명히 말한다면, 모든 기억은 (적절히 환원한다면) 그에게 속한 시간적 주위라는 마당을 지닌 과거의 지각의식을 정립한다. 말하자면 이전의 의식 흐름의 한 조각을 정립한다. 기억들을 통해 정립된 두 의식 흐름들은 연관 없이 존재할 수는 없는 것인가? 따라서 각자의 시간 배경을 지닌 이 두 의식 흐름은, 우리에게 전혀 소여되지 않는 의식 흐름의 통일 속에 정렬되어야만 하는 것인가? 우리는 명료한 기억의 연쇄가 두 기억을 실제로 통일하는지 보기를 기다릴 수는 없는가? 이러한 물음에 대해서 다시, (순수하게 본질 분석에서 나오는 본질 법칙인) 의식에 관한 법칙이 규정적인 대답, 절대적으로 명증적인 다음의 대답을 준다. 두 기억을 결합시키는 의식 현재의 통일에 속하는 두 기억은 이 의식 현재 안에서 하나의 기억의 통일로 연결된다. 즉, 비록 직관적으로 충족된 것은 아니지만, 시간의식의 통일로 연결된다. 이 속에서 한 기억의 기억된 것과 다른 기억의 기억된 것은 **하나의** 기억된 것으로 연결되고 **하나의** 시간에 속하게 되며, 따라서 이들은 이러한 통일의식의 의미에서 필연적으로 동시에 혹은 잇따라 존재하는 것으로 직관될 수 있다. 이 시간 질서는 무규정적으로 의식될 수 있고, 이러한 시간의식의 의미에서는 어떤 것이 먼저이고 어떤 것이 나중인지, 아니면 이들이 동시에 있는지가 [규정되지 않고] 열려져 있을 수 있다. 그러나 이러한 무규정성은 이 세 가지 가능한 경우 중의 하나라는 의미에서 어떤 규정 가능성을 내포한다. 다만 기억이 자신을 타당한 것으로 견지한다는 전제에서 그렇다. (여기에서 모든 기억은 타당하거나 타당하지 않다고 말할 수 있다.) 그리고 여기에는 더 나아가 다음이 "가능함"에 틀림없다는 사실이 놓여 있다. 즉, 한 기억 계열을 명료하고 완전하게 일깨우고 이를 철저히 주파함으로써 이 기억 계열이, 의식 흐름의 연속적 시간 연관을 현실적으로 산출하는 방식으로 두 기억을 결합시킬 수 있다는 사실이 놓여 있다. 물론 이것은 동기화된 가능성이고, 이는 우리가 **현실적으로** 이러한 기억 계열을 마음대로 [좌지우지]할 수 있음을 의미하는 것은 아니다.

일반적으로 다음이 타당하다. 즉, 두 경험을 포괄하는 종합적 의식의 통일로 접합되는 두 기억은 그 안에서 하나의 경험의 통일로 접합된다. 그리고 경험의 통일에는 다시 경험된 것의 시간 통일이 속하게 된다. 이는 경험 일반의 본질에 속한 것으로서 타당하며, 특히 현상학적 경험에 대해서 타당하다. **따라서 이로써 의식 흐름의 통일을 구축하는 유일하게 결정적인 원리가 발견되었다.** 즉, 다수의 의식작용이 하나의 현상학적 자아의 통일에 속하는지 여부를 결정하는 원리, 말하자면 항상 그렇듯이 현상학적 경험 속에 소여되는 다수의 의식작용들이 하나의 의식 흐름에 반드시 속함을 무엇에 근거하여 인식할 수 있는지를 보여주는 원리가 구축되었다. 다른 측면에서 이 원리는 의식작용들을 내포하는 **하나의** 흐름이 실존함에 틀림없음을 정초한다. 물론 항상 이러한 의식작용이 있으며 이것을 증여하는 경험이 실제로 타당하다는 전제에서 그렇다.

따라서 내가 나의 심리학적으로 내적이거나 외적인 경험들로부터 출발한다면, 그리고 그것에 대해 현상학적 환원을 수행한다면, 거기에서 생겨나는 현상학적 자료들 및 이들의 연관들은 철저히 유일한 하나의 의식 흐름에 속하고 유일한 하나의 현상학적 자아에 속한다. 물론 경험들 자체만이 아니라, 우리가 환원을 통해 이 경험들 **안에서** 동기 연관을 근거로 발견할지도 모르는 것도 그렇다.


## §38. 타자 경험. 타자 경험과 유비화하는 이미지 의식의 대비

우리는 **다른** 현상학적 자아에 과연 도달하는가? 현상학적 환원은 다수의 현상학적 자아라는 이념에 과연 도달할 수 있는가? 이제까지의 길 위에서는 그렇지 못하다. 그러나 우리는 이제까지는 경험사실적 경험(empirische Erfahrung)의 한 특수한 형식인 **타자 경험**을 고려하지도 않았다. 타자 경험 안에서 타자 경험하는 자아는 타자의 영혼 삶, 더 정확히는 의식을 경험한다. 자아는 다른 자아를 경험한다. 그러나 그 누구도 자아가 타자를 체험한다고, 그리고 로크적인 반성과 같은 내적 지각에서 자신의 의식을 지각하는 것처럼 타자를 지각한다고 말해지는 않을 것이다. 하물며 그 누구도 자아가 타자를 기억한다거나 예상한다고는 당연히 말하지 않을 것이다. 우리들은 타자 경험이 이미지 의식이라고, 즉, 타자의 의식을 이와 동시적으로 주어지는 유사한 자신의 의

식을 통해 유비화하는 의식이라고 말해야 하는가? 나는 립스(T. Lipps)
가 타자 경험에 대한 통상적이고 사실상 잘못된 심리학을 강하게 비판
하는 한에서 올바른 길을 갔다고 생각한다. 물론 나는 그가 타자 경험
에 대해서 말한 것을 모두 받아들이고 싶지는 않지만 말이다. 나는 이
제 다음을 말하고 싶다. 경험적 이미지 의식에서 (현실적이거나 한갓
상상적인) 대상 현출, 즉, 이미지 대상(Bildobjekt)은 이미지의 "주제
(Sujet)"와의 유비화하는 관계의 담지자로서 기능하고 있다.[2] 따라서 내
재적인 이미지 의식에서, 자체현재하는 의식은 다른 의식에 대한 이미
지 대상으로서 기능함에 틀림없을 것이다. 예를 들어 분노와 같은 나의
체험이나 작용은 타자의 체험이나 작용에 대한 유비물로 기능할 것이
다. 하지만 이것은 무의미한 말이다. 왜냐하면 내가 상대방의 분노를
타자 경험할 때, 나 스스로는 분노하지 않으며 그것도 조금도 분노하지
않기 때문이다. 이는 내가 분노를 상상하거나 단지 기억하는 경우에 그
런 것과 마찬가지이다.[3] 물론 후자의 경우 내가 지금 새로이 분노로 빠
진 경우는 제외해야겠지만 말이다. 타자 경험이 사후기억(Nacherin-
nerung)이나 사전기억(Vorerinnerung)[4]이나 여타 모든 종류의 기억이

---

2  역자주 이미지 의식에서 지향되는 것은 물리적 이미지(physisches Bild), 이미지 대
상(Bildobject), 이미지 주제(Bildsujet)라는 세 계기로 구별된다. 예를 들어 어릴 적 친
구를 찍은 흑백 인물 사진의 경우, 선들이 이리저리 흘러가고 흑백색이 칠해져 있는 액
자 속의 종이가 물리적 이미지에 해당된다. 물리적 이미지를 매개로 종이 위에 한 아이
가 나타나는데, 작은 크기의 흐릿한 색으로 마치 어릴 적 친구의 미니어처처럼 나타나
는 것이 이미지 대상이다. 이미지 대상을 통해 나에게 떠오르는 과거의 나의 친구 자체
가 이미지 주제이다. 이미지 대상은 자신이 모사하는 이미지 주제와 대체로 닮았지만
크기와 색채 등에 있어서 아이 자체와는 뚜렷이 다르다. 그것은 유사성을 매개로 이미
지 주제를 재현한다는 점에서 이미지 주제의 재현체(Repräsentant)이다.
3  저자주 당연히 이것은 분노의 변양으로서, 이 변양은 그 자체로 회상에 의한 인상의
재생과 유사하다.
4  역자주 사후기억(Nacherinnerung)과 사전기억(Vorerinnerung)은 각각 회상과 예
상을 뜻한다.

아닌 것과 마찬가지로, 본래의 이미지 의식도 아니다. 나는 타자 경험을 이러한 작용들과 가장 근친 관계에 있는 의식으로, 즉 가장 넓은 의미에서의 **재현**들의 집합에 속하는 작용으로 간주한다.[5]

물론 우리는 현재의 유사한 작용에서의 이미지화(Verbildlichung)가 아니라, 다른 종류의 유비화를 생각해 볼 수도 있다. 예를 들어 소위 **상상 이미지**(Phantasiebild)에서 사태를 예화적으로 표상하는 경우가 그것이다. 가령 어떤 것을 기술한 다음 상상 속에서 이 기술된 사태에 관한 이미지를 만들면서, 이것은 "한갓 상상 이미지"라고 의식하는 경우이다. 이러한 방식으로 우리는 종종 타자의 의식이 어떨 것인가를 이미지화해 보기도 한다. 하지만 **모든** 타자 경험을 이런 식으로 해석하는 것은 문제가 있다. 왜냐하면 우리는 어떤 인상적이거나 상상적인 이미지화의 의식 없이, 타자 안으로 들어가 그의 체험을 완전히 직접 직관하기 때문이다.[6] 그리고 만약 우리가 타자의 체험에 관한 어떤 이미지를 만든다면, 우리는 이 이미지를 특수한 것으로 느낀다. 이러한 근거로부터 나는, [이미지 의식보다는] 훨씬 더 나은 두 번째 종류의 유비화 [즉 상상 이미지]도 타자 경험을 [설명하기] 위해 요청된다고 결정할 수 없다.


## §39. 이중적 현상학적 환원을 통하여 다른 현상학적 자아를 획득함. 다수의 자아 모나드들 간의 조화의 지표로서의 자연

어쨌든 타자 경험도 모든 다른 경험과 마찬가지로 **현상학적으로 환원될**

---

5  저자주 그다음 모든 빈 지향(Leerintention)이 재현일 것이다.
6  저자주 우리가 항상 들어가 "직관"하는 것은 아니다. 내가 보기에는, 때때로 재생적 직관으로 이행하는 공허한 간접현전(Appräsentation)이 반드시 앞선다.

수 있다. 그리고 여기에서도 **이중적 방식의 현상학적 환원**이 이루어질 수 있다. 첫째, 현상학적 지각 속에서 우리가 직관하면서 증여했던 타자 경험 자체가 있다. 모든 다른 현상학적으로 지각된 것과 마찬가지로, 타자 경험도 시간 배경을 가지며, 소여된 의식작용으로부터 출발해서 모든 현상학적 지각과 기억 방식의 모든 현상학적 재현이 속하는 하나의 의식 흐름 안에 정렬된다. 그리고 다른 한편, 타자 경험은 **타자 경험되는 의식에 관한** 경험으로서, 우리는 그 **안에서도** 현상학적 환원을 수행할 수 있다. 이렇게 획득된 현상학적 자료 역시 시간 배경을 가지며, 따라서 하나의 현상학적 자아의 자료이다.

무릇 타자 경험된 자료와 이에 대응하는 타자 경험하는 경험함 자체는 원리적으로 동일한 의식 흐름에, 즉, 동일한 현상학적 자아에 속할 수 없다는 **법칙**은 타당하다. 타자 경험되는 흐름과 타자 경험함 자체가 속하는 의식 흐름을 잇는 운하는 없다. 두 흐름 안에 있는 자료들은 결코 하나가 다른 하나의 주위가 되는 관계를 맺을 수 없다. 주위! 그러나 그것은 시간 주위를 말하는 것이 아닌가? 그리고 우리의 법칙은 이 둘이 **하나의** 시간의식에 속할 수 없음을 의미하는 것은 아닌가?

그럼에도[7] 타자 경험하는 작용과 타자 경험되는 작용은 **동일한** 시간에 속하고, **의식**에 대하여 동일한 시간에 속한다는 것은 위에서 말한 것과 어긋나는 것처럼 보인다. 타자 경험은 타자 경험되는 것을 지금 존재하는 것으로 정립하고, 자기 자신과 동일한 지금에 존재하는 것으로 정립한다. 그러나 여기에서 다음을 주목해야 한다. (회상된 지금이 아닌) 재현된 지금 또한 있다. 즉, 재현된 지금이 비록 재현된 것에 불과하더라도, 이를 현행적 지금과 동일화하는 재현이 있다. 예를 들어 내

---

7  역자주 이 문단의 이어지는 내용은 1921년에 본서의 부록 28(본 역서 부록 9)의 글로 대체되었다. 편집자주 참조.

가 론스[8] 레스토랑을 재현하고 있는 경우가 그러하다. 물론 타자 경험되는 지금도 재현되는 지금이지 자체직관되는 지금이 아니다. 따라서 **타자 경험 자체와 타자 경험되는 것의 동시성도 자체직관되는 것이 아니다**. 더 나아가 하나가 다른 하나의 주위에 속하는 것은 아니고, 그 역인 것도 아니다. 또한 하나로부터 다른 하나로 이어지는 연속성의 길도 결코 가능하지 않다. 그것은 그 밖의 다른 재현에서, 재현된 지금으로부터 현행적인 지금에 이르는 길이 존재하는 것과는 다르다. 경험적 타자 경험의 경우, 타자 경험에서 정립된 시간은 지금이고, 이 지금은 자신의 의식의 지금과 동일한 객관적 시간점으로 경험적으로 정립된다. 이러한 동일화는 **신체** 및 사물 세계의 객관적 시간과의 관계를 통해 **매개**된다. 나는 나 자신의 감정, 사고, 지각 등과 이들이 속한 지금도 사물 세계의 지각된 것의 지금과 동일화한다. 그리고 이것은 객관적인 시간 규정을 획득한다. 물론 이것은 현상학적 환원을 통해 떨어져 나간다.[9]

만약 우리가 이러한 환원을 수행한다면, 그리하여 사물 및 신체의 실존뿐 아니라 사물 세계의 시간 형식의 실존마저 배제한다면, 무엇이 남아 있게 되는가?

그렇다면 모든 현상학적 존재는 한편으로는 **하나의("나"의) 현상학적 자아**로 환원된다. 이 자아의 특출함은 지각하고 기억하고 타자 경험하는 자아이고, 게다가 현상학적 환원을 수행하는 자아라는 것이다. 그리고 모든 현상학적 존재는 다른 한편으로는 (타자 경험에서 정립되는,

---

8  편집자주 론스는 독일 괴팅겐에 있는 레스토랑의 이름이다.

9  저자주 우리는 다음과 같이 말할 수도 있다. 현상학적 타자 경험은 어떤 현상학적인 자아의 현상학적인 경험이며, 현상학적 자아는 타자 경험 안에서 원리적으로 다른 자아를 그것 자체로 경험한다. 이것은 우리가 경험적인 타자 경험에 대해 유사한 명제를, 즉, 한 인간은 타자 경험에서 다른 인간에 대한 경험을 그의 영혼 삶에 따라 획득한다고 진술할 때와 같은 동어 반복이 아니다. 왜냐하면 기본적으로 이것은 경험적인 타자 경험의 정의이기 때문이다.

그것도 직관하고 기억하고 때로는 타자 경험하는 자아로 정립되는) **다른** 자아들로 환원된다. 더 나아가 경험사실적으로 경험된(empirisch erfahrenen) 자연 대상은, 자연 대상의 실존의 배제를 통하여 나의 자아에 대하여 어떤 현실적 의식 연관과 이에 속한 동기화된 의식 가능성들의 **지표**로 환원된다.

하지만 자연적 타자 경험에 힘입어 이 타자 경험된 자아는 그의 신체에 귀속되는 것으로서 정립되고, 전체 자연(Allnatur)으로 확장되는 사물적 주위의 중심점으로서 정립된다. 이때 이 전체 자연은 나에 대해서도 있는 전체 자연, 나도 지각하거나 여타 경험적 방식으로 정립하는 전체 자연과 동일한 전체 자연이다. 현상학적 환원 속에서 모든 사물은 **타자 경험된** 자아에 대해서도, 그에게 속하고 나에 의해 그에게 속한 것으로 타자 경험되는 경험 연관 및 경험 가능성의 지표이다. 모든 각각의 자아에 대해서 그러하다.

따라서 자연은 타자 경험을 통하여 서로 경험 연관을 맺는 모든 의식 흐름을 총괄하는 규칙에 대한 지표인데, 특히 모든 객관적 시간점 및 모든 객관적으로 파악된 "동시성"이 그러하다. 이 동시성은 나의 현재의 지금과 모든 다른 자아들의 지금을 하나로 정립한다(나의 기억의 모든 과거의 지금도 타자의 기억의 모든 과거의 지금과 하나로 정립한다). 내가 말하고자 하는 것은, 모든 객관적 시간점은 소위 각 **자아 모나드**를 다른 자아 모나드와 관계 맺게 하는, 그것도 상관적으로 연관되는, 완전히 규정된 의식 동기들에 있어서 관계 맺게 하는 완전히 규정된 법칙적 조화의 지표라는 것이다.

# 7

## 현상학적 인식의 유효 범위에 대한 결론적 고찰

### §40. 현상학적 환원 안에서 자연의 존재에 대한 모든 판단의 억제

앞서 말했던 모든 것은, 우리가 현상학적 환원이라고 불렀던 것을 수행하는 경우에, 따라서 자연의 존재에 대해 판단하지 않고, 순수 현상학적 연관에 대해서 판단하는 경우에 타당하다. 주의할 것은 우리는 자연의 존재에 대해서 판단하지 않는다는 것, 어떤 식으로든 판단하지 않는다는 것이다. 우리는 자연은 "실은" 의식에서 의식으로 경과해 가는 이러한 규칙에 "불과하다"고 말하지 않았다. 또 의식이 유일한 참된 존재이고, 자연은 말하자면 의식이 자신 안에서 그리는 상상적 이미지에 불과하다고 말하지 않았다. 이런 말은 모두 합리적으로 우리의 견해일 수없다. 왜냐하면 우리의 전체 탐구는 현상학적 환원 안에서 일어났으며, 이 환원은 정의상 자연에 대한 모든 확언의 중지를 의미할 뿐이기 때문이다. 반면 바로 위에서 진술한 것과 같은 이론들은 자연에 대해 주장하면서 확언을 명시적으로 수행하고 있으며, 따라서 우리와 아무 관계가 없다.

## §41. 본질학 및 사실학으로서의 현상학적 학문의 가능성이라는 문제

이러한 숙고를 수행한다면, 그리고 현상학적 경험의 영역이 어떻게 다수의 현상학적 자아들을, 즉 서로 분리되면서도 통일적 법칙성에 의해 조화를 이루는 모나드들을 포괄하는지를 본다면, 또 자연을 의식의 방식으로 표현하고 있는 이러한 [모나드들 간의] 조화가 더 상세히 기술될 수도 있음을 숙고한다면, 현상학적 학문의 가능성이라는 물음이 여전히 숙고되어야 한다는 것은 이상하게 보일 것이다. 우리가 지금 스쳐 지나가면서 획득했던 인식들도 이미 학문적인 인식이고 분명 많은 깨우침을 주는 인식이기 때문이다.

그럼에도 불구하고 여기에서는 모든 것이 명료한 것은 아니다. 무엇보다 말해야 할 것은, 우리가 현상학을 자연과학에 평행하는 것으로 사고했으며, 이 두 학문 모두를 개별적 대상들을 다루는 것으로 사고했다는 점이다. 하나는 자연적 태도의 개별적 소여를, 다른 하나는 현상학적 태도의 개별적 소여를 다룬다. 그러나 우리는 **현상학의 영역에서 선험적 인식이 어떠한 역할을 수행하는지, 현상학적 경험의 토대 위에서 이념화 작용(Ideation)이 어느 정도까지 수행될 수 있고 이념적인 학문적 인식이 어느 정도까지 획득될 수 있는지** 전혀 숙고하지 않았다.

자연에 관한 한 우리는 순수 자연과학 같은 것이 있고, 자연의 선험적인 것과 이에 관련된 기하학과 같은 선험적 학문들이 있음을 알고 있다. 그러나 이외에도 경험적 자연과학이 있다. 그리고 이 경험적 자연과학은 자연의 순수한 선험적인 것을, 등장하는 개별 사례에, 외적 경험의 소여에 그저 적용함으로써 성립하는 학문이 아니다. 이런 것은 아마도 학문적 가치가 없는 공허한 작업일 것이다. 선험적 인식은 경험적인 인식을 위한 방법적 도구로 기능하지만, 경험적 인식은 경험적인 학문의 체계 내에서 완전히 새로운 어떤 것을 가져온다.

그런데 우리는 다음에 대해 확신했는가? 우리가 현상학적 영역을 향하는 흥미로운 시선에서 획득했던 것이 근본적으로 순수한 본질 인식에만 연관되는지, 따라서 경험적 현상학(erfahrungsmäßige Phänomenologie)과 같은 것은 여전히 철저히 의문스럽고 어쩌면 불가능한 것인지에 대해 확신했는가? 실제로 우리가 시간의식의 현상학에 대해서나 사물의식에 속하는 동기 연관에 대해서 말했던 것, 그리고 다른 많은 것들에는, 최소한 대부분 애초부터 선험적 인식이라는 인장이 찍힌 것이 아닌가?

그러나 우리가 경험을 진실로 경험으로 확고히 견지한다면, 즉, 개별적 존재에 대한 정립으로 간주한다면, 우리는 아마도 이러한 정립의 영역이 매우 넓음을 물론 확신할 수 있을 것이지만, 이러한 경험의 토대 위에서 경험과학과 같은 것이 현실적인 사실 학문(matter of fact-Wissenschaft)으로 정초될 수 있는지는 완전히 확신할 수 없다.


## §42. 자연의 인식과 이에 상관적인 의식 연관의 인식 사이의 등가성. 그리고 선험적인 의식에 대한 인식을 경험적인 자연 인식의 현상학적 연관에 적용함. 심리물리학

이러한 관점에서 우리에게 떠오르는 생각은 다음과 같다. 말하자면 자연의 존재를 의식의 방식으로 표현하는 모든 의식 연관이 우리의 인식으로 들어온다. 이때 우리는 자연에 대한 판단을 표명하지 않고, 자연의 실존을 암묵적으로라도 전제로 사용하지 않는다. 그러나 다른 한편 이러한 의식 연관에 대한 인식은 어떤 방식으로는 자연에 대한 인식과 등가적이고, 그 역도 그러하다. 최소한 다음과 같이 이해되는 한에서 그러하다. 경험 및 경험사실적인 경험인식(empirische Erfahrungserkenntnis)의 타당성의 상관자는 어떤 현실적이고 가능적인 경험의식 연관이다. 역으로, 이러한 연관이 있는 것으로 상정된다면, 경험인식은 타당성을 가진다. 따라서 현상학의 이 영역에서 우리가 갖는 것은 자연 인식의 현상학적 인식으로의 일종의 전환에 다름 아니다. 그리고 과연 현상학은 선행하는 자연 인식 없이 독자적으로 이러한 인식을 수행할 수 있을까? 오히려 다음과 같은 것이 아닐까? 의식의 본질에 속하며 순수한 내재적 탐구에서 획득될 수 있는 선험적 인식이 경험적으로 형성된 자연 인식에 그것의 현상학적 연관이라는 견지에서 적용되어, 다른 방식으로는, 즉, 개별적 자료로부터 출발해서는 직접적으로 획득될 수 없었을 현상학적 자료의 **현존** 연관에 대한 인식을 제공하는 것은 아닐까?

확실히 이러한 의심은 **자연**(Physis)의 전체 영역과 관련된다. 사정은 심리물리학적 인식에서 더 까다롭다. 심리물리학적 인식은 물리적 자연에 대한 본래적 인식(초재적 인식)과의 결합을 통해서만 본래적으로 자연인식이기 때문이다. 기본적으로 심리물리학적 인식은 자연 인식과 순수 현상학적 인식의 중간항이다.

# II

## 부록

부록 1[1]

1910/11년 강의를 위한 준비
순수 심리학과 정신과학, 역사학과 사회학. 순수 심리학과 현상학
—심리학적 순수 상호주관성에로의 환원으로서 상호주관적 환원[2]
(1910년 10월 초)

나는 W 원고[3]의 2쪽에서 가볍게 순수 심리학의 이념을 설명했고, 동시

---

**1**  역자주 이 글은 『상호주관성의 현상학 1』의 문서 번호 Nr. 5로 편집되어 실려 있다.
같은 책의 Nr. 6가 〈현상학의 근본 문제(1910/11년 겨울학기 강의)〉이다. 본 역서에서
는 Nr. 5를 부록 1로 순서를 옮겨 놓았다.

**2**  저자주 1910/11년 겨울 학기의 주당 2시간짜리 강의(대략 12월 중반까지)의 주요
내용에 대한 구상이다. 가을 휴가 기간(1910년 10월 초)에 쓰여졌다. 착상 수준으로,
단지 "순수" 심리학의 이념하에서만 쓰여졌으며, 상호주관성으로까지 범위가 확장되었
고 이것의 지향적 상관자(문화)를 포괄하고 있다. 하지만 근본적으로 이미 초월론적 현
상학이다. 예를 들어 본서 83쪽[본 역서 138~139쪽]을 참조하라.

**3**  편집자주 후설은 W라는 부호를 가지고 자연과 정신의 관계 문제, 자연과학과 정신
과학의 관계 문제(이것의 뿌리가 되는 핵심은 아마 1910년에 생겨났을 것이다)를 상론
한 원고를 가리켰다. 1920년대까지 후설은 그것에 덧붙여 계속해서 증보나 부록들을
썼다. 1916~1918년에 후설의 조교였던 에디트 슈타인(E. Stein)이 이러한 부록들도
부분적으로 W 원고에 넣어 놓았다. W 원고는 또한 그녀에 의해『이념들 2』(Husserli-
ana IV 참조)의 3부를 갈무리하는 데 사용되었다. W 원고의 중요 부분이 오늘날 후설
전집 4권(Husserliana IV) 안의 부록 5와 부록 14로 출간되었다. 다른 부분들은 오늘날
후설 문서보관소(Husserl-Archiv)의 다양한 원고 묶음 안에 다양한 문서 번호를 갖고
들어 있다. A IV 17, A IV 18, A IV 10, D 13 I, E I 3 I, F III 1 등이 그것이다. 이것
들의 한 부분이 또한 본 책(Husserliana XIII)으로 출판되었다(Husserliana XIII의 부

에 선험적 심리학뿐만 아니라 경험적 심리학의 이념도 설명했다. 이 [경험적 심리학의] 이념을 따라 가보자. 우리는 감각적인 지각을 가진 다. 우리는 사물과 사물적인 경과를 "보고", 그것을 기억한다. 우리는 막연한 경험적 표상에서 그것을 단초적으로 정립한다(ansetzen). 그리 고 이것에 기반해서 우리는 "자연"이 있다고 판단한다. 마찬가지로 우 리는 "신체" 안에서 타자 경험을 수행한다. 우리는 정신들을 단초적으 로 정립하고, 우리 자신의 체험을 우리의 (지각 체험 등에서 정립된) 신 체와 관계시킨다. 자연과학적으로 우리는 자연을 물리학의 방식으로, 일상적인 의미의 자연과학의 방식으로 인식한다.

1) 우리는 물리적 자연 자체뿐만 아니라, 심리물리적인 자연에 관련 된 의존성들, 기능적인 연관들을 인식한다. 즉, 우리는 물리적인 사물, 우선은 신체와 그의 물리적인 사건들 사이의 기능적인 연관을 인식하 며, 다른 한편으로는 의식을 인식한다. 모든 인간, 모든 동물에 대해서 이러한 방식으로 [인식한다].

2) 다른 한편 우리는 의식 **자체** 안의 연관을 "동기 연관"으로서 추적 할 수 있고, 지각들, 판단들, 감정들, 의욕들 등 사이의 연관으로서 추 적할 수 있고, 모든 것을 이러저러한 "내용"의 체험으로서 추적할 수 있 다. 우리는 기억을 근거로 [존재하리라고] 확신하는 개별적인 체험에 대해 말할 수 있으며, 타자 경험을 근거로 다른 사람에게 귀속시키는 [개별적인] 체험에 대해서도 말할 수 있다. 이 경우 우리는 경험적인 신 체를 지각하거나, 혹은 표상 및 사고하면서 정립하며, 이러한 정립을 근거로, 우리에 의해 "내적으로" 지각되지 않은 것을 낯선 의식, 낯선 심리적 체험이라는 이름 아래 이 신체에 "집어넣을 수 있게" 하는 동기 를 발견한다.

---

록 17, 18, 19를 보라.)

이런 상황에서 두 가지가 구별된다. [우선 하나는] 다음과 같은 의미에서 심리물리적 연관에 대해 물음을 던지는 것, 즉, 사물, "죽은" 사물의 (물리학적이고 생리학적인) 객관적 속성과 신체의 객관적 속성을, 신체에 "묶여" 있고, 신체에 객관적인 방식으로 분포된 주체 및 의식과의 객관적인 연관에서 정립한다는 의미에서 던지는 것이고, **다른 하나는** 우리는 이러한 연관에 대해 신경 쓰지 않고 단지 두 개의 체험 자체의 연관을 "의식의 사실" 자체로서 추적하는 것이다. 이 경우에 의식으로부터 의식으로 연결하는 끈으로서, "타자 경험"을 통한 의식의 상호적인 정립을 가능하게 하는 것으로서, **아무튼 자연 정립은 확고히 고수된다.**

이 후자는 어떻게 이해되어야 하는가? 아마도 다음과 같이 [이해될 수 있을 것이다.][4] 내가 하나의 사물을 지각한다면 (내가 비록 물리학과 생리학에 대해 아무것도 들어본 적이 없다 하더라도), 나는 이와 더불어 하나의 사물을 정립한다. 그리고 이 정립은, 모든 물리학과 형이상학을 도외시하더라도 어떤 방식으로 하나의 사물 지각에서 다른 사물 지각으로 이행할 수 있는 가능성을 의미한다. 어떤 철학적인 의미에서 사물의 현실적인 정립이 어떠하든지 간에, 나는 합당한 근거를 가지고 다음과 같이 말할 수 있다. 이 지각은 한 면에 대한 사물 포착으로서 다른 면에 대한 지각을, 내용적으로 다른 어떤 것에 정향된 지각의 가능성을 자신 안에 지니고 있다고 말할 수 있다. 그리고 이 연관은 사물 정립의 탐구 가능한 본질에 속하며, 이 [연관의] 가능성은 타당한 사물 정립에 폐기 불가능하게 속한다고 말할 수 있다. 내가 철학적으로 여전히 회의적인 태도를 취한다 할지라도, 바로 "즉자적으로" 존재하는 것으로서의 사물을 부정하고자 한다할지라도, 이러한 연관은 증시될 수 있는

---

4  저자주 이미 여기서 상호주관적 현상학적 환원.

어떤 것이며, 비록 내가 이러한 가능성의 의미에 관하여 논쟁을 벌이더라도, 이 가능성은 포착될 수 있는 어떤 것이고 확언될 수 있는 어떤 것이다. 더욱이 여기에서 인식될 수 있는 것은 물리학의 의미에서의 사물 탐구와 전혀 아무 관계가 없다. 후자에서 우리는 완전히 다른 태도를 갖는다.

우리는 지각 혹은 그 밖의 감각적 표상에서도 신체를 정립하고 그것을 의식의 담지자로서 파악한다. 우리는 담지자로 존재함을 철저히 심리물리학적으로 이해하지 않고서도, [신체를 의식의 담지자로서 파악할 수 있다.] 오히려 "낯선 신체"에 대한 지각으로서 수행된 사물 정립이 "낯선 자아-의식"의 정립을, 쉽게 기술되기 어려운 "타자 경험"의 방식으로 동기화한다고 이해할 수 있다.

모든 타자 경험에 앞서서(혹은 우선은 이것을 배제한 상태에서), 나의 의식 안에서 사물은 정립되지만, 의식을 향한 태도는 사물을 향하는 것이 아니라, 사물에 관한 지각(그리고 그밖의 정립)과 이 영역 안에서 확언될 수 있고, 탐구될 수 있는 연관을 향한다. 타자 경험에서도 이와 정확히 똑같다. 여기에서 다음이 주목되어야 한다. **"나의 의식"의 연관에 대한 확언은 자연의 사실에 대한 확언을 의미하지 않으며, 어떠한 방식으로든 그것을 의미하거나 함께 의미할 필요가 없다. 동일한 것이 낯선 의식의 연관과, 나의 의식과 낯선 의식 사이의 연관에 대한 확언에도 타당하다. 이것은 역설과 같이 들린다. 정말로 정확히 숙고되어야 한다.**

## 나의 자아의 배제

우선 **"나의"** 자아 의식, 그것은 나에게, 이 특정한 인격체에서 속하고, 이 특정한 신체를 갖고 이를 통해 공간 안에서, 자연의 다른 사물과의 관계에서 자신의 위치를 갖는 의식을 말하는 것이 아닌가? 이 자연에 대한 체험이 이 신체와 그의 감각기관, 그의 뇌 등등과의 관계 속에 서 있지 않은가? 어떤 의미에서는 우리는 그것이 자명하게 그렇다고 대답해야만 한다. 나의 의식이 심리물리적 자연에 속한다는 것은 참이다. 하지만 우리는 그것을 내버려둔다. 우리의 "관심"은 이러한 방향으로 향해서는 안 된다.[5] 여전히 다른 관심 방향이 있다. 이것은 모든 이러한 관계들에 대해 판단하지 않는다. 따라서 나는 여기에서 나의 경험의 사물에 대해, 세계에 대해, 나의 신체에 대해, 나의 감각기관, 신경체계 등에 대해 판단하지 **않는다**. 나는 물리학을 추구하지 **않으며**, 물리학으로부터 나온 어떤 것도 이용하지 않는다. 마찬가지로 생물학을 추구하지 않으며, 혹은 특수 생리학 속에 있는 어떤 것도 전혀 이용하지 않는다. 나는 심리물리학이라고 적절하게 불리며, 소위 심리적인 것을 자연과의 연관 속에서 탐구하고 다루는 심리학을 추구하지 않는다. 나는 사물, 세계, 자연 등을 현실적으로 현존하는 것으로서 타당한 것으로서 갖고 지각하지 않는다는 것을, 그다음 또한 그것들에 대해 판단 등을 하지 않는다는 것을 말하고자 하지 않는다. 나는 이제까지 해왔던 대로 항상 다시 이를 행한다. 나는 가령 자연 등등이 존재하는지 의심 속에 놔두고, 그것에 대한 태도를 억제하면서 회의, 판단중지의 태도를 실행하고자 하지 않는다. 이것은 수행된 모든 정립에 의심스러움이라는 지표를 부착하는 것을 의미하는 것일 텐데, 나는 지금 결코 이를 하고자 하지 않는다.

내가 하고자 하는 것은, 마치 내가 지금 자연에 대해 어떤 학문적인 주장을 하고자 원하는 것처럼, 마치 자연이 물리학적으로나 심리물리

---

**5** 저자주 이러한 방향 안에 놓여 있는 것이 우리의 '주제'가 되어서는 안 되고, '주제적인 정립'을 겪어서는 안 되고, 따라서 어떠한 술어적인 판단도 그 결과로 생겨나서는 안 된다.

학적으로 **나의 주제**인 것처럼 자연과학적인 영역의 어떤 판단, 어떠한 자연에 대한 판단을 (지금 수행되어야 할 고찰 내지는 태도 내부에) 끌고 들어오지 않는 것이다. 나의 주제는 오직 순수 의식이어야만 한다. 그리고 우선은 나 자신의 의식이어야만 한다. "나 자신의 의식", 그것은 무엇인가? 만약 내가 이러한 존재 정립에서 자연 정립의 어떠한 것도 포함시키지 않고자 한다면 말이다. 그것은 어떠한 종류의 표제인가? 만약 자연 정립이 사용되지 않은 채 남아 있어야 한다면, 이 표제는 무엇을 포함하는가? 그리고 그것은 어떤 것을 포함할 수는 있는가?

사람들은 가령 다음과 같이 말할 것이다. 나의 의식, 그것은 판단하는 자 자신이 체험하거나 겪었던 것이며, 그가 (부적합하게도 내적 지각이라고 이름 붙여진) 반성 자체 속에서 직접적으로 직관하는 것이며, 이것을 그는 그때마다의 지각과 직접적으로 결합된 통일적인 기억 연속체들 속에서 회상하며, 그리하여 이것은 기억의 방식으로 직접적으로 나의 지나간 의식으로서 직관적으로 주어졌다고 말할 것이다. 이 것은 완전히 옳다. 다만 사람들은 다음과 같이 항의할 것이다. 판단하는 자! 우리는 그럼에도 세계 속에 서 있고, 우리 자신은 세계의 구성원이며, 우리는 주변의 경험 대상들 등과 함께 하나의 신체를 지니고 있다고 말이다.

그러나 우리는 이 모든 것을 쉽게 배제할 수 있다. 우리는 여기에서 신체에 대해 진술하려고 하지 않는다. 대신 신체가 나, 판단하는 자에게 주어져 있다는 사실이 내가 안중에 두는 것이다. 그때그때의 신체 지각은 순수 자아 의식의 구성 부분이고 없어서는 안 될 구성 부분이다. 더 나아가 내가 세계 안에서의 나의 위치를 사고하고, 나에게 그 안의 자리 하나를 지정한다면, 그리고 내가 무한한 공간 혹은 시간을 정립한다면, 또한 내가 물리학과 그 밖의 세계 학문 등을 추구한다면, 나는 이 모든 것을 안중에 두지만, 세계에 관한 나의 사고작용으로서, 공간에 대한 나의 표상함으로서, 물리학적으로 규명함 등으로서 안중에 둔다. 이 모든 것이 나의 주제이다. 예를 들어 물리학이 아니라, 물리학적인 규명함이 나의 주제이고, 자연이 아니라, 자연에 관한 지각, 나에 대한 사고작용, 나에게 그러그러하게 타당한 자연 등에 관련된 근거 짓기가 나의 주제이다. 당연히 사물성에 대한 지각, 그 가운데 '나의 신체'에 대한 지각과 같이, 내가 지각에게로 향하게 하는 반성도, 의식에 관한 의식도, 판단에 관한 의식도, 표상함, 판단함, 느낌 등에 대한 판단함도 거기에 속한다.

따라서 내가 [현상학적으로] 판단하는 자아는 신체가 아니고, 신체에 묶인 자아 **자체도** 아니다. 자연과 심리물리적인 연관 속에 서 있는 의식 자체가 아니라, 절대적으로 소여된 지각들, 모든 종류의 표상들, 감정들, 욕구들, 의욕들의 연관이다. 이 [연관]은 반성, 지각하는 반성의 직접적인 봄에서, 그리고 기억 속에서의 반성과 그 밖의 의식 안에서의 반성의 직접적인 봄에서 발견되는 것과 정확히 같다(하지만 단지 이러한 연관만이 아니라, 이 연관 안에서 펼쳐지는 것으로 주어지는 **자아, 인격**도 그러하다).

이러한 연관에 대해서만, 이 통일적이고, 이러한 의미에서 "내재적인" 의식 연관과 의식 흐름에 대해서만 나는 판단하고자 한다. 그것과 관련해서 진술될 수 있는 것을 규명하고자 한다.

강조되어야 하는 것은 나는 이러한 연관을 단지 내재적 지각에서 소여된 것으로서만 갖는 것은 아니라는 것이다. 나는 기억의 연관도 갖고 있고, 다른 측면에서는 앞을 내다보는 예상도 갖는데, 이는 정초된 예상, 즉 경험의 과정에서 동기화된 예상이다. 예를 들어 내가 움직이는 사물에 대한 지각을 가진다고 해보자. 나는 완전히 규정된 새로운 지각(예지)의 경과를 예상한다. "무의식적인" 체험도 지각 및 직접적으로 포착하는 의식을 통해 주어지는 연관 안에 배치된다. 혹은 이 [연관은] 이러한 [무의식적인 체험]을 통해 보완된다. 나는 내가 지금 반성에서 손에 넣지 못한 많은 감각들과 감정들을 체험한다는 것을 안다. 나는 지금 나의 옷과의 많은 접촉 감각들에 주목한다. 동시에 나는 기억의 한 조각을 날쌔게 붙잡는데 이것에 따르면 나는 바로 직전에 그리고 조금 전에 그와 같은 것(그것의 내용은 매우 불명료하다.)을 체험했었다. 그리고 나는 이러한 반성을 수행할 수 없는 의식의 구간들에 대해서도 "무의식적인" 감각들, 배경 체험들이 존재했었을 것이라고 가정한다. 따라서 나는 자아 의식을 하나의 거대한 흐름으로서 포착하며, 그 가운데 한 구간만이 반성 속에서 직관되고, 일차적으로 주목되거나 이차적으로 여전히 주목되는 것이다. 그리고 다른 구간 혹은 하부층은 전혀 주어지지 못하며 최소한 고정시킬 수 있는 것으로 주어지지 못한다. 이러한 사실은 특히 외부 세계에 대한 지각의 영역에 해당된다. 나는 "외부 세계의 한 절단면"을 본다. 나는 반성하면서 순전히 지각에 주목하고, 시각장의 배경 지각들에도 주목한다. 나는 그것을 이러저러하게 기술하며, 확실성을 가지고 다음과 같이 가정한다. 이 특유한 배경 체험은, 비록 내가 지나간 지각에 대한 막연한 기억을 근거로 현실적인 배경의식 분석을 단지 불완전하게 수행할 수 있거나 대개는 전혀 수행할 수 없을지라도, 항상 계속해서 존재했었다고 가정한다.

사람들은 즉시 연상 심리학을 떠올릴 것이다. 사람들은 연상에 관한 인식이 우리 영역에 속한다는 것을 곧장 알아차리게 될 것이다. 우리가 이 영역 내부에서, 모든 의식은 "기억 성향" 등을 뒤에 남긴다고 말할 수 있다는 것은 분명하지 않은가? 연상 '법칙'은 법칙이거나 내적 의식에 대한 대략적인 규칙이다.

이제까지 우리는 **타자 경험**을 전혀 사용하지 않았다. 어떤 점에서 우리는 "우리의" "고립된" 나의 의식 안에 서 있었다. 여기에서 물론 "고립된"이라는 말은 속이는 말이다. 왜냐하면 의식은 다음과 같은 세계의

한 부분으로 간주되지 않기 때문이다. 즉 그 안에서 많은 고립된 의식
이 존재하고, 의식이 아닌 물리적인 사물성들을 통해서만 결합되어 있
을 뿐인 세계의 한 부분으로 간주되지 않기 때문이다.

타자 신체에 대한 지각이고 낯선 의식에 대한 나의 추측으로서, 타자
경험은 당연히 나의 의식의 연관 안에 속하며, 나의 의식에 대해 어떤
모종의 동기 연관을 뜻한다. 이는 어떤 점에서 한갓된 사물 지각에 결
합되어 있는 동기 연관과 비슷하지만, 그럼에도 의식, 낯선 의식이 "나
의" 의식 흐름과 유사한 본질과 유사한 규칙을 갖는 의식 흐름으로서
추측되는 한에서는 매우 다르다. 따라서 사람들은 여기에서 어쨌든 하
나의 지각이, 체험 및 체험 특유성들에 대한 직접적일 뿐만 아니라, 간
접적이고 동시에 잘 정초된 정립이 어떻게 가능한지, 사물적 현존의 정
립을 전혀 끌어들이지 않으며, 그와 같은 초재적인 정립 위에 구축되어
있지 않은 정립이 어떻게 가능한지를 본다.[6] 물론 기술된 지각들 등에
서 사물이 정립되지만, 이 사물이 지금의 탐구 대상이 아니며, 단지 그
것에 대한 지각 및 그것에 속한 동기화들 혹은 근거 지음들이 지금의
탐구의 대상이다. 이 동기화들 혹은 근거 지음들 덕분에 우리는 예를
들어 특정하게, 또한 정당성을 가지고 이러이러한 그 이상의 지각 가능

---

6 저자주 〈1924년 혹은 그 후에〉 이러한 미숙한 서술의 의미를 명료히 하기 위해 보충
함. "따라서 우리들은 다음을 본다. 그때마다 현상학자로서 나는 의식만을 향한 배타적
인 관심 방향에서 개별 체험과 체험 연관들을 따라 어쨌든 나의 타자 경험 체험에 대해
순수하게 내재적인 지각을 수행할 수 있으며, 그것을 순수하게, 그것이 나의 의식 자체
안에 존재하는 바의 것을 따라 기술할 수 있다. 하지만 사람들은 또한 다음도 본다. 나
는 나의 것이 아닌 (즉 타자 경험된) 체험과 체험 고유성들에 대한 간접적이면서도 잘
정초된 정립과 기술을 수행할 수 있는 가능성을 갖고 있다. 이때 나의 기술을 자연적
실천적인 삶에서와 같이, 혹은 기술적 자연과학이나, 자연적 경험으로 소급되는 물리학
의 이론화에서와 같이, 나에게 계속해서 주어지는 객관적 세계의 주제적 정립의 수행
위에 구축함 없이 이를 수행할 가능성을 갖고 있다. 기술의 대상으로 제공되는 유기적
신체에 대한 지각에서 물론 이것은 자연의 사물로서 정립되긴 하지만 …"

성들이 있다는 것을 예상하며, 지금 이러한 지각을 근거로 그러그러한 새로운 지각들이 예상될 수 있다는 것 등등을 예상한다. 나는 다음과 같이 추론하지 않는다. 여기에 그러그러한 종류의 사물이 존재하기 때문에, 그리고 그 사물이 나, 나의 신체, 나의 눈 등등에 그러그러한 관계를 맺고 있기 때문에, **바로 그 때문에** 그러그러한 것이 예상될 수 있다거나 나의 의식에 그러그러한 것이 등장할 수 있어야만 한다고 추론하지 않는다. 사람들은 여기에서 속임을 당하지 말아야 한다. 사물이, 이 재떨이 등등이 내 눈 앞에 거기에 서 있다. 이 "거기에 서 있음"이 나의 사태이고 나의 주제이다. 즉 이 지각 의식이 나의 사태이고 나의 주제이며, 거기에 결합된 "내가 만약 머리를 이러이러하게 방향을 바꾸면, 나는 이러이러한 지각 현출을 갖게 될 것이다"와 같은 동기화가 나의 사태이고 나의 주제이다. "내가 머리를 돌린다면"을 나는 지금 다음을 의미하는 것으로 간주한다. 그러그러한 머리 방향 전환 지각의 등장은 지각의 그러그러한 변화를 조건 지을 것이라는 것, 이 변화는 그의 편에서, 반성이 나에게 가르쳐주는 바와 같이, 그러그러한 종류의 특정한 머리 자세 감각 및 그 밖의 의식 복합체 자체와의 연관 속에 서 있다는 것을 의미하는 것으로 간주한다. 나는 여기에서 동기 연관 및 이러한 연관 속에서 동기화된 그러그러한 의식 변화와 그러그러한 상관자를 발견한다. 그리고 동기화는 사실적인 동기화일 뿐만 아니라,[7] 종종 명

---

7 저자주 〈1924년 혹은 그 후에〉 수정함. "그러나 여기에서는 임의적인 사실적인 연관이 문제가 되는 것이 아니라, 내가 그것 자체로서 반성적인 분석을 통해 드러낼 수 있고, 그다음 명증적인 근거 부여로 이끌어갈 수 있는 동기 연관이 문제가 되고 있다. 나는 사물의 앞면을 보면서, 거기에 적합한 어떤 뒷면을 사실적으로 예상하는 것만이 아니고, 멜로디의 시작을 들으면서 거기에 적합한 이 멜로디의 계속됨을 사실적으로 예상하는 것만은 아니다. 마치 나에게 하나와 다른 하나 그리고 예상적인 것이 의미 없이 우연히 만난 계기들인 것처럼 말이다. 오히려 비주제적이지만 생생하게 힘을 행사했던 동기화의 형세(Motivationslage)로 반성적으로 되돌아가면서, 나는 특정한 내용을 가

증적인 근거 부여(Begründung)이기도 하며, 그러한 것으로 바뀔 수 있다. 그다음 나는 예상의 정당함이 존재한다는 것을 또한 통찰하며, 여기에서 이러한 연관에 대한, 경우에 따라 예상에 대한 정당한 진술이 이루어진다는 것을 또한 통찰한다. 그것이 얼마나 멀리에까지 이르는지, 여기에 어느 정도의 신뢰성이 있는지, 그것이 어느 정도로 확실성의 명증인지, 어느 정도로 이성적인 추정인지는 비로소 그때마다 탐구되어야 한다.

하지만 우리는 순수 의식을 향한 관심 방향에서 단지 타자 경험 자체를 나의 의식의 구성 부분으로서만 고찰할 수 없으며, [나의] 의식 내부에서 일어나는 그것의 동기화만을 고찰할 수 없다. 우리는 타자 경험 자체를 또한 낯선 의식의 정립을 위한 기초로 삼을 수 있으며, 이를 통해 우리는 낯선 의식을 존재하는 것으로서 받아들이고 **주제**로서 그것에 대해 진술할 수 있다. 우리가 주제로서, 지각하는 반성 속에서 직접적으로 포착하는 나의 현재의 의식만을 갖는 것이 아니고, 지금 반성적으로 포착되거나 포착될 수 있는 이전의 나의 의식에 대한 기억 체험만을 갖는 것이 아니라, **기억된 의식 자체**, 의식 사건들의 흐름 안에서 간접적으로 추측될 수 있는 나의 의식도 갖는 것처럼, 우리는 **타자 경험 속에서 정립된 낯선 의식도** 갖는다.[8] 낯선 신체에 대한 나의 지각과 거기에 명증적으로 정당한 방식으로 결합된 것이 "낯선" [의식], 즉 반성, 기억 등의 길로는 포착할 수 없는 낯선 의식의 정립을 동기화한다. 그리고 이러한 명증적인 동기화는 더 나아가 확증되거나 폐기될 수도 있다. 이것은 하나의 기억이 기억 동기로부터, 가령 지각 현재의 기억 동기로부터, 이전의 나의 의식의 정립으로서 명증적으로 동기화되는 것과 완

---

진 '무엇 때문에, 이러하다'라는 예상의 근원적인 권리를 즉시 포착할 수 있다."
**8** 저자주 따라서 여기에서 처음으로 1910/11년 강의의 근본 사상이 등장한다.

전히 같다. 하지만 그 방식에 있어 이 명증은 정립된 것의 현실적 존재에게 절대적 확실성을 주지는 못하되, 그럼에도 그것을 수용할 만한 명증적으로 정당한 동기를 준다. 이 동기화는 확증되거나 "더 나은", 더 힘 있는 대립 동기를 통해 반박될 수 있는 것이다.[9]

사람들은 다음과 같이 말해서는 안 된다. 첫 번째로 일어나는 일이 낯선 신체의 실존에 대한 지각 혹은 그 밖의 정립이고, 이 낯선 신체와, 마찬가지로 정립된 나의 신체 사이의 유비를 통해 타자 경험이 비로소 일어나고 가능하다고 해서, 우리가 낯선 의식을 주제로 정립하는 순간에, 낯선 신체와 자연 또한 [주제로서] 정립된다고 말해서는 안 된다. 이와 반대로 나는 다음과 같이 확언한다. 내가 곧바로(gerade) 수행하고 수행했던 많은 지각들에서, 그리고 내가 내렸던 많은 경험적 판단들에서, 하나의 사물 세계가 정립되고 경우에 따라 학문적으로 인식되듯이, 확실히 나의 신체와 낯선 신체가 정립된다. 하지만 이 전체 세계, 낯선 신체와 나의 신체를 포함한 이 전체 세계가 지금 주제가 돼서는 안 된다.[10] 나는 관련된 사물적 지각 정립, 기억 정립, 이것 위에 구축될 수 있거나 구축된 판단 정립 등의 타당성에 대해 지금 묻는 것이 아니다. 나는 이러한 정립들 위에 학문적으로 정초된 판단, 이러한 정립들에서 경험되고 사고된 사물에 대한 판단을 확언하기 위해 이러한 정립을 지금 수행하는 것이 아니다. 이것이 아니라, 나는 이 정립들을 순수한 주관적 사실들로서, 새로운 지각의 주제, 기체로(반성의 주제, 기체로), 새로운 판단의 주제, 기체로 삼는다. 바로 **순수 심리학**의 주제, 기

9　저자주 우리가 우리의 주제적인 시선을 오직 의식 측면과 그것의 고유한 동기화로 향한다면, 그리고 오직 이것과 관련된 정립만을 수행한다면, 우리는 두 경우에 하나의 순수한 의식 연관, 더욱이 첫 번째 경우에 명증적인 '주관적' 동기화 속에서 나의 순수한 의식으로부터 낯선 순수 의식으로 이끌어가고, 그것에게 명증적인 정립을 부여하는 순수한 의식 연관을 갖는다.
10　저자주 나는 순수 주관적인 것을 향한 환원을 수행한다.

체로 만든다. 하나의 지각이 다른 지각을 동기화한다면, 의식 연관 자체 안에서 하나의 의식(이 안에서 정립된 사물이 아니라)이 새로운 의식을 예상하게 한다면, 그리고 자체로는 주어지지 않는 의식을 예상하게 한다면, 이것이 나의 장이다. 나는 낯선 신체를 지각하며, 이 지각 속에는 우선은 그 이상의 나의 지각에로 이행하는 어떤 동기화가 속해 있다. 모든 나의 사물 지각에 바로 이러한 동기화가 속해 있다. 하지만 게다가 이 지각은 그의 의미 성분과 현출 성분을 통하여(물론 확실성 정립을 포함하는 정상적 지각으로서), "낯선" 의식으로서의 의식과 의식 삶의 정립을 동기화한다. 이 "낯선" 의식은 나의 반성적 지각에 나의 현재로서 주어지지 않는 것이며, 나의 기억 속에서 기억되거나, 나의 의식 연관 안에 엮여 들어오거나 사고적으로 간접적으로 엮여 들어올 수 있거나 한 의식 삶이 아니라, 타자 경험이라는 특수한 방식을 통해 정립된 전체 의식 삶이다. 이것은 자신의 의식 흐름을 형성하며, 열려진 무한함 속에서 확장되어 가며, 반성 등의 작용 속에서 "직접적으로" 주어지는 나의 의식 삶과 완전히 동일한 일반적 특성을 가진다. 따라서 지각들, 기억들, 예기하는 빈 의향들, 확증들, 명증들 등등을 가진다. 다만 이것들이 나의 것이 아닐 뿐이다.

　따라서 나는 철저히 나의 장 안에 머문다. 하지만 이 나의 장은 타자 경험을 통해, 다수의 닫혀진 의식 흐름들(소위 자아 의식들)의 영역으로 확장된다. 이 의식 흐름들은 타자 경험의 동기 연관을 통해 "나의" 의식 흐름과 결합되어 있으며, 또한 이들 상호 간에도 결합되어 있고 결합될 수 있다. 이러한 결합은 그것의 의미에 있어서 어떠한 실제적인 결합이 아니라, 고유한 종류이면서 유일한 종류의 타자 경험하는 정립을 통한 결합이다. "분리된" 의식은 **소통**(Kommunikation)의 가능성 아래에 서 있으며, 이 소통은 신체 지각과 그로부터 방사해 나오는 동기화의 길 위에서 생겨난다. 이 동기화의 방식은 더 자세히 기술될 수 있을 것이다.

　보충하자면 언어적인 전달, 다양한 종류의 기호를 통한 상호 교환이 제시될 수 있다. 이것은 원리적으로 우리의 태도를 변화시켜야만 하고 변화시키게 될 어떤 새로운 것도 야기하지 않는다. 왜냐하면 그와 같은 것은 직접적인 타자 경험을 하부 토대로 전제하기 때문이다.

　소통 속에 낯선 의식에 대한 인식을 위한 경험 동기가 놓여 있다면, 우선은 "지각"의 기능을 넘겨받는 타자 경험하는 정립에 관한 경험 동기, 그다음에는 더 나아가서 술어적인 인식에 관한 경험 동기가 놓여 있다면, 우리는 **"순수 심리학"** 안에서 단지 순수 "영혼 삶", "순수 심리적인 존재"에 대한 개별적인 인식만이 아니라, 일반적인 인식도 획득할 수 있다. 우리는 나의 의식 안에서 인식된 것을 낯선 의식의 해석을 위해 사용할 수 있다. 그다음에는 소통 덕분에 낯선 의식 안에서 인식된 것을 나의 의식에 대해 사용할 수 있다. 우리는 일반적 인식을 고정시킬 수 있는데, 이 일반적인 인식은 부분적으로는 의식 일반의 본질, 즉 순수(그러나 항상(immer)[11] 존재하는) 의식의 본질과 관련되며, 부분적으로는 의식 자체 안에서의 체험의 경과를 일반적으로 규정하는 경험적 규칙과 관련된다. 더 나아가 우리는 소통적인 연관을 근거로 다음과 같은 다양한 방식들을 탐구할 수 있다. 의식이 낯선 의식에 어떻게 "영향을 미치는지", 혹은 정신들이 순수하게 정신적으로 어떻게 "서로에게 영향을 끼치는지"[12], (하나의 의식 내부에 있는) 정신의 그러그러하게 규정된 표상함, 판단함, 느낌, 의욕함의 그러그러하게 규정된 내용에 대한 확신이 이러한 확신을 갖는 다른 정신의 의식을 어떻게 "규정하는

---

11　역자주 나중에 "항상(immer)"은 '내재적으로(immanent)'로 변경됨. 편집자주 참조.
12　저자주 우리는 상호적인 영향에 대해, 정신들 사이의 상호 영향에 대해 말하고 있다. 여기에서 (어떤 영향이 없는) 소통의 관계와 나-너-작용의 방식으로 타자 경험 작용을 통해 매개되는 간접적인 동기화의 관계가 날카롭게 구별되어야 한다.

지"를 탐구할 수 있다. 이러한 맥락에서 더 나아가 동기화가 어떻게 진행되는지, 일반적으로 연상이, 등장하는 사고들을 어떻게 선택하는지, 등장하는 사고들과 함께 명시적인 방식으로 그러그러하게 규정된 동기화가 어떻게 등장하는지 등을 탐구할 수 있다. 간단히 말해 개별적인 정신 삶뿐만 아니라, 자신의 경과 속에 있는 전체 사회적 삶, 타자 경험에 기인하는 많은 개별적인 의식들의 엮임도 순수 심리학적 탐구의 대상이다. [순수 심리학적] 본질 탐구와 [순수 심리학적] 경험적 탐구의 대상이다.

여기에서 **기술적 탐구**와 **일반적이고 법칙 인식을 추구하는 탐구**가 구별되어야 한다.


## 정신에 대한 기술적 탐구, 역사

나는 기술적으로 가령 나의 의식 연관을 추적하고, 타자 경험의 길 위에서 타자의 의식 연관과 우리의 공동화의 의식 연관을 추적한다. 가령 나는 기술적으로 타자의 정신적 성향(Gesinnung)을 기술하고, 내적이든 외적이든 그들의 행동들도 기술한다(외적인 행위의 경우, 자연과학적 관찰에 대해 존재하는 자연 경과가, 가능한 주제학으로서 문제가 되는 것이 아니라, 행위 그 자체, 기술적으로 심리학적인 종류의 순수 의식 연관, 어떤 특유한 방식의 지각 경과들과 그 위에 구축된 가치 평가와 의욕의 경과들에 놓여 있는 순수 의식 연관이 문제가 된다). 심지어 나는 학문, 예술 등과 같은 문화 사실들을 순수 심리학적인 관점에서 기술할 수 있다. 즉 이것들을 행위의 결과로서 생겨나게 하는 의식 동기화에 관하여 분석할 수 있다. 이것들 안에서 자연으로 단초적으로 정립될 수 있는 것, 자연 대상으로서, 물리학과 심리물리학의 대상으로서 문화 형식들을 갖는 사물들은 이 관점에서 단초적으로 정립되지 않고, 탐구되지 않고, "객관적인" 학문의 방식으로 학문적으로 규정되지 않는다. 오직 의식의 지향적 대상으로서만 이것들은 물음으로 온다. 따라서 우리는 기술적인 "역사", 순수 정신 삶의 역사를 추구한다. 순수 정신 삶은 지속적으로 그것 자체 안에서, 정립된 자연과 관계한다. 하지만 정신적인 삶에 관한 역사적 학문은 자연에 관한 학문이 아니다. 정신의 본질에는 자연을 정립함이 속하며, 그의 본질에는 의식을 수행함, "자연에 관한 지각"이라는 성격을 갖는 의식을 수행함이 속한다.[13]

---

**13** 저자주 이것으로는 충분하지 않다. 역사는 이것의 한 절단면일 뿐이다. 기술적인 정신 탐구, 일치를 통해 결합된 의식 연관에 대한 추적은 역사 그 이상을 결과로 가져온다. 여기에는 분명한 구별이 결여되어 있다.

# 부록 2[1]

1910/11년 강의의 개요 (상호주관성에 관하여)
(강의 직후 어느 해에 집필됨)

1910/11년 겨울학기 강의가 택한 (최소한 전체적으로 거기에서 출발한) 새로운 길에는 다음과 같은 착상이 포함되었을 것이다. 그것은 현상학의 이념에 이르는 입문이어야 한다. 이러한 입문이 필요한 이유는 우리 모두는 본래 자연주의 쪽으로 기우는 경향이 있기 때문이다.

우리 모두에게는 최초이면서 근원적이며 자연스러운 인식 영역이 있다. 그것은 시공간적으로 규정된 실제적 현존이라는 가장 넓은 의미에서의 자연, 즉 **세계**이다. 여기에는 자연과학, 즉 물리적 자연과 심리적 자연에 관한 과학이, 다시 말해, 좁은 의미에서의 자연에 대한 과학과 정신(정신, 정신적 공동체, 정신적 산물 등)에 관한 과학이 상응한다.

이러한 학문 외에 어떤 학문이 있을 수 있는가?

a) 우리는 자연으로부터 자연의 이념, 물리적 자연의 이념, 정신의 이념, 정신적 공동체의 이념 등으로 이행해 갈 수 있다. 우리는 형상적

---

1  역자주 『상호주관성의 현상학 1』에서는 부록 21로 되어 있다. 본 역서가 이 책의 일부를 번역한 것이기 때문에 부록 번호에 변동이 있음을 알려둔다. 이후의 부록 번호도 마찬가지이다.

일반성의 테두리 안에서 일반성의 다양한 단계를 따라, 가장 높은 단계의 일반성에까지 이행해 갈 수 있다. 즉, 실재 일반의 이념에까지, 세계 일반에 관한 선험적 학문에까지 이행해 갈 수 있다.

b) 우리는 형식적 일반성의 단계들을 따라 올라가서, 존재 일반의 이념을 그 형식적 일반성에서 탐구 영역으로 삼을 수 있다. 형식적 존재론(형식적 보편학)이 그것이다.

c) 위의 것과 명제논리학 및 이와 가까운 개연성들, 의심, 물음에 관한 분과학문이 엮여 있다. 이는 사고의미에 관한 형식적 학문이다. 그다음에는 형식적 가치론 등이 있다.

d) 이성, 학문적 이성, 이론적 이성, 가치와 의지에서의 이성에 관한 학문들이 있다.

e) 초월론적 의식, 현상학의 초월론적 현상에 관한 학문이 있다.

그러나 나는 이러한 진행이 현상학 입문에 필요한 것 이상을 포함하고 있음을 지적해 둔다. 나는 자연을 향한 태도로서만 이해되는 자연적 태도에서 출발할 경우, 어떤 종류의 학문이 자연과학과 대립되어 여전히 남아 있는지를 완벽하게 숙고할 필요는 없다. 나는 학문 일반에 관한 원리적 구분을 할 필요가 없다. 단지 현상학에 들어가는 것을 가로막는 자연주의의 유혹, 특히 심리학주의의 유혹에 맞서는 데 도움이 될 만큼[의 구분]만 필요하다. 따라서 중요한 것은 우선 형상학(Eidetik)에 이르는 길을 열고, 그것의 권리를 일반적으로 주장하며, 그다음에 정신의 형상학으로서의 이성적 심리학과 현상학의 차이를 분명하게 드러내는 것이다. 이것이 전체적으로 보아 1912년(여름)에 갔던 길에 해당된다.[2]

---

2 편집자주 "1912년(여름)에 갔던 길"은 1912년 여름학기의 〈현상학 입문〉을 가리키고 있다. 이 강의는 시간적으로 『이념들』 제1권의 집필 직전에 이루어졌다. 141쪽 각주 1 [본 역서 62쪽 각주 3] 참조.

## 내재 철학 — 아베나리우스
## (1915년 집필 추정)

"'발견'된 것(das Vorgefundene)"을 순수하게 기술하려는 **아베나리우스**의 첫 번째 시도는, 그리고 비록 그 자체로 아주 확실하고 명확한 것은 아니더라도 이렇게 기술하려는 경향성은 어떤 "이론"도 만들지 말라, 모든 이론적 선입견을 멀리하라, "소여된 것"을 소여된 그대로 기술하라, 이것에 이어, 경우에 따라서는 소여된 것에 대해 의향된 것을 의향된 그대로 기술하라는 것이다.

모든 이론에 앞서 세계는 소여된다. 모든 의견들, 타당하거나 타당하지 않은 의견들, 대중적이고 미신적이고 과학적인 의견들, 이 모든 것들은 이미 앞서 소여된 세계와 관계한다. 어떻게 세계는 그 자신을 나에게 증여하는가? 세계가 자신을 증여하는 바를, 그리고 "직접적" 지각과 경험 속에서 세계가 자신을 자기 자신으로서 증여하는 그대로, 세계가 그것의 근원적 의미에 있어서 그것인 바를 일반적 방식으로 직접적으로 기술하면서, 나는 세계에 대해 직접적으로 무엇을 진술할 수 있는

---

1  역자주 『상호주관성의 현상학 1』 부록 22에 해당.

가?[2] 아베나리우스는 자신이 [시도한 것의 의미를] 이해하지 못한 채, 직접적 경험에서의 세계의 일반적 의미 틀을 기술한다.

모든 이론은 이러한 직접적 소여와 관계한다. 그리고 이론은 직접적 소여의 일반적 의미와 어긋나지 않는 사고를 형성할 때만 정당화된 의미를 가질 수 있다. 어떤 이론화도 이 의미와 어긋날 수는 없다. 세계는 무엇인가? 그것은 기술(記述)과 이론화를 통해 내가 발견하게 되는 것이다. 그리고 이론화는 기술의 연장이자 보다 포괄적인 기술일 뿐이다. 그 이상을 추구하는 것은 아무런 의미도 없다. 아베나리우스는 그것을 탐구한다. 그는 다음과 같이 질문한다. "자연적" 세계개념을 포기하는 것이 말이 되는 일인가? 자, 보자! 사람들은 세계는 전혀 다르며, 이것은 현실적 세계가 아니며, 초재적이고 인식 불가능한 세계의 한갓 현상에 불과하다고 주장한다. 무언가가 나로 하여금 자연적 세계개념을 변경시키도록, 이 소여된 세계는 내 안의 한갓 현상이며, 경험하는 인간의 현상이며, 뇌 속에서 일어나는 어떤 것이라고 말하도록(내사)[3] 강제

---

2 저자주 그러나 아베나리우스는 꼭 이렇게 말하지는 않는다. 이것이 그의 실수이다.
3 역자주 아베나리우스에게서 내사(內射, Introjektion)란 선이론적인 '자연적 세계개념'이 변질되는 과정을 설명하는 핵심적인 개념이다. 내사는 동료 인간의 신체나 뇌 안에 세계에 대한 그의 인상이나 관념을 삽입(Einlegung)하는 것을 말하며, 더 나아가 동료 인간에게 했던 이러한 내사를 그대로 자기 자신에게도 적용하여, 세계에 대한 나의 인상이나 관념을 나 자신에게 삽입하는 것을 말한다. 이러한 내사를 통해 자연적 세계가, 즉 나와 타자를 중심부로서, 그리고 주위(Umgebung)를 주변부로 지니며, 중심부와 주변부가 주요일치(Prinzipialkoordination)를 이루는 통일된 단일한 자연적 세계가 내적 세계와 외적 세계로 이원화되기에 이른다. 고대의 애니미즘에서 현대의 심리학에 이르기까지 인간의 역사 전체는 사실 이러한 내사를 통해 생겨난 이원론적 형이상학에 의해 자연적 세계개념이 변질되는 역사로 기술할 수 있다는 것이 아베나리우스의 생각이다. 아베나리우스는 자신의 철학적 과제를 역사 과정에서 변질되고 상실된 자연적 세계개념을 회복하고 재구축하는 것으로 설정한다. John Scanlon, "Objectivity and Introjection in Ideas II", *Issues in Husserl's Ideas II*, Kluwer Academic Publishers, 1996, p. 213; Mischela Summa, *Spatio-temporal Intertwining: Husserl's Transcen-*

할 수 있는가?

나는 여기에서 하나의 매우 가치 있는 경향을 본다.

경험 속에서 세계는 불완전하게, 즉 전체 측면 및 규정이 아니라 어떤 측면 및 규정에 있어서 나와 마주해 있다. **이** 세계를 경험과학은 학문적으로 규정한다고 참칭한다. 철학은 이 세계를 넘어 세계에 대한 더 나은 궁극의 진리를 제시한다고 참칭한다. 그리고 이미 자연과학자들 스스로가 자신들이 도입한 이론적 보조 개념들의 현실적 의미를 둘러싸고 다투고 있으며, 의식주관성으로부터 규정된 철학적 견해들을 거기에 끌어들인다. 나는 어느 쪽도 편들지 않은 채 비판적 태도를 취하고자 한다. 이것은 어떤 태도인가?[4] 나는 경험에 주어지는 세계를 그 자체대로 본다. 나는 학문적 경험을 주시하고 철학적 이론들을 주시한다. 나는 과학과 철학이 세계에 대해 진술한다는 것을, 그러나 이 모든 것의 기초와 출발점은 **경험**이라는 것을 깨닫는다. 이 세계가 무엇인지는 애매하게 말해져서는 안 되고, 사고를 통해서 인식과 지식이 되어야 한다. 이 세계는 내가 가진 세계이며, 모든 이론화와 간접적 견해 이전에 경험을 통해 갖는 세계이지만, 이 경험은 나의 앎의 의도를 완전히 만족시키지는 못하기 때문이다. 따라서 나는 나에게 **직접적으로** 자신을 내어주는 대로 세계를 기술하는 것에서, 혹은 경험되는 것 자체와 관련해서 경험을 기술하는 것에서 시작해야만 한다. 경험된 것을 이렇게 저렇게 해석할 수 있는지에 관한 논란, 이 경험된 것이 궁극적으로는 "형이상학적" 진리가 없는 단순한 현상에 불과한 것은 아닌지에 관한 논란과 관련해서, 경험 자체의 사실을 정립하는 판단, 그것의 의미와 경험된 것 자체에 대해 진술하는 판단을 제외하고는 나는 모든 판단을 배제

---

*dental Aesthetic*, Springer, 2014, pp. 17~25 참조.
4  저자주 그리고 아베나리우스에 얽매이지 말자, 일관되게 끝까지 사고하자.

한다. 그리고 **경험의 의미에 대한 일반적 기술**에 뒤이어, 또는 경험이 지시하는 세계 "개념"(세계 "의미")의 내용에 대한 기술에 뒤이어, 나는 다음과 같은 질문을 던진다. **경험에 기초하고 있는 이론에서 이와 같은 [세계의] 근원의미가 정녕 희생될 수 있는가?** 만약 사고가 정당하게 경험에 기반을 둔다면, 이러한 사고는 무엇을 수행할 수 있는가? 그것은 근원적 경험, 즉, 경험이론(Erfahrungstheorie)이 기반하고 있는 경험을 정녕 넘어설 수 있는가? 따라서 만약 타당한 경험사고(Erfahrungsdenken)가 경험에 기반하고 있는 경우에, "세계", "경험적으로 소여된 것"의 근원적 의미는 어떻게 되는 것이며 어떻게 될 수 있는지를 묻는다. 정확히 보자면, 이때 나는 상관관계의 두 측면, 즉 경험과 경험되는 것을 기술해야 하며, 그다음에는 경험사고와 경험적으로 사고되는 것, 즉, 경험사고에 의해 규정되는 것을, 타당하고 확증되는 경험적으로 사고되는 것들 사이의 차이와 더불어 기술해야 한다. 더 나아가 나는 다음과 같은 질문에 답해야 할 것이다. **경험이론의 의미는 무엇인가?** 그리고 이와 상관적으로, 학문에 주어지는 세계의 의미는 무엇인가? 그리고 자신의 상관자를 지니는 경험과 경험사고의 본질은 어떤 의미를 앞서 지시하는가?

　이런 물음을 추동하는 동기를 끝까지 사고한다면, 혹은 무엇이 이 동기를 충족시킬 수 있을지를 반성적으로 포착한다면, 우리는 현상학적 환원에 이르게 되고, 또 "경험"과 경험사고에 대한 현상학적 본질 분석에 이르게 된다. 또 이와 상관적으로, 경험 세계의 현상학적 의미에 대한, 또 가능한 타당한 사고에 의해 지성적으로 규정된 경험 세계의 현상학적 의미에 대한 현상학적 본질 분석에 이르게 된다.

　"'발견'되는 것"으로 되돌아감은 이제 어떠한 상황에 있는가? 여기에서 나는 **주요일치**(Prinzipialkoordination), 즉 대상 존재의 주체 존재에의 본질적 관련을 "'발견'한다". 즉, 중심부(Zentralglied)와 대립부

(Gegenglied)의 본질적 관련, 보다 정확히 말하면, "중심부"인 경험하는 자아와 대립부인 대상들의 본질적 관련을 '발견'한다. 아베나리우스는 그렇게 하지 못했지만, 우리는 경험에서의 '발견'과 현상학적 태도에서의 '발견'을 구별해야 한다. 경험에서의 '발견'은 이제 분명히 사물에 대한 경험, 경험하는 인간인 나에 대한 경험, 경험하는 다른 인간에 대한 경험이다.

다음과 같이 말한다면 틀림없이 옳은 기술일 것이다. 나는 경험의 통일성 혹은 경험된 것의 통일성을 발견한다. 후자에서 나는 사물들, 다른 인간들, 그리고 경험하는 자로서, 즉 중심부로서 나 자신을 발견한다. 나는 세계의 다른 모든 대상들을 나와 마주해 있는 것으로 발견한다. 그러나 '발견'하는 자아 또는 의식은 어떤가? 우리는 순수 자아를 대상으로서의 자아-인간, '발견'된 것으로서의 자아-인간과 구별해야만 하는 것은 아닌가? 그리고 이러한 '발견'된 것 안에서, 자신의 자아를 지닌 '발견'하는 의식은 '발견'되는가? 그뿐 아니라 대상으로서의 자아, '발견'되는 것으로서의 자아는 '발견'되는 사물처럼 '발견'되는 것은 결코 아니다. 자아-인간은 사고하고 느끼고 의지하는 자이지만, 나는 결코 사물에서 "이것은 움직인다."는 것을 '발견'하듯이 내가 생각한다는 것을 '발견'하지는 않는다. 여기서 '발견'함은 "반성"에 의한 포착이다.

하지만 내가 다른 주체를 '발견'하는 것은, 오직 내가 그의 신체를 '발견'하고 타자 경험의 방식으로 그 신체에, 작용의 주체이자 자아와 체험 흐름의 주체인 하나의 자아를 집어넣는 방식을 통해서이다.

## '발견'되는 것 자체에 대한 본질 분석

이 모든 것들은 '발견'되는 것들이며, 여러 다양한 '발견'된 것들은 서로 구별되어야 한다. 사물, 주체, 진술하고 '발견'하는 자아, '발견'하는 체험이 구별되어야 하고, 어떤 것이 나타나는 현출, 어떤 것이 의향되는 의향 등이 이와 마주해 있는 현출하는 것, 의향되는 것 등과 구별되어야 한다. 그리고 의향은 옳을 수도 있고 틀릴 수도 있으며, 정초될 수도 있고 그렇지 않을 수도 있다. 정초 연관은 다양하게 구축될 수 있으며 그것의 구축이 올바름과 그릇됨 등을 조건 짓는다고 우리는 생각한다.

우리는 이 모든 것을 "요소들"의 연관들로, 완전히 달리 존재할 수도 있었을 사실적 연관방식들로 해체할 수 있는가? 그리고 그때 이러한 요소 "복합체들"의 흐름과 연관 속에서, 우리가 발견하는 고유의 것, 즉 의식의 통일은 어떻게 이해될 수 있는가? 이러한 의식의 통일 안에서 주체는 세계를 '발견'한다고 믿으며 이 세계를 인식하고 이 세계에 대해 진리와 오류를 진술하고 있는 것이며, 이때 이 세계 자체는 이러한 요소 복합체의 세계가 아니라, 요소 복합체 속에서 현출하는 것이다.[5]

아베나리우스는 기술을 시작하기는 하지만, 순수 현상학적 환원에 도달하지는 못한다. '발견'되는 것의 다양한 장에, 내실적 의식자료와 노에마적인 것이라는 의미에서의 '발견'된 내재에 도달하지 못한다. 또한 존재적인 것, 즉 실제성들이라고 불리는 특수한 '발견'되는 것에 도달하지 못하며, 이 [노에마적인 것과 존재적인 것이] 현출들과 맺는 본질 연관 및 요소들(이 요소들은 파악되며, 이 요소들을 통해 현출들이 구성된다)과 맺는 본질 연관에도 도달하지 못한다. 그는 자연주의에 머물러 있다. 그는 현출하는 것이며 지각에 의해 정립되는 것이라는 의미

---

5 저자주 마흐(E. Mach)는 질료, 작용 성격, 대상을 감각화했다.

에서의 '발견'된 것과, 내실적 내재이며 내실적 지각에서 스치듯이 포착되는 것이라는 의미에서의 '발견'된 것을 구별하지 않는다. 아베나리우스의 출발은 좋았으나 그는 더 이상 나아가지 못하고 있다.

# 부록 4[1] (152쪽 이하에 대한 부록)[2]

현상학적 진리와 실증적(존재적 및 존재론적) 진리 사이의 관계.
실증적 주제와 현상학적 주제의 종합적 통일. 독단적 실증성과 초
월론적으로 해명된 실증성
1910/1911년 〈현상학의 근본 문제〉 강의 153쪽[3] 각주에 대한 추가
작업.
(1924년 혹은 그보다 약간 후에 집필)

152쪽 이하의 각주와 강의 텍스트 자체에는 여전히 불명료함이 포함되
어 있다.

현상학적으로 판단하면서 나는 대상들(일상적 의미에서의 실증적 학
문의 주제적 대상들)을 전혀 "사용하지 않으며", 그것들에 관해 전혀 판
단하지 않는다. 나는 세계에 대해서 **단적으로(schlechthin)** 판단하지
않으며, 가능한 세계 및 가능한 자연 대상에 대해서 "단적으로" 판단하
지 않는다. 또한 나는, 형식존재론적이고 형식논리적인 부류에 속하는
형상적 학문들에서 하는 것처럼 수나 단적인 수학적인 것에 대해서 "단
적으로" 판단하지도 않는다. 이처럼 나는 대상에 대해서는 모든 **단적인
판단**을 멀리하는 반면, 의식에 대해서는, 순수 의식이라 불리는 것에
대해서는 판단한다. **여기에서는 나는 "단적으로"** 판단한다.

우리는 미리 다음과 같이 말한다. 단적인 판단은 **주제적 판단**이고, 그

---

1 역자주 『상호주관성의 현상학 1』 부록 23에 해당.
2 역자주 본 역서 76쪽 이하에 대한 부록.
3 역자주 본 역서 77쪽에 해당.

렇게 판단된 것은 **주제**(Thema)이다.

　나의 주제적 판단 영역에는 대상을 향한 실증적 판단들도 모두 속한다. 하지만 실증성의 태도에서는 세계라는 전체장(Totalfeld)의 내부에 있는 대상들의 이러저러한 장들이 나의 주제적 영역이었다면, 이제 나의 주제적 영역은 순수 의식이며, 대상들에 관한 모든 의식과 모든 판단, 대상의 현존 방식과 규정 내용을 "밝히는" 모든 명증적 판단과 모든 증명과 근거 부여함이다. 그러나 이는 다음과 같은 방식에서이다. 즉, 대상에 대한 모든 그러한 의식이 나의 주제가 될 때, "**단적인 대상**", 그것의 **단적인** 현존 방식과 규정 내용은 나의 주제적 장으로부터 배제된 채로 남는다. 나는 이런 방향에서의 모든 "주제적" 판단을 완전히 일반적으로 중지한다. 달리 말하자면, 주관성이 나의 주제이며, 보편적이고 배타적으로 나의 주제이다. 그리고 그것은 순수하게 그 자체로 닫혀 있고 독립된 주제이다. 그것이 가능하다는 것과 그것이 어떻게 가능한지를 보이는 것이 현상학적 환원의 방법에 대한 기술의 과제이다.

　이러한 독립성과 관련해서, "내가 하나의 학문적 영역에서 원리적으로 전혀 사용하지 않는 종류의 판단들은 그 영역의 확언들에 '어떤 영향도 미치지 않는다.'"고 의심 없이 올바르게 말할 수 있다. 물론 이 말은 일단은 동어반복이다. 만약 이 말이 현상학적 방법을 정의하는 방식에 의거하여 "실증적" 결정들은 현상학적 결정들에 결코 어떤 "영향"도 행사할 수 없음을 의미한다면, 동어반복이라는 것이다. 나는 현상학적 방법을 실행하는 한에서 당연히, 그리고 원리적으로 모든 실증적 판단의 우주를, 대상들의 모든 존재를 "괄호쳤다". 즉, 나는 그것을 모든 물음 바깥에 놓았으며, 이런 관점에서 모든 최종적 태도 취함과 모든 "결정"을, 나의 주제적 의도들을 위해 "영구히" 금지했다. 그럼에도 불구하고 나는 단적으로 판단할 수 있다. 다만 대상적인 것에 대해서만은 판단할 수 없는 것이다. 따라서 내가 내리는 어떠한 판단에도 "실증적"인 전제

는 없으며, 현상학 자체에는 실증적 전제들에 대한 어떠한 연역적 의존
성도 없다. 따라서 이것은 분석적 해명이다.

　　그러나 "내가 현상학자로서 판단하는 것은 실증적 종류의 결정에 더
이상 의존할 수 없다."고 말할 때, 그리하여 마치 내가 나중에 현상학적
태도를 버리고 가령 물리학 연구에 침잠하여 완전히 실증적인 정신 속
에서 판단할 경우, 어떤 [실증적인] 확언들이 생겨나서 나의 현상학적
확언들 가운데서 어떤 것들을 변경하도록 강제하거나, 순수 현상학적
태도에서 생겨났던 이 확언들을 포기하도록 강제하는 것도 가능한 것
처럼 말한다면, 이는 이미 [동어반복이나 분석적 해명] 그 이상이고 그
와 다른 것이 아닌가? 따라서 나는, 비록 거의 다른 표현에 불과한 것이
긴 하지만 다음과 같이 말해도 되는 것처럼 **보인다**. 즉, 그의 모든 진리
들과 함께 현상학의 타당성은 모든 실증적 학문의 타당성으로부터 독
립적이고, 어떠한 종류이든지 실증적 진술들의 참 혹은 거짓으로부터
독립적이라고 말이다. 하지만 그것은 처음부터 정말로 자명한가? 더 나
아가, 실증적 인식 소여에 대한 어떠한 의심(어떠한 실증적 의심)도 현
상학적 의심을 야기할 수 없음은 자명한가? 그리고 (모든 실증성 일반,
모든 객관성을 부정하거나 의심했던 고대 회의주의 가운데에서도 가장
회의주의적이던 사람들과 같은) 보편적인 실증적 회의주의가 현상학적
판단과 의향된 통찰들에는 어떠한 방식으로도 영향을 미치지 않음은
자명한가? 내가 산술에서 주어진 공리들로부터 귀결을 끌어내고 대신
그 외 다른 공리들은 일관되게 고찰에서 배제한다면, 획득된 명제들은
배제된 공리들로부터 독립해서 **통찰 가능**하지만, 이 명제들의 참에 있
어서는 이 배제된 공리들과 연관이 없는 것은 아니다. 내가 이들[배제
된 공리들]이 거짓이 되도록 변경시킨다면, 그때 내가 곧바로 갖게 되
는 거짓은 나에 의해 배타적으로 사용된 여타의 공리들과 결합해서 나
에 의해 [배타적으로 사용된 공리들로부터] 도출된 명제들과 모순되는

귀결들을 생겨나게 할 것이다. [이와 마찬가지로] 아마도 세계에 대한 의심이나 부정은 모든 현상학적인 명제가 의심스러운 것이나 거짓된 것이 되도록 할 것이다. 비록 내가 이런 현상학적인 명제를 세계와 관련된 판단중지(Urteilsenthaltung)를 통해 올바르게 발견했더라도 말이다.

우리는 형식논리학과 형식존재론도 실증적 학문임을 아마 떠올릴 수 있을 것이다. 하지만 내가 판단할 때 그것들을 사용하지 않는다 하더라도, 논리적 진리와 형식적 대상진리가 현상학과 무관하다는 말은 아니다. 그것들이 실증적이라는 것은 단지 그것들이 보통 실증성들과 연관된 것으로서 이해된다는 것만 의미하는 것은 아니다. 그것들이 설령 실증성들과 연관되지 않더라도('어떤 것(etwas)'은 곧 판단 가능한 것, 정합적으로 자기동일적으로 판단 가능한 것 일반이라는 것, 그리고 논리학 및 형식존재론은 이와 연관된다는 것을 나는 이해할 수 있다), 현상학의 방법적 태도 자체에서 생겨나지 않는다면 실증적이다. 이러한 태도는 그 자체는 의식이 아닌 것을 아주 근본적으로 괄호치도록 요구한다. 그러면 가능한 전제들의 체계로서의 논리학 또한 [현상학 밖으로] 떨어져 나간다.

따라서 무엇보다도 다음과 같은 **물음**이 나타난다. 현상학적 확언들과 존재론적 확언들은 어느 정도로 서로 독립적일 수 있는가? 순수 주관성에 대한 **진리**와 객관적 진리는 서로 **독립적**일 수 있는가? 어느 정도로 서로 **독립적**일 수 있는가, 혹은 그러한 독립성이 존립한다면 이것은 무엇을 정당하게 의미하며 의미할 수 있는가?

물론 어떤 모종의 의존성이 명백히 존재한다. 내가 만약 하나의 사물이 현실적으로 실존하며 현실적으로 이러저러한 속성을 가지고 있다고 정립한다면, 따라서 이에 관련된 판단들이 그 자체로 참이며, "영원한 타당성"을 갖는다고 정립한다면, 이에 의해 나에 대해서나 사물을 경험

하는 모든 주체에 대해서나 하나의 규칙이 미리 밑그림 그려져 있음은
명증적이다. 바로 이 규칙 때문에 이제 더 이상 나는 아무 경험들이나
정합적으로 가질 수는 없으며, 어떤 경험 체계에 구속된다. 나는 이러
한 사실이, 내가 참되게 현실적인 것이라고 정립하는 이러저러한 경험
되는 사물에만 해당하는 것이 아니라, 경험 가능한 사물 일반에 타당하
며, 가능한 경험의 주체와 관계해서 **선험적으로** 타당함을 통찰할 수 있
다. 내가 사물들에 대해서 단적으로 판단한다면, "실증적" 판단을 내린
다면, 이들에 "대해서" 이들이 어떠한가에 대한 판단들을 단순하게 내
리고, 실증적 방식의 실존판단들, 즉 특정한 시간에 (당연히 세계의 장
소인) 특정한 장소에서 이런저런 속성을 가진 사물들이 발견된다("소여
된다")는 판단을 내린다면, 나는 경험하는 주체에 대해서나 이 주체의
경험하는 의식이나 그 밖의 의식에 대해서 판단하는 것은 아니며, 그것
도 이러한 사물들**에 대해** 경험하는 의식에 대해서 순수하게 판단하는
것은 아니다. 내가 심리학적으로 판단한다면, 내가 반성적이기는 하지
만 자연적인 방식으로 판단한다면, 인간과 인간의 심리적 삶에 대해서
실증적으로 판단하는 것이다. 그때 나는 사물**에 대한** 인간적 경험과 사
고에 대해, 경우에 따라서는 이러한 경험이 보다 상세하게 어떠한 모습
인지에 대해 판단할 수도 있고 판단하게 된다. 그러나 이때 실증적인
것들이 주제에 함께 속하게 된다.

　그러나 나는 모든 실증적인 것을 주제적으로 괄호칠 수 있다. 나는
예를 들어 사물에 관하여 실증적으로 판단하는 대신에, 사물에 대한 나
와 어떤 누군가의 경험함에 관하여, 나나 그들 혹은 우리가 공통적으로
경험하는 "저" 특정 사물에 대한 경험함에 관하여 **순수하게** 판단할 수
있다. 혹은 가능한 사물, 가능한 사물 일반에 대한 경험에 관하여 **순수
하게** 판단할 수 있다. 이 경우 판단 관심은 이 사물들이 어떠하고 어디
에 언제 존재하고 어떻게 변화되어 왔고 어떻게 다른 것을 인과적으로

규정했는지 등과 관련해서, 혹은 가능성들을 향하는 태도에서 이 사물들이 가능성들으로서, "사고 가능한" 것으로서, '마치(Als-ob)'의 양상 속에서 어떻게 규정될 수 있는지 등과 관련해서 주제적으로 이 사물들로 향하지 않는다. 그러나 이 사물의 존재나 이 가능한 사물의 존재만 "작동 바깥에(ausser Spiel)" 머물러 있는 것이 아니다. 즉 이것들을 향한 주제적 수행, 단적인 판단만 중지되는 것이 아니다. **모든 단적인 객관적 판단과 거기에 함축된 실증적인 것에 대한 모든 함께 정립함(Mit-setzung)**도 마찬가지로 의식적인 판단중지 속에서 작동 바깥에 놓이는 것이다. 그리하여 나는 **주관성에 관한 순수한 주제학(Thematik)**, 그리고 이러한 전체 테두리(혹은 저 보편적 판단중지) 안에서, "여기 이 사물을" 경험하거나 어떤 사물 일반을 가능적인 방식으로 경험하는 주관성인 바 경험하는 주관성에 관한 순수 주제학을 추구할 수 있고, 거기에서 내가 항상 다시 확증할 수 있는 진리를 명증적으로 진술할 수 있다. 이러한 주제학 안에서 나는 결코 경험적으로 존재적이거나 존재론적인(일반적으로 말해서 실증적인) 진리와 마주치지 않는다. 반대로 실증적인 태도 속에 있다면 결코 현상학적 진리와 마주치지 않는다.

당연히 나는 이 두 가지 주제적 태도 안에서 잘못 판단하는 일도 있을 수 있다. 나 자신이 명증(하나는 실증적 명증, 다른 하나는 현상학적 명증)에로의 이행을 통해 그러한 사실을 확인할 수 있다. 그리고 나의 존재적 판단은 존재적(객관적, 실증적) 경험에 의거해 참이고 나의 현상학적 판단은 (현상학적으로 앞서 경험되었던 것과 갈등하는 [새로운] 현상학적 경험 혹은 명증에로의 이행을 통해) 거짓일 수 있다. 또한 그 반대도 가능하다.

이 두 가지 판단 및 인식 방식은 서로 독립적이지만 그렇다고 두 측면의 진리가 전혀 서로 아무런 관계가 없다는 것은 아니다. 사실은 그 반대다. 내가 순수하게 현상학적으로 판단하면서 순수한 주관성의 우주를 그것의 현실성과 가능성에 따라 개시하는 동안에도, 나는 지속적으로 세계를 경험하며, 경우에 따라서는 이러한 나의 자연적 삶 안에서 이념적 실증성들도 "경험한다"(나는 수학적 명증 등을 실행한다). 이러한 모든 삶이 나의 주제이며, 이 삶 **안에서** 경험하고 실증적으로 사고하는 자에게 주제인 모든 것들 역시 나의 주제이다. 만약 내가 (실증적 경험과 모든 실증적 삶에서) 이러저러한 실증적 주제들(즉, 사물, 사물적 사태연관, 수학적인 것 등)을 주제적으로 가짐이 반성하는 현상학자로서의 나에게 [현상학적] 주제가 된다면, 이러한 [실증적] 주제들 자체는 현상학적 판단중지의 의미에서 나의 주제가 아니다. "나는 실증적인 것에 대해 '단적으로' 판단하지 않는다."는 말은 (현상학자로서의) 내가 이 주제를 배제한다는 것을 다르게 표현한 것에 불과하다. 그러나 다른 한편 실증적 경험이나 판단, 그리고 그 밖의 실증적으로 정향된 의식작용이 나의 [현상학적] 주제가 됨으로써, 그리고 이들이 단지 개별적 작용으로서만이 아니라 끝이 없는 무한한 종합으로 나의 주제가 됨으로써, 참되게 존재하는 것으로서 모든 실증적 진리들이 나의 [현상학적] 장 안에 "함께" 놓인다. 내가 무엇을 참된 존재로서 규명하든, 내가 그것에 대해서 진리의 측면에서 무엇을 근거 부여하든, 참된 것으로 확언하는 작용과 근거 부여하는 작용 또한 나의 주제이며, 현상학적 주제들을 지칭하는 주요 표제인 것이다. 따라서 나 그리고 주관성 일반이 참된 것에 관해 가지고 있고, 가질 수 있는 것은 나의 [현상학적 주제의] 장에 속한다. 나 자신이, 진전하는 확증의 상태에 놓인 실증적 진리를 가지지 않는다면, 나는 이에 대해 현상학적인 어떤 것도 형성할 수 없을 것이다.

그러나 물론 현상학자로서 나는 실증적으로 정향된 인간과는 다른 방식으로 진리를 가진다. 현상학자로서 나는 실증적 진리를 실증적 진리의 그러한 가짐(Haben)으로서 가질 뿐이다. 그 속에서 나는 그것을

실증적으로 정향된 자아가 가졌던 것으로서 가진다. 나는 이러한 [실증
적으로 정향된 자아가] 가졌던 가짐 자체만 "단적으로" 가진다. 언제든
나는 실증성의 주제적 태도로 물러설 수 있으며, 실증적인 것을 단적으
로 판단할 수 있다. 이 "물러섬(Zurücktreten)"은 실증적 판단, 통찰, 인
식(일반적으로 실증적 의식) 및 그것의 진리가 현상학적 의식과 그것의
주제학의 구체적 내용 안에 포함되어 있어, 나는 이들을 항상 나의 사
정거리 안에 가지며 그것도 완전히 직접적으로 가지고 있음을 말한다.
내가 이전에 자연적이고 실증적인 태도에 있었음이 틀림없다면, 나는
사실상 실증적 태도로의 회귀나 물러섬에 대해 말할 권리를 가진다.

　더 나아가 이러한 사태에는 분명히 다음의 사실이 놓여 있다. 실증적
인 것에 대한 나의 판단 방식은 현상학적 판단중지를 통해 변화를 겪었
다는 것이다. 그것은 정확히 예전의 내용을 가진 동일한 판단이고 동일
한 경험이며 동일한 이론적 작용 등이다. 다만 수행 방식이 변양되었을
뿐이다. 정확히 말하면, 주제화하는 수행의 방식이 변양되었을 뿐이다.
모든 철학에 있어 결정적인 것은, (본질적으로 주제적 행위인) 모든 자
아작용과 의식작용의 전체 내용을 보존하는 가운데 위의 주제적 수행
의 변양이 일어날 수 있다는 것이다. 이 변양은 대상에 정향되는 태도
취함의 수행이라는, 자연적 의미에서의 실증적인 주제적 태도 취함을
포기하지 않으며, 다만 순수 주관적인 관심만 현행화함으로써 실증적
인 주제적 태도 취함을 비현행화하여 "작동 바깥에" 놓을 뿐이다. 하지
만 각각의 실증적 태도 취함은 이러한 [순수 주관적인] 관심 속에 변양
되어 포함된다. 실증적인 가짐과 이 가짐이 갖는 대상 자체가 이제 주
제가 되며, 실증적 정립과 정립된 것, 그 안에서 정립된 것으로서의 명
제 및 주제가 이제 주제가 된다(당연히 이것은 높은 단계에서 반복될
수 있는데, 여기에는 어떠한 본질적 어려움도 없다). 실증적 명증에 기
초한 모든 실증적 진리는 가능한 현상학적 경험의 보편적 영역에 속하

되, 가능한 인식의 **지표**, 표제, 주제적 의미이며, 초월론적 주관성의 가능한 구체적 현상들과 이 현상들이 포함하고 요청하는 모든 구조적 연관들로서의 가능한 인식의 이념적 전체이자 전체 체계의 **지표**, 표제, 주제적 의미이다. 모든 진리들은 순수 주관성의 형상적 가능성을 관통해 가면서 이 가능성들의 전체 안에서 등장함에 틀림없다. 이념적으로 하나의 주관성이 인식하는 주관성으로서 표상될 수 있다면, 혹은 심지어 선험적으로 구성될 수 있다면, 이 주관성은 진리를 인식하는 자로서도 구성된다. 이것은 곧 이 주관성을, 경험하고 사고하는 자로서, 그리고 최종적으로 근거 부여의 방식으로 증시하는 자로서 구성함을 뜻한다. 이러한 근거 부여의 방식에서 주관성은 자신이 그저 판단할 뿐 아니라 "참된" 존재도 장악할 수 있다고 명증의 체험 형식에 있어서 주장하며 주장할 수 있다.

다음은 그 자체로 하나의 현상학적 통찰이다. 존재자를 향한 주제적 향함이나, 같은 말이지만 경향적 인식 태도 안에 있음이 뜻하는 것은 판단하는 자아가 자신의 시선을 정립되는 것으로 향한다는 것이다. 나아가 판단하는 자아는 정립된 것을 다양한 새로운 정립 속에서 동일한 것으로 정립하고 계속해서 새로이 규정할 뿐만 아니라, 자신의 명제를, 그리고 해당 기체(Substrat)의 계속적 규정을 확증(충족의 동일성 종합)을 통해 최종적 타당성으로 형성하기를 추구한다는 것이다.

따라서 여기에서 실증적 학문은 탐구하고 이론화하고 증명하는 주관성의 이념 아래에서 등장한다. 이 모든 것은 이러저러한 의미 내용들, 정립들, 변양들 등을 동반하며, 노에시스-노에마적인 내용을 가진 의식 삶의 구체성 속에서 이루어진다. 현상학이 제시하는 바와 같이, 이것[노에시스-노에마적인 내용을 가진 의식 삶의 구체성] 없이는 위의 이론의 주제학 전체는 생각 불가능하다.

따라서 진리로서의 실증적 진리는 현상학적 진리로부터 독립적이지 않을 뿐 아니라, 현상학에서는 결코 주제가 되지 않을지라도 현상학적 진리 자체 안에 "포함된다." 실증적 학문 작업의 태도에서 곧바로 주제가 되는 것이 현상학 자체에서는 결코 주제가 되지 않는다.

현상학으로부터의 태도변경을 통해 다시 모든 실증적인 것을 곧바로 주제로 삼고 실증적으로 제시하는 것이 가능해진다. 이러한 태도변경은 현상학적 판단 방식의 중지를 의미하며, 순수 주관성에 대한 현상학적 판단 방식의 중지를 의미한다. 그러나 근본적인 것은 다음이다. 내가 어떤 실증적인 것과 소급연관되는 현상학적 인식을 일단 획득했고, 이 인식이 나에게 지속적으로 타당한 인식으로서 내게 속한다면, [현상학으로부터의 태도변경 이후] 뒤이어 나오는 소박한 태도에서의 실증성은 이제 새로운 성격을 획득한다는 것이다.[4]

나는 **소박한** 실증성에서의 삶과, 현상학적 태도 및 이 태도에서 얻은 현상학적 인식에 뒤이어 나오는 실증적 태도에서의 삶을 구별해야만 한다. 왜냐하면 나는 소박함 속에 살았을 때는, 현상학적 인식의 본질적 필연성에 대해 아무것도 알지 못했기 때문이다. 또한 실증성이 놓여 있던 삶의 본질에 대해, 그리고 그 속에서 실증적인 참된 존재와 이론적인 실증적 진리가 직관된 것이자 이성적으로 확증된 것으로서 "등장했던" 삶의 본질에 대해 아무것도 알지 못했기 때문이다. 나는 실증성과 순수한(초월론적) 주관성 사이에 존재하는 특정한 본질 관련이 있음을 알지 못했다. 이 본질 관련 때문에 양자는 분리 불가능하고 실증적 진리는 순수 주관성의 이념과 거기에 속한 구조 법칙의 본질 의미를 얻는 것이다. 그러나 이제 [현상학적 인식 이후의 실증적 태도에서는] 이를 알게 되었으므로, 지금은 시선이 실증성으로 곧바로 향하면서도 양 측면의 인식의 종합을 통해, 모든 실증성은 자신이 순수 주관성 속에서

---

4  저자주 다음 쪽을 보라!

구성된 것이라는 인장을 얻게 된다. 단적인 실증성(독단적 실증성)으로부터, 태도의 이러한 조합을 통해 초월론적으로 드러나고 해명되고 정초된 실증성이 등장한다고 말할 수 있을 것이다. 나는 이제 **다시** 실증적으로 판단한다. 그다음 현상학적 태도로 또다시 돌아가, 자연적 반성에서와 거의 마찬가지로 순수 의식에 대해서 판단하면서도, 따라서 순수 주관적인 것의 무한성을 나의 지평으로서 가지면서도, 동시에 세계와 모든 실증성을 주제로서 취하여 그것 자체를 단적으로 정립할 수 있을 것이다.

초월론적 태도에서 현상학 및 인식 삶을 정초한 후에는 매우 주목할 만한 방식으로 실증성에 관계하게 되며, 현상학적인 정립 및 소여와 실증적인 정립 및 소여는 매우 주목할 만한 방식으로 서로 엮인다. 만약 내가 현상학적 태도 및 현상학적 주제학으로부터 자연적인 실증적 태도로 되돌아간다면, 나의 실증적 의식 연관과 그것의 주제들은 새로운 타당성 층위를 획득하게 될 것이다. 즉, 나의 경험함, 사고함, 가치 평가함 등과 그 속에서 경험되는 것, 사고되는 것, 가치 평가되는 것, 그리고 나의 통찰함 및 이에 의해 통찰되는 것, 확증되는 것, 또한 여기에서 생겨나는 모든 머물러 있는 확신과 이것의 (예를 들어 학문적) 진리들, 따라서 세계! 등의 모든 것은 현상학적 인식으로부터 기원하는 하나의 새로운 타당성 층위를 얻고 지니게 된다.

이는 무슨 뜻인가? 현상학자로서의 나는 실증성의 우주와 관련해서 판단중지를 수행해야 하고 계속해서 수행해 왔다. 나는 이러한 판단중지의 규범 아래에 있는 한에서만 현상학자이다. 내가 실증성의 태도로 돌아간다면 (동어반복이겠지만) 나는 판단중지를 폐기하는 것이다. 따라서 사람들은 이렇게 생각할지도 모른다. 나의 "자연적" 삶의 방식이 복구되었고 이제 내가 현상학을 전혀 수행하지 않았을 때와 모든 것이 똑같다고. 반대 방향의 태도변경에서도 마찬가지이다. 다시 판단중지를 실행하면 나는 다시 현상학자이다.

그러나 나는 동일한 자아이다. 처음은 실증적 삶을 사는 자연적이고 소박한 자아이고, 그다음은 현상학을 수행하는 자아이고, 그다음은 다시 실증성의 자아이다. 나는 단지 "객관적"으로 동일한 자아일 뿐 아니라, 내 안에서 그리고 나에 대해서 동일한 자아이다. 그리고 이 동일성이, 주제들이 어떠한 태도에서 나온 것인지는 무관하게 나의 모든 주제들의 통일성을 정초한다. 특히 모든 나의 머물러 있는 확신들(나에 대해 머물러 있는 타당성들)과 나에 의해 증시되었고 증시 가능한 모든 진리들의 통일성을 정초한다. 그러나 이 통일성은 단지 두 개의 [실증적이거나 현상학적인] 의향들, 타당성들, 통찰들이 모두 바로 나의 것이고 나에 대해 타당하다는 데에만 있는 것이 아니고, 내가 이들을 이들 각각이 당연히 요구하는 태도들 속에서 나의 것으로 다시 발견하고 다시 인정하고 [두 태도 사이의] 이행에서 둘을 함께 모아(kollektiv) 타당하게 한다는 데 있는 것만이 아니다. 오히려 두 측면의 통찰들은 깊이 "서로 관련되어 있고", 본질적으로 일종의 근원적 근친 관계에 있으며, 본질적으로 종합(Synthese)을 정초한다. 현상학적 태도에서 나는 "무관심한" 관찰자로서 나의, 그리고 다른 누군가의 자연적이고 소박한 주관성을 탐구한다. 나 자신이 탐구 대상이라면, 바로 나 자신이 소박한 작용과 확신, 그리고 소박한 통찰과 진리를 지닌 소박한 주체이다. 이 나는, 자아분할(Ichspaltung)을 하면서 판단중지를 실행하고 현상학적 삶이라는 두 번째 삶의 층을 [실증적 삶의 층] 위에 세우는 나와 동일한 나이다. 오직 이 두 번째 삶의 층에서만 판단중지는 효력을 가지며 현상학적 진리를 창조한다. 그러나 그럼에도 소박한 주제학은 살아 있고 살아 있어야 하며, 당연히 앞에서 상술한 대로 그 자체로 닫힌 현상학적 주제학과 종합에 의해 합치된다. 당연히 이러한 종합은 주제적으로 수행되는 종합은 아니다. 만일 그렇다면 결합된 개별 정립들을 주제적으로 수행함이 요구될 것이기 때문이다.

내가 한번 현상학자라면 나는 거기에서 확신을 통해 생겨난 것을 상실할 수 없다. 따라서 비록 현행적으로는 현상학적으로 경험하고 사고하지 않을지라도, 그리하여 오히려 이전의 태도로 회귀하면서 현행적으로는 다시 실증성에 몰두해 실증적으로 사고할지라도, 나는 계속해서 현상학자로 남아 있다. 이제 실증적으로 사고되는 것은 현상학적인 것과의 종합 속에 남아 있게 된다. 혹은 현상학적인 것은 자신 곁에 하나의 침전물(Niederschlag)을, 즉 드러낼 수 있는 하나의 지평, 현행화될 수 있는 지향들이 들어 있는 하나의 지평을 지닌다. 이는 실증성은 반성에 의해 현상학적 주제로 만들 수 있다는 것을 의미한다. 나의 인식형성물인 실증성은, 바로 실증성을 구성하는 의식이며, 실증적 의향과 이 의향의 확증을 통해 실증적 진리를 구성하는 의식인 순수 의식의 통일성에 속한다. 이때 여기에는 이러저러한 노에시스적이고 노에마적인 구조를 갖는 의식 형태들이 본질 필연적으로 속한다. 하지만 이러한 진술과 이러한 의미의 해명(이를 통해 이 의미가 나에 대해 비로소 주제적 의미이자 진리일 수 있다.)이 전제하는 것은, 내가 종합 자체를 주제적으로 수행하고, 하나의 태도로부터 다른 태도로 이행하면서 각각의 주제를 확고히 붙잡아 주제적으로 결합해야 한다는 것이다.

따라서 다음과 같이 말하는 것이 더 낫겠다. 만약 내가 일관되게 현상학적 탐구를 수행하는 것을 배웠다면, 그리고 우선은 순수 의식 및 순수 의식 연관을, 마지막으로 주관성에게 참된 것으로 증시되는 "존재자" 구성의 무한한 연관을 관통해 보면서 철저히 탐구하는 것을 배웠다면, 그다음 나는 다시 실증적 태도로 돌아갈 수 있으며 다시 돌아갈 것이다. 나는 직업적 현상학자로서도 그렇게 할 필요가 있는 것이다. 왜냐하면 나는 직업적 현상학일 뿐만 아니라, 나의 삶에 대한 근원적이고 지속적인 일차적 관심을 갖고 있기 때문이다. 이러한 삶에 대한 관심은 세계에 대한 관심, 즉 소박함 속에서 나에게 생겨나며 내가 직접적 행동을 하도록 촉발하는 실증성들에 대한 관심이다. 짧게 말해서 삶, 실증적 삶은 자신의 권리를 요구한다. 그러나 소박한 태도로부터 현상학적 태도로의 이행과 더불어, 그리고 다시 그 반대로의 이행과 더불어, 연속적으로 [두 태도 사이의] 종합이 필연적으로 산출된다. 동일한 것이 실증적인 주제인 동시에, 어떤 간접적 방식으로 순수 의식과 순수 연관의 "내용"으로서 현상학적 주제가 된다. 어떻게 다음과 같은 일이 일어나지 않을 수 있겠는가? 나는 이 두 주제가 연속적으로 종합적 통일을 통해 결합되어 있음에 의해 동기화되어, 두 주제의 잇따라 있음(Nacheinander)을 단일 주제의 통일로 결합시키면서, 종합적 통일을 주제적으로 수행하며 다음과 같이 명증적으로 말한다. 내가 모든 자연적 삶 속에서 말하며 말할 수 있었던 세계는 의식세계(Bewußtseins-welt)이다. 나는 현상학적 태도 속에서 의식 안에서 정립되는 것으로서 이 의식세계를 발견하고, 그것의 주관적 양상들로의 구체화에서 이 의식세계를 연구한다. 이때 의식 안에서 정립되는 내용은 항상 자연적 태도에서와 정확히 동일한 것이지만, 본질적으로 [그것이 주어지는] 주관적 양상들의 종합적 통일체이며, 그것[주관적인 양상들] 및 그와 같은 것과 본질적으로 분리 불가능한 것으로서 인식 가능하다.

현상학적 판단중지의 습관성(Habitus)은 하나의 주제적 습관성으로서 어떤 주제들, 진리 인식들, 이론적이고 실천적인 인식들 및 순수하게 그 자체로 닫힌 어떤 인식 체계를 획득하기 위한 습관성이다. 이러한 주제적 습관성은 물론 어떤 의미에서 실증성의 습관성을 배제하며, 오직 실증성의 습관성에 대해 닫혀 있기 때문에 "제일"철학, 즉 초월론적인 순수 주관성에 관한 학문으로서의 현상학의 닫힌 통일성으로 이끈다. 다른 한편, 어떠한 주제적 습관성도, 그리고 그 자체로 닫힌 영역 통일성과 연관된 어떠한 "경험" 혹은 명증도 임의의 다른 습관성을 배

제하지는 않는다. 모든 주제들은 보다 높은 단계의 주제적 종합에 의해
서로 결합될 수 있다. 따라서 "연관 없는" 주제들만 해도 집합적인 주제
적 통일이라는 방식으로 형식적으로 결합될 수 있다. 하물며 주제들이
의미공동성에 의해 내적으로 통일되어 있는 곳에서는 더욱 그렇다. 그
리고 이는 현상학적 주제학과 실증적 주제학에 관련해서도 타당하다.
물론 실증적인 주제학은 자신의 주제적 수행 속에서 몰두(Hingabe)를
요구하는 반면, 현상학적 주제학은 억제(Enthaltung)를 요구한다. **하지
만 그렇다고 해서 이 두 태도의 "성과들"과 두 태도의 학문이 내적이고 주
제적으로 관련되는 것을 통해, 거기에서 새로운 통찰이 솟구칠 수 없는
것은 아니다.** 형식존재론적 형상학은 순수하게 그 자체로 닫힌 영역으
로서, 개별적 존재의 정립을 모두 배제하고, 또한 내용적 본질 성분을
포함하고 있는 형상적 정립을 모두 배제한다. 그러나 그렇다고 해서 수
학이, 주제적인 태도가 수학과 완전히 다른 자연과학과, 즉 자연 존재
론 및 경험적 자연과학과 결합할 수 없는 것은 아니다. 여기[자연과학]
에는 "순수" 수학적인 것이 아니라, 더 이상 형식적이고 순수한 것이 아
닌 자연의 수학만이, 즉 순수 수학적인 것의 내용적이거나 경험적인 특
수화만이 대응한다. 우리는 만약 하나의 태도에서 다른 하나의 태도로
이행한다면, 종합적으로 주제화하면서, 자연수학적인 것이 바로 형식
적이고 순수한 수학적인 것의 하나의 특수화임을, 그리고 자연은 어떤
수학적 다양체의 형식을 가짐을 본다. 이때 수학적 다양체를 형식적 일
반성과 이론적 정초에 있어 개념화함은 형식적 존재론으로서의 순수
보편학(mathesis universalis)에 속한다. 그러나 물론 이 관계는 바로 우
선은 실증성의 모든 영역과 학문, 그리고 **모든** 존재 영역과 **모든** 학문
일반이 초월론적 현상학과 맺는 관계와는 완전히 다른 것이다.

\*　　\*　　\*

나는 **현상학적으로** 판단한다. 예를 들어 나는 여기 이 책상의 지각으로부터 출발해서 지각 체험을, 그것으로부터 분리할 수 없는 모든 계기에서 관찰한다. 나는 그다음에 "나는 동일한 책상을 본다."라는 의식을 계속해서 가지는 새로운 지각의 가능성들로 계속 이행한다. 다양한 "지각 방향"으로 무한히 진행되는 이러한 지각 체험들의 모든 성분에 대해 무엇을 말할 수 있는가? 나는 다음을 지적할 것이다. 만약 어떤 의미 (이러저러하게 의향된 이 특정 책상)와 어떤 믿음을 지닌 나의 지각이 계속 타당하려면, "이 동일한 것에 대한" 미래에 작동하기 시작할 지각들은 이러저러한 구조와 이러저러한 경과 스타일을 가져야 할 것이다. 나는 이렇게 현상학적으로 기술하고, 이렇게 기술하면서 필연적인 것을 제시하며, 일반적으로 필연적인 것, 학문적인 것, 특히 형상적인 것에 도달한다.[5]

나는 지각하면서 살고 있는 동안 실증성의 태도에서 **존재적으로**(ontisch) 판단한다. 가령 **이** 사물은 이러하다고 판단한다. 그리고 새로운 지각들로 이행하면서, 이 사물은 그 밖에도 이러하며, 이러저러한 것이 이 사물에 덧붙는다고 판단한다. 하지만 경우에 따라서는 이것은 더 이상 그렇지 않으며 지금은 이것은 다르다고 판단한다. 혹은, 이것은 실은 그렇지 않았고 현재에도 그러하지 않으며 따라서 그것은 착각 (Täuschung)이었고 오히려 이러저러하다고 판단한다. 이들은 존재적 기술들이다. 나는 존재적으로 판단한다. 이 판단들은 계속 진행되는 경험에서 확증되거나 폐기되고, 의심의 방식에서 의문스러운 것이 되고, 확실한 것이 추정적인 것으로 내려앉는다. 이러한 계속된 진행 속에서, 당분간 계속 타당한 예전의 확신들은 확증되어 나에 대해 계속 타당해진다.

---

5  저자주 하지만 이것은 초월론적-현상학적이지 않다.

　　형상적-존재적 사고에서 나는 하나의 사물을 일반적으로(überhaupt)
존재하는 것으로서, 나와 모든 사람들이 항상 확증할 수 있을 판단들의
기체로서 사고한다. 일치하는 것으로 확증하는 가능한 경험 일반과 판
단 일반에서 동일한 가능한 사물이 그것의 가능한 존재 안에서 유지될
수 있고 내가 계속해서 이러한 경험 일반과 판단 일반 안에서 움직인다
면, 나는 하나의 사물에 대하여 일반적으로 이러저러한 존재론적 판단
들과 본질 법칙들이 타당하다고 판단한다.

　　하지만 내가 형상적-현상학적으로 판단한다면, 나는 다시 존재적 방
식의 '일반성 판단(Überhaupt-urteilen)'으로 들어가 사고하면서, 이제
가능한 경험의 연관들과 가능한 일치 종합의 연관들을 구체적인 일반
성에 있어서, 그리고 모든 노에시스적이고 노에마적인 본질 성분들에
따라 기술하고 형상적으로 판단한다. 존재론적인 것과 경험적으로 존
재적인 모든 것은 이러한 현상학적 주제학에서는 경험하는 의식 삶이
나 여타 의식 삶의 종합적 다양 속에 있는 존재성분이며 진리성분이다.
하지만 나는 현실적 사물이나 가능한 사물에 대해서 단적으로 판단하
지 않으며, 수행 속에서, 즉 해당 인식 체험들에 대한, 내게 은닉되는
비주제적인 수행 속에서 살지 않는다. 대신 나는 구체적 삶 자체에 대
해서 판단한다. 바로 이 구체적 삶 속에서 단적으로 판단하는 자아로서
의 나에 대해서 이러저러한 사물, 이것의 이러저러한 속성, 관계, 인과
성 등이 존재자였으며, 바로 이 구체적 삶 속에서 이 존재자는 이들[속
성, 관계, 인과성 등]에 있어서 나에게 존재하는 것으로서 혹은 규정 내
용을 지닌 것으로서 타당하였다. 형상적인 '일반성 사고'의 경우에도 마
찬가지였다.

　　이제 나는 다음을 판단한다. 즉, 나에 대해서, 그리고 나의 의식에 있
어서, 내가 경험하면서 여기 이 사물을 현존하는 것으로서, 이러저러한
속성을 가진 것으로서 "내 앞에 가짐"은 어떻게 일어나는가를 판단한다.

그리고 내가 이에 기초해서 이러저러하게 판단하고, 현실성에 대해서 (혹은 가능성 등에 대해서도) 확신함은 어떻게 일어나는가를 판단한다. 그다음 나는 예를 들어 다음과 같이 묻는다. 하나의 사물이 내게 직접적으로 보이고 포착되는, 한마디로 경험되는 그러한 체험은 어떤 모습이어야 하는가? 경험소여의 확증 혹은 폐기는 어떤 모습인가? "하지만 이것은 이제 그렇지 않다."는 체험에서 어떤 모습인가? 내가 존재적으로 "현실성"에 관하여 말할 때, 이 말이 향하는 것은 무엇이며, 만약 내가 단적으로 타당한 것이며 즉자적인 것으로서 현실성(**개념의 "근원"**)을 주장한다면, 여기에서 [이를] 증시하는 의식에는 무엇이 놓여 있는가? 나는 현상학적으로 다음과 같이 인식한다. 절대적이고 "최종적"이라고 전제되는 현실성에 대한 모든 판단은 의식 삶에게 하나의 노에시스적이고 노에마적인 규칙을 부과한다. 이때 이 규칙은 무한한 구조들에 대한 규칙이되, 우선은 그것에게 금지되는 구조들에 대한 부정적 규칙이고, 다른 한편에서는 그것이 가져야 하는 구조들, 혹은 현재 가지고 있거나 경우에 따라서는 자유롭게 현실화할 수 있는 구조들에 대한 긍정적이고 가설적인 규칙이다. 즉, 후자의 긍정적인 관점에서, 가능한 경험의 무한한 다양성들은 일치해서 수행될 종합들에서 서로에게 반드시 들어맞을 것이며, 이 사물의 현존과 (이때 점차적으로 "등장하는") 속성들의 현존을 반드시 확증할 것이다. 그러나 부정적 관점에서는 다음과 같은 본질 법칙이 거기에 놓여 있다. 경험하는 주관성에 대하여, 이 사물의 비존재를 일관적으로 요구할 경험 다양성은 가능하지 않다. 이 동일한 사물에 대항하여 갈등하는 모든 개별 경험들은 반드시 "착각"으로서, 은폐하는 가상으로서, 해체되어야 할 가상으로서 드러날 것이다. 이러한 해체와 더불어 가상 대신 참된 존재가 드러나고 계속된 경험 연관에서 확증된다. 그다음에는 어떻게 모든 사물이 비독립적인지, 어떻게 한 사물의 존재가 그것의 가능한 경험과 관계를 맺을 뿐 아니라, 나와 모든 사람의 경험 일반의 보편적 일치와 관계를 맺는지 등이 제시될 것이다.

대상들의 모든 범주, 존재적이고 실증적인 판단의 가능한 주제들의 모든 범주에 대해, 경험의 현상학적 문제들, 혹은 근원적 자체 소여 (Selbstgebung)와 판단명증의 현상학적 문제들이 특히 다루어지고 일반적으로 해명되어야만 할 것이다(**모든 범주들과 영역들, 모든 형식적 근본 개념들과 내용적 근본 개념들의 근원**). 이에 따라 주관적 삶 전체는, 진리들이 즉자적으로 존재한다는 법칙, 즉, [주관적 삶 전체는] 어떤 통찰[본질 구조]은 가질 수 없고 그다음에 경우에 따라 어떤 통찰은 가질 수 있다는 법칙, 이 통찰들은 자신의 주관적 타당성과 계속적 타당성과 연관을 맺으면서 깨질 수 없는 타당성 "자체", 하나의 보편적 구조를 가진다는 법칙 아래에 놓여 있다. 이때 이 하나의 보편적 구조는 하나의 주관성을 가능하게 하는 보편적 구조들 안에 특수성으로서 기입된다. 순수한 주관성을 그 본질 가능성에 있어서 탐구한다는 것은 바로 이념적으로 일관적인 이성적 삶의 본질 가능성을 함께 탐구하는 것, 그 가운데 학문을 창조하는 학문적 삶의 본질 가능성을 함께 탐구하는 것이자, 그 이전에 이미 일관적 경험 속에서 참되게 존재하는 세계를 구성하는 삶의 가능성을 함께 탐구하는 것이다.

이로써 모든 학문을 다 길어냈는가?[6]

---

6  저자주 이 부분은, 그리고 200쪽부터 209쪽의 19행[본 역서 157쪽부터 171쪽]까지의 부분도 어떤 관점에서는 본질적 개선이 필요하다. 초월론적 순수성으로서의 순수성은 개별적 실증성들로부터 한갓된 반성을 통해 획득될 수 없다. 모든 의식 반성은, 내가 아무리 깊게 노에시스적인 것 안으로 들어가더라도 심리학적 반성이다.―내가 보편적 판단중지(그리고 올바르게 도입된 판단중지)를 수행하지 않는다면.

현상학적 경험 비판에 앞서는, 현상학적 경험의 통일성 문제의 선차성.

1910/11년 〈현상학의 근본 문제〉 강의의 4장과 5장의 주도적 사상에 대한 자기 해명.

(1924년 집필 추정)

2장["근본 고찰: 순수 체험을 향한 태도의 획득으로서의 현상학적 환원"]의 주도적 사상은 다음과 같았다. 전체 세계와 그것의 모든 실제적 존재에 관한 판단중지를 통해, '나는 생각한다(ego cogito)'가 현상학적 경험의 "영토(Reich)"(형상적으로는 현상학적 본질 직관의 영토)로서, 따라서 학문의 한 영토로서 개시된다.

하지만 그것은 정말로 학문의 하나의 영토인가? 다양한 "현상학적 경험"을 통하여, 우리가 자유로이 다룰 수 있는 하나의 영역이, 우리가 언제라도 확인할 수 있는 대상들을 지닌 하나의 지역이, 우리가 일반성에 있어서 이론의 주제로 삼을 수 있는 하나의 영역이 정말로 개시되었는가?

정확히 보면 여기에서 두 가지 질문이 제기될 수 있다. 그 가운데 하나가 4장["현상학은 절대적인 소여의 영역을 넘어 나감"]에서, 다른 하

---

1 역자주 『상호주관성의 현상학 1』 부록 24에 해당.
2 역자주 본 역서 85쪽 이하에 대한 부록.

나는 5장["통일적으로 연관된 전체적 의식 흐름의 현상학적 획득"]에서
다루어졌다. 다음의 물음이 먼저 제기된다. 현상학적 경험은 학문적 인
식 일반의 토대에 적합한 명증을 가지는가?

그리하여 4장에서 현상학적 경험에 대한 **비판적** 의심이 논의되었고,
그것과 더불어 현상학적 경험과 인식에 대한 비판의 문제가 일반적으
로 제기되었다. 여기에서 현상학적 직관의 근본 종류들 사이의 구별이
시작되었고, 이와 연관된 비판적 의심이 차례대로 논의되었다(지각, 파
지 등). 그러나 [현상학적 경험] 비판에 본래 앞서는 다른 문제가 사태
자체의 순서상(an sich) 더 긴급하다. (물론 **우리에게는** 역사적 상황 때
문에, 그리고 인식 비판적이고 심리학적이기도 한 태도에서 "내적 경
험"의 가치에 대한 인기 있는 의심 때문에, 이런 [현상학적 경험] 비판
을 시작함이 앞선 것이긴 하다.)

우리가 자연적 경험에 대해서와 마찬가지로 현상학적 경험에 대하여
소박한 신뢰를 갖는다고 가정해 보자. 현상학적 경험은 우리에게 대체
무엇을 제공하는가? 만약 우리가 비판적 태도에서 고찰을 시작하지 않
았다면, 여기에서의 과제는 현상학적 경험의 양상들을 체계적으로 추
적하는 것이 됐을 것이다. 여기에서 우선 다음과 같은 의심이 생겨난
다. 만약 우리가 현상학적 환원을 수행한다면 우리는 개별적인 현상학
적 경험들을 획득한다. 그러나 자연과 관련해서 그런 것처럼, 그것도
세계 전체로서의 자연과 관련해서 그런 것처럼, 모든 경험소여들은 필
연적으로 하나의 통일된 영역으로, 그리고 이후에는 하나의 학문의 통
일적 영역으로 결합되는가? 전체 세계는 경험을 통하여 소여된다. 물론
그것은 개별적 경험으로부터 시작해서 가능한 경험의 무한한 경과를
거쳐야 비로소 개시되지만 말이다. 세계는 보편적 세계 학문의 보편적
영역이고, 모든 개별 영역은 가능한 개별 경험들의 무한한 다양성의 통
일로서 개별 학문의 통일적 작업 구역을 제공한다. 예를 들어 물리적

자연이 그렇고, 물리적 자연 내부에서 공간과 시공간의 통일 형식이 그렇다. 또한 산술에 수 계열이 있는 것처럼 모든 형상적 학문에는 자신의 영역이 있다.

　그렇다면 "현상학적" 경험으로서 우리에게 생겨나는 다양한 개별 경험의 경우에는 어떠한가? 예를 들어 우리가 현상학적 지각, 파지, 회상, 예상 등 덕분에 순수한 체험으로서 가지는 개별적 체험의 경우에는 어떠한가? 그것들은 연관 없는 더미를 이루는가? 우리는 심리학적 의미에서의 "영혼"에 상응해서, 그것의 현상학적 잔여(Residuum)로서 하나의 통일적 의식 흐름을 당연한 듯이 사고했다. 하지만 어떤 권리를 가지고 그렇게 했는가?

　여기에서 절대적 권리의 물음이 중요한 것이 아니다. 외적 경험은 아주 자주 우리에게 착각이 되어 해체된다. 하지만 그것은 일치해서 흘러가는 한에서, 우리에게 개별자만 내어주는 것이 아니라, 하나의 이 세계 전체라는 보편적 지평을 지닌 상호결합된 개별자들을 내어준다. 여기에는 우리가 경험된 것을 넘어서, 부분적으로는 경험의 자유로운 계속적 진행을 통하여, 부분적으로는 이미 주어진 경험 가능성에 대한 숙고를 통하여 경험의 모든 지점으로부터 무한하게 경험을 계속 이끌어나감을 사고할 수 있다는 사실이 함축되어 있다. 이러한 가능한 경험의 연속체들 속에서 세계의 보편적 통일이 바로 경험된 것으로서 제시된다. 물론 단지 예기 속에서 제시되며 현실성과 가능성의 혼합으로서 제시된다. 하지만 경험이 어떻게 진행되든지 간에, 그리고 개별적 경우들에 있어서 착각들이 어떻게 드러나든지 간에, 경험의 무한성은 경험의 통일성으로 결합되고, 개별적으로 경험되는 모든 것은 세계의 통일성으로 결합됨을 우리는 확신한다.

　이러한 관점에서 현상학적 경험의 소여는 어떠한가? 그것의 소여들은 본질적으로 하나의 닫힌 (소위) "세계"로 결합되는가?

여기에서 다음을 주목해야 한다. 우리는 처음부터 객관적 세계를 세계로서 가진다. 우리는 처음부터 무엇이 실제적인 것으로 주어지든지 간에 그것은 공간, 시간, 인과성의 무한한 지평 속에서 소여된다는 사실을 알고 있다(즉, 우리는 처음부터 세계를 이렇게 경험한다). 사실적 경험에서 개별적인 실제적인 것은 원리적으로 혼자 따로 현존하는 것으로 주어지지 않는다. 현실적으로 경험되는 것의 그때마다의 내용은 경험 가능성의 지평 속에서 의식된다. 그리고 만약 우리가 그것을 현실화하는 경험을 통하여 [현실적인 것으로] 변경시키더라도 이러한 경험의 형식 구조는 불변적인 것으로 남아 있다. 즉, 언제나 현행적 경험이라는 핵이 있고 경험 가능성이라는 열린 지평이 있는 것이다.

다른 한편 우리는 현상학적 세계를 처음부터 그것 자체로(für sich) 구성한 것은 아니다. 우리는 세계 속에 있는 인간과, 세계 속에 있는 영혼으로서 신체와 합일된 인간의 영혼을 가진다. 현상학적 환원이 비로소 우리에게 "순수 의식"을 개시해 준다. 이때 물음은 다음과 같다. 만약 우리가 순수 의식을 순수하게 획득한다면, [그리하여] 이것을 **그것 자체로** 고찰한다면, 그것은 자기 자신을 넘어 항상 그 자신과 같은 것을 계속 지시하는가? 따라서 물음은 또한 다음과 같다. 어떻게 우리는 순수한 현상학적 경험을 수립하면서, 하나의 통일성인 이 의식의 보편성에 관한 의식에 도달하는가? 즉, 어떻게 나의 "의식 흐름"이면서 모든 것을 포괄하는 "의식 흐름"에, 내재적 시간이라는 그에 고유한 무한한 지평 형식을 지닌 "의식 흐름"에 도달하는가? 이에 관해서 5장["통일적으로 연관된 전체적 의식 흐름의 현상학적 획득"]에서 다루고 있다.

우리가 자연과학이라 부르는 지식의 상호주관성
(1910년)

참된 것은 원리적으로 모든 사람에게 인식 가능해야 한다. 모든 사람은
만약 그가 올바르게 진행해 가고, 그가 지성의 능력을 부여받고 적절한
근거 부여의 길을 밟아간다면, 참된 것으로 주장되고 근거 부여되는 것
이 존재한다는 통찰에 도달할 수 있어야 한다.

　존재하는 것은 통찰 가능해야 하고, 통찰적으로 근거 부여될 수 있어
야 한다. 통찰적 근거 부여의 가능성은 지성의 가능성을 뜻하고, 이 사
고의 길을 통찰적 방식으로 밟아가는 지적인 심리적 존재(자아 주체!)
의 가능성을 뜻한다.

　그러나 여기에서 다음과 같은 어려움이 생겨난다. 자연 내부에서 지
적인 존재가 인간으로서 등장하는데, 이때 인간 자체는 자연의 구성원
으로서 인과적 연관의 확고한 법칙에 엮여 있다. 자연 내부에서 일어나
는 것은 일의적으로(eindeutig) 규정되어 있다. 특정한 현실적 인간에
게서 등장하는 인식작용은 주변 상황을 통해 규정된다. 등장해야 하는

---

1　역자주 『상호주관성의 현상학 1』 부록 25에 해당.

것이 등장하고, 다른 것은 등장할 수 없다. 사실적인 것은 필연적인 것이고, 필연적인 것은 유일하게 가능한 것이다.

따라서 일의적 규정 가능성의 연관인 자연이 어떻게 자연의 구성원인 모든 인간에게 인식될 수 있는가? 실제로는 오직 몇몇 예외적 인간들만이, 그것도 자연의 몇몇 연관들에 있어서만 인식할 수 있다고, 그것도 현실적으로 인식할 수 있다고 말하겠는가? 하지만 이념적 인식 기질을 획득하고 이념적 인식의 길을 걸어갈 수 있는 이념적 가능성이 모든 사람에게 있는 한에서, 혹은, 모든 우둔한 사람이, 필요한 모든 근거 부여에 요구되는 전제함, 경험, 추론 등까지 갖춘 지혜로운 사람으로 대체됨을 생각해 볼 수 있는 한에서 인식의 이념적 가능성은 모든 사람에게 있다.

물론 현실적으로 존재하는 대로의 자연, 인식되어야 할 자연을 변경하지 **않고서는** 자연 내부에서 한 사람이 다른 사람으로 대체됨을 사고한다는 것은 불가능하다. 하지만 우리는 현실성이 아닌 변경 가능성들에 대해 항상 말하지 않는가? 만약 자연에서 돌 하나가 떨어지거나 이러저러한 가속도로 벽으로 던져진다면 무슨 일이 일어날지 생각하지 않는가? 내가 실제로는 앉아 있지만, 여기에서 일어나 마음 내키는 대로 어디론가 가버릴 가능성이 있지 않은가? 내가 실제로는 소설을 읽고 있지만, 지금 무언가를 증명할 가능성이 있지 않은가? 내가 실제로는 어떤 제기된 철학적 사고과정을 부주의하게 지나쳐버리지만, 이 사고과정에 침잠할 가능성이 있지 않은가?

기하학에서는 어떠한 가능성들도 열려 있지 않다. 공간에서 가능한 것은 곧 존재하는 것이다. 기하학적 존재자와 공간에서 가능자는 하나이다. 여기에서 [존재자와 가능자] 구별이 의미가 있는 것은, "가능함"이라는 말을 의심스러움(Problematische)으로 이해할 때뿐이다. 즉, 나는 그것이 아마 공간 안에 있을 것이라고 말한다(즉, 나는 이에 대해 알지 못한다.) 그러나 자연에서도 모든 가능적인 것은 현실적이고, 모든 현실적인 것은 가능적인 것과 같지 않은가? 이에 대해서 사람들은 논리적 가능성과 주어진 주변 상황 아래에서의 사실적 가능성인 실제적 가능성을 구별해야 한다고 대답할 것이다. 그리고 [실제적 가능성 중에서] 다시 일반적인 자연과학적 가능성(물리학, 화학, 추상적 자연과학 일반의 의미에서의 가능성)과 사실적으로 존재하는 공기(共起)관계 (Kollokation)에 기초한 가능성, 즉 개별적 가능성을 구별해야 한다고 대답할 것이다.

여기서 "논리적 가능성"이란 자연 논리학(Naturlogik), 즉 순수 자연과학의 의미에서의 가능성, 기하학 자체가 속한 자연 존재론의 의미에서의 가능성이다. 이 자연 존재론은, 자연의 이념과 본질, 공간의 이념과 시간의 이념, 시공간적 사물의 이념과 포괄적 자연 연관의 이념이 선험적으로 포함하는 것을 분석한다. 하나의 이념은 다시 여러 이념들을 포함한다. 가능한 것은 존재하며, 존재하는 것은 하나의 가능성, 즉 여기에서는 하나의 이념이다.

그러나 전체 자연은, 공간과 시간이 규정된 성격을 가지는 것과 같은 의미에서 규정된 성격을 갖는가? 자연의 이념은 자연법칙들을 앞서 지시하지만, **특정한** 자연법칙들을 앞서 지시하지는 않는다. 특정 자연법칙들은 열려진 가능성들로부터 선택되는 실제적 가능성들이다.(따라서 우리는 자연에 관한 하나의 무규정적이고 일반적인 이념을 가진다. 이 이념에는 자연의 다양한 특정한 이념들이 포함되며, 이 특정한 이념들은 특정한 자연법칙성들(Naturgesetzlichkeiten)을 통해 법칙의 측면에서 규정된다. 그리고 이들 가운데, 개별적 자연법칙성의 이념인 바, 자연 일반에 관한 하나의 유일한 이념이 있다.)

그러나 자연법칙성은 개별적 자연의 이념을 여전히 불완전하게 규정한다. 그것은 이제 여전히 그 내용에서 열려 있는 하나의 형식, 즉 공기

관계이다. 나는 자연의 논리학, 자연 존재론 내부에 계속 남아 있는 가능성들을 고려할 수 있다. 즉, 내가 경험에 의거해(erfahrungsmäßig) 규정했던 자연법칙과는 다른 자연법칙의 가능성들을 고려할 수 있다. 다시 나는 일반적 자연과학 내부에서 가능성들을 고려할 수 있다. 즉 사실적인 개별적 공기관계들을 끌어들이지 않고 이들을 변경시킬 수 있다. 그리하여 이제 다음과 같이 말할 수 있을 것 같다. 나는 하나의 신체에 결합된 개별적 의식 안에 있는, 자연을 인식하고 적합하게 인식하는, 그리고 내가 지금은 인식하지 못하는 이상을 인식하는 일련의 표상 계열과 인식 계열들을 상상해 볼 수 있다.

그러나 이제 사람들은 공기관계와 자연법칙이 서로 연관이 없는 것이 아니라고 말할 것이다. 이것들은 모두 존재론적이고 실제적인 자연형식을 채우고 규정하는 것이기 때문이다. 만약 우리가 항상 이러한 형식들을 순수하게 드러낸다면, 여기에 개별화하는 질료를 덧붙여 채움으로써 이 형식들을 개별화할 수 있을 것이다. 그렇다면 모든 종류의 가능성들이 명증하게 될 것이다. 가령 내가 하나의 시간 구간이 이러저러한 시간 질료로 채워짐을 생각해 보거나 하나의 기하학적 형태가 [이러저러한] 질료로 채워짐을 생각해 볼 때 등이 그렇다.

그러나 내가 의식 경과를 가진 하나의 인간을 생각한다면, 이 의식 경과는 하나의 신경체계 C에 결합되어 있을 것이고, 그것도 아직 상세히 알려져 있지는 않지만 규정적인 방식으로 결합되어 있을 것이다. 이러한 생리학적 사실들의 복합은 다시 전체 자연의 물리적 과정과 연관되는데, 이 물리적 과정도 임의적이기보다는 완전히 규정적이어야 한다. 그래야 바로 생리학적 과정들이 가능하고, 나아가 이러저러하게 경과하는 인식 의식이 가능할 것이다. 따라서 나는 다음과 같이 선험적으로 말할 수 있는가? 하나의 자연이, 그것도 심리물리적 자연이 가능하다면, 그 속에서 표상이나 판단 등을 하는 인간이 등장하는 하나의 자연이 가능하다면, 이 안에서 현실성 자체, 심리물리적 현실성 자체를 적합하게 포착하는 하나의 인식도 틀림없이 가능하다고 선험적으로 말할 수 있는가?

여기에서 우선은 다음과 같은 것도 숙고해야 한다. 사고 연관들이 C 및 C와 연관된 것과 맺는 관계는 규칙적 사실이다. 하지만 그것이 단순한 사실이기 때문에 나는 그것을 도외시하고, 이를 고려하지 않은 채 사고 및 인식이 인식된 자연과 맺는 관계를 표상할 수 있다. 예를 들어 나는 지각되고 경험되는 사물에 대응하는 인식 연관을 추적하며, 이 사물을 지배하는 자연법칙의 인식 연관을 추적한다. 이 모든 것은 의식과 C가 규칙적 연관을 맺지 않더라도 상상할 수 있다.

마찬가지로 나는 증명이라는 사고 과정에서 주어지는 수학적 연관을 생각할 수 있는데, 이때 이 사고를 어떤 C나 생리학과 연관 짓지 않고서도 생각할 수 있다.

내가 생리학을 고려할 필요 없이, 인식은 실로 지속적으로 수행되며, 나는 [인식의] 층위들을 겪어나간다. 각각의 모든 층위들에는 어떠한 모종의 진리가 주재한다. 만약 수학적 인식만이 아니라 물리학적 인식도 생리학을 고려하지 않고도 수행된다면, 이는 바로 의식이 어떤 C에 결합하지 않음도 사고 가능함을 함축한다. 세계 인식은, 만약 내가 이러한 사실을 알지 못하고 인식하지 못한다면, 불완전하다. 하지만 하나의 세계는, 그리고 물리학적 세계는 당면한 의미에서의 심리물리학 없이도 가능하다.

물론 사람들은 다음과 같이 물을 수도 있겠다. 원리적으로 자연 내부에 있는 한 사람이 심리물리적 자연에 대한 모든 인식을 가지는 것은 상상 가능한가? 원리적으로 상상 가능하느냐는 것이다. 아마도 "아니오."라는 대답이 나올 것이다.

그러나 우선 여기에서 "모든 인식"이라는 말이 무엇을 의미하는지 물어야 한다. 다음과 같은 세계가 상상 가능한가? 이 세계에 속한 인간들이, 개별적으로든 인식과 경험의 교환을 통해서든 세계 내에서 물리적인 것과 심리적인 것 및 그것들 사이의 연관에 있어 인식되지 못하는 것이 전혀 없도록 세계를 인식함이 상상 가능한가? 사물과 자연을 오직 무한한 인식 과정 속에서만 규정될 수 있는 이념들로 간주한 신칸트학파가 옳다면, 궁극적으로 "있는" 그대로 자연을 인식하는 경험적 지성 및 이런 지성들의 총합은 상상 불가능하다.

사람들은 또한 다음과 같은 것을 생각해 볼 수 있다. 만약 사람들이 외적 자연을 인식하고, 그것과 심리적인 것과의 관계를 인식한다면, 물리적 자연의 측면뿐 아니라 심리적인 것의 측면에서도 무한성이 있다. 왜냐하면 개별적인 것이 모두 인식되고, 개별적이거나 집합적인 인식이 모든 현존하는 것을 인식한다면, 이러한 인식은 그때마다 수행되는 인식 자체도 인식해야 할 것이고, 그것은 새로운 인식을 무한히 요구할 것이기 때문이다.

따라서 우리가 개별적으로 완전하게 인식 가능한 자연은, 즉 심리물리적 자연은 어떻게 가능한가를 묻는다면, 이는 처음부터 전도된 질문이다. 그러한 자연은 원리적으로 상상 불가능하다. 그것은 외적 경험의 대상으로서의 물리적 자연에 있어서, 오로지 경험의 무한한 전진에 있어서만 고정되어 제한될 수 있는 늘 새로운 사물 규정들의 가능성(따라서 사물의 무한한 규정 가능성)이 원리적으로 무한하게 열려 있기 때문만은 아니다. 그것은 하나의 개별적 존재자로서의 심리적인 것에 관한 인식은 충분히 가능하지만, 개별적인 심리적 현존들 모두에 관한 인식은 원리적으로 불가능하기 때문이기도 하다. 인식은 항상 다시 새로운 현존을 산출하므로, 그것은 원리적으로 무한하기 때문이다.

**그러나 무엇이 객관적 학문, 즉 자연과학의 상호주관적 성격을 형성하고 있는지 이제 물어야 한다.** 원리적으로 동일한 방식으로 동일한 것을

인식하면서 많은 주관들이, 그것도 임의적으로 많은 주관들이 접근 가
능한 인식은 상호주관적이다.

　모든 수학적 인식은 상호주관적이다. 공간 직관을 지닌, 이념적 견지
에서 무한히 많은 개별 인간은, 그리고 일반적으로 개별 심리적 개체
는, 인간 신체를 가지고 있든지 가지고 있지 않든지 간에 동일한 근거
와 동일한 직관적 하부 토대를 통해 동일한 공간 판단을 내리고 수행할
수 있을 것이다.

　이와 마찬가지로 모든 물리학적 인식도 상호주관적이다. 그러나 다
른 이유에서 그러하다. 수학적 방식에 따르는 이념 인식에서 상호주관
적으로 인식되는 것은 어떤 일반자이다. 일반자의 본질에는, 즉 일반자
의 이념적 일반성에는, 이러한 일반자는 하나의 의식에 속하든 그렇지
않든 간에, 단일 인식작용들의 여럿임에 영향을 받지 않는다는 점이 속
한다. 반면에 물리학적 인식의 상호주관성은 우리 모두가 동일한 하나
의 시공간적 세계를 들여다보고 있다는 데 있다. 이때 우리 자신은 신
체적이고 영혼적인 존재로서 이 시공간적 세계에 신체를 통해 귀속되
며, 우리 모두는 심리물리적 경험(타자 경험)을 통해 상대방을 이 세계
속에 근거를 갖고 배치해 넣는다. 그러나 이러한 자연 인식의 본질에는
다음이 속한다. 자연 인식 자체는 한편으로는 동일 개체의 인식 연관
안에 배치되어 넣어질 수도 있으며, 다른 한편으로는 상응하는 인식 연
관들의 집합 안에, 각 집합이 서로 다른 개체에 귀속되는 방식으로 배
치되어 넣어질 수도 있다.

　여기에서 이 집합들 사이의 연관들을 기술해야 한다. 각 인간의 각각
의 경험적 인식은 그의 신체와 연관되어 있으며, 따라서 특정한 이것임
(Diesheit)의 성격을 갖는 그의 주위와 연관되어 있다. 각 개체의 주위
에는 다른 개체의 신체가 속해 있고, 그 반대도 마찬가지다.

　다양한 개체들은 자신들의 인식과 인식 관계의 "교환"을 통하여 공통

적 좌표계를 구성할 수 있다. 가령 지구의 한 점이나 태양 등을 구성할 수 있으며, 공동의 방식으로 어느 정도 규정 가능한 하나의 시간점을 구성할 수 있다. 따라서 각각의 경험적 규정들은 하나의 이것(Dies)과의 관계를 포함하며, 이 이것은 잘해야 한 인간 집합에 대해서, 예를 들어 지구 위에 있는 모든 인간에 대해서 공통적일 뿐이다. 오직 다음만이 원리적이다. 자연의 통일성 속에서 끄집어낼 수 있는 각 인간 집합들은, 혹은 타자 경험의 관계를 맺는 지적 존재의 각 집합들은 상호주관적 인식을 구성한다. 모든 상호주관적 경험인식은, 타자 경험의 관계를 서로 맺을 수 있는 지적 존재들의 현실적이거나 가능적인 집합과 관련되어 있다. 하지만 여기에서 이러한 가능성은 실제적 가능성을 의미한다.

예를 들어 지구상의 인간과 백만 광년이나 떨어져 있는 행성 위의 어떤 "인간" 사이에서의 타자 경험 관계를 드러낼 실제적 가능성은 존재하지 않는다. 하지만 이는 우연적인 것일 수 있다. 그가 우리와 같은 인간이라면 가령 물리학의 진보에 의해 제공될 수 있는 타자 경험 관계가 상상 가능할 것이다. 하지만 우리와 그들이 완전히 다른 감각을 가지고 있다면, 그리하여 타자 경험의 가능성의 원리적 조건이 충족되지 못한다면 어떻게 되는가? 서로 다른 개체의 경험들을 동일화할 수 있는 가능성의 조건이 충족되어야 하고, 그와 더불어 상호 이해의 가능성의 원리적 조건이 충족되어야 한다. 이념적으로 고찰하면, 십만 년 전에 살았던 인간의 경험들은, 비록 사실적 결합은 끊어져 있다 할지라도 우리와의 관계에서도 상호주관적 타당성을 갖는다. 하지만 그것은 원리적으로 상상 가능한 것이다. 그러나 공허한 가능성은 충분하지 않다. 그것은 항상 실제적 가능성이어야 한다. 그것은 조금 더 상세한 규정을 필요로 한다.

기억, 의식 흐름, 타자 경험.
1910/11년 겨울학기 〈현상학의 근본 문제〉 강의의 5장과 6장의 주
도적 사상에 대한 자기 성찰
(1910년 11월 혹은 12월 강의 중 집필)

거기에서 나를 이끌었던 생각들은 아래의 숙고를 통하여 좀 더 분명하
게 드러날 것이다.

　나는 당연히 환원된 어떤 현행적 체험 혹은 체험 인상에서 시작한다.
그때 그것은 하나의 지금이고, 지속하는 것이고, 어쨌든 파지와 예지라
는 마당을 가진다.

　1) 사람들은 아마도 다음과 같이 말할지도 모르겠다. 원리적으로 이
러한 마당은 과거와 관련해서 전개될 수 있다. 실로 아무것도 앞서 있
지 않음은 가능하지 않다. 그리고 앞서 있던 것은 재현될 수 있다. 나는
현행화하는 행위를 통하여, 연속적 기억을 통해 다시 재현된 지속적 의
식 흐름에, 지나간 의식작용들의 연속체에 도달한다. 이 의식작용들 각
각은 자신의 지금을 지니며, 항상 다시 그리고 다양한 방식으로 전개될
수 있는 자신의 마당을 지닌다. 모든 각각의 지금에서 나는 의식 동시
성의 새로운 영역을 가지며, 이와 마찬가지로 의식 과거와 "미래"라는

---

1　역자주 『상호주관성의 현상학 1』 부록 26에 해당.

새로운 영역을 가진다. 따라서 "나의" 의식 흐름이, 결코 중단되지 않지만 주어지지 않는 연속적 의식 흐름을 포함하고 있음은 확실하며, 이 의식 흐름은 오직 회상과 회상에서의 사후적 반성이라는 형식에서만 주어질 수 있는 것이다.

2) 흘러가는 한계로서 현행적 지금, 나의 흘러가는 지각 현재가 속해 있는 이 흐름들 전체는 사실상 나에게 속한 모든 것을 포함하고 있다. 하지만 이 모든 흐름들은 **하나의** 흐름이며, 나는 모든 기억으로부터 그것을 구성할 수 있다. 그것을 다음과 같이 상술할 수 있다.

환원된 모든 기억은 과거의 의식작용 v를 정립하며, 그것도 "나의" 의식작용을 정립한다. 여기에서 우선은 다음과 같이 말할 수 있다. 모든 기억은 과거의 의식작용을 정립한다고 **참칭한다**. 이 기억이 타당한 경우, 연속적으로 잇따르는 회상이 가능하며(또한 동기화되며), 이때 회상은 해당 의식작용을 환원된 현행적 지금에로 이끌어간다.[2] 그다음 나는 의식작용들의 하나의 흐름, 즉 의식작용 v로부터 현행적 의식작용 w에 이르는 하나의 흐름을 갖는다. v **이전에는** 당연히 그것이 지시하는 과거 마당이 요구하는 것이 놓여 있다. 따라서 기억이 타당하다면, 모든 기억에는 **현행적 지금을 포함하는** 연속적으로 끝없는 의식 흐름이 상응한다. 이러한 의식 흐름은 **모두** 나의 것이다.

3) 따라서 하나의 기억은 자신의 마당을 가진 하나의 v를, 혹은 하나의 끝없는 의식 흐름을 고립시킨 채로 정립하는 것이 아니라, 지금과 결합된 것으로 정립한다. 만약 우리가 의식 현재의 현행적 체험들로서 하나로 합일된 두 기억을 지금 갖는다면, 그것들 각각에 속하는, 그리고 잇따르는 회상들의 드러냄을 통해 구성될 수 있는 의식 흐름들은 명

---

2 저자주 모든 회상 소여로부터 나는 연속적으로, 체험 경과 속에서 그 이후에 등장했었던 것에 이르는 미래 마당(Zukunftshof)을 드러낼 수 있으며, 살아 있는 현재로 지속적으로 전진해 갈 수 있다.

백히 하나로 합일된다. 왜냐하면 그러한 흐름들 각각이 나의 현재의 체험인 해당 회상의 지금에 속하기 때문이며, 두 기억 자체가 하나의 흐름을 통하여 결합되는 것으로서 전제되기 때문이다. 만약 나의 의식 시선이 특히 기억되는 E를 주시하고 그다음 $E_1$로 이행하여 이 둘을 하나의 통일성 속에서 포괄한다면, 나는, 기억되는 두 의식작용이 각기 이끌어가는 곳인 두 의식 흐름들이 의식 시선의 현행적 지금에서 결합된 통일성을 갖게 된다. 그러나 두 흐름은 한 점에서 만나는 분리된 두 선이 아니라, **하나의** 흐름이고 채워진 **하나의** 시간성이다. 그것의 본질에는 각각의 나중의 점으로부터 각각의 이전 점으로, 직접적 회상이라는 직접적 길이 이어져 있음이 속한다. "동시적으로" 있는 것들은 서로의 주위에 속하며, 하나의 동일한 흐름 위상의 분리할 수 없는 통일 속에서 결합된다.

4) **"직접적" 예상**(지각의 예기)이 "직접적" 기억에 대응하는데, 우선은 파지에, 그다음 직접적 회상에 대응한다.

현행적으로 지금 주어지는(몸소 그 자체로 의식되고 "지금" 존재하는) 의식작용들을 '발견'하는 의식 외에도, 우리는 현행적으로 현재하지 않으며 현행적으로 지금 존재하지 않는 의식작용들과의 의식 연관을 가진다. 즉, 있었던 의식작용들 및 미래의 의식작용들과의 연관을 가진다. 우리가 그것들을 회상되는(말하자면 재의식되는) 것으로서, 혹은 미리 의식되는 것으로서 현재 가지고 있으므로, 그것들은 **우리에게** 속한다. 그것들은 존재했었고 존재할 것이라면, "나의" 의식의 시간 연관에 속한다.

5) 이에 비해 **타자 경험**은 나 "자신의" 의식작용들을 재현하는 "직접적" 의식 방식에 속하지 않는다. 나의 의식작용이 아니고 나의 순수 자아에 속하지 않으면서 있는(혹은 있었고 있을) 의식작용들은 직관적으로 의식될 수 있다.

시선, 나의 시선은 이들을 향할 수는 있지만 이들을 이들 **자체**에 있어서 만나는 것이 아니라 **"유비화(Analogisierung)"**에서만 만난다. 기억에서는 나는 지나간 것을, 그것 자체를 "다시" 본다. 다만 인상이라는 근원성 속에서 지각하지 않을 뿐이다. 그것은 지금이 아니라, 있었던 것이기 때문이다. 내가 그 어떤 것을 "그 자체로" 파악할 때에는 항상 현상학적 환원은 "나의" 순수 의식에 속하는 하나의 '자체(Selbst)'를, 즉 나의 의식작용들 중 하나를[3] 산출한다. 이에 비해 타자 경험은 하나의 지금과 관계할 수 있지만, 이 지금은 자기 소여되는 것, 타자 경험에서 지각되는 것이 아니다. 이 지금은 "객관적으로" 지금으로 정립되는 것이고, 자기소여되는 하나의 지금과 "함께(zugleich)" 정립되는 것이다.

"자체"란 원본성을 표현한다. 한 의식 흐름의 통일성 속에서 등장했던 것은 그것 자체로서, 그리고 지금으로서, 원본적으로 등장했던 것이다. 그리고 이 지금이 지나간 것으로 변경되더라도, 여전히 그것 "자체"로서 지나간 것이고 그것 "자체"로서 지나간 것으로 남는다. 회상이라는 특수한 주목하는 시선이 거기에로 향하고, 그것 자체를 "재차(noch einmal)" 체험할 이념적 가능성이 남아 있다. 하지만 이는 '재차'라는 의식 성격, 혹은 '흡사 재차(Gleichsam-nocheinmal)'라는 의식 성격 속에서 체험하는 것이다. 우리가 우리 자신의 과거를 길어내는 원천인 기억 소여의 근본 성격은 이와 같이 표현된다.

어떤 두 번째 의식, 두 번째 흐름은 첫 번째 의식 혹은 흐름에 속하는 어떤 것에 대한 기억을 결코 가질 수 없다. 따라서 이는 "직접적" 의식도 아니요, "자체"에 대한 포착도 아니다. 이 두 의식은 원리적으로 오

---

**3** 저자주 오직 기억만이, 그것도 과거 기억으로서의 기억만이 기억되는 것을 '자체'라는 양상에서 산출한다. 예상만 하더라도 더 이상 미래의 것 **자체**를 재현하지 않으며, 하물며 타자 경험(그리고 모든 이미지표상)은 더욱 그렇지 않다.

직 타자 경험을 통해서만 서로 관계할 수 있다. 하나의 흐름 내부의 시간 관계는 다른 흐름 내부의 시간 관계와 다르게 주어진다. 아니, 근본적으로 다른 것이다. 하나의 의식 흐름 내부의 시간은 우선은 모든 흐름 위상들의 보편적 통일 형식, **하나의** 흐름에서 의식되거나 의식되었던 (순수 의식작용으로서의) 모든 체험의 보편적 통일 형식에 다름 아니다. 그러나 만약 우리가 다양한 의식 흐름들을 포괄하는 객관적 시간인 "유일" 시간에 관해 말한다면, 여기에서 문제는, 모든 의식이 지닌 동일한 형식들을 통해 각 의식에게 내재적이고 본질적으로 고유하게 창조된 질서들 간의 간접적 조화(Koordination)이며, 특수화된 형식들과 그것의 내재적 질서들을 통일적인 **하나의** 질서로 만드는 어떤 방식이다. 그리고 이때 이 질서의 통일성은 더 이상, 각 의식이 자체성(Selbstheit)의 형식으로 지니는 결합 형식의 통일성이 아니다.

나의 의식 내부에서의 동시적임(Gleichzeitig)은 통일성의 특정한 형식을 의미한다. 여기에서는 통일성이 우선적인 것이다. 그리고 여기에서 통일되는 것은 오직 그러한 형식에서만 통일될 수 있는 어떤 비독립적인 것이다. 하지만 두 의식 흐름을 포괄하는 동시적임은 결코 이러한 본질적 통일성이 아니다. **여기에서는 결합되는 것들이 비독립적이라고 말할 수 없다.** 두 의식은 현상학적으로 서로 조화되고 서로 관계한다. 그러나 두 의식은 현상학적으로 연속적으로 통일되어 주어지지 않는다. 마치 자기의 의식에 자체 소여된 내용과 더불어 다른 의식의 자체 소여도 '발견'한다는 듯이, 즉 두 의식의 내용 자체를 '발견'한다는 듯이, 그리고 이제 이들의 결합된 통일성과 형식 자체를, 결합되는 의식들 자체의 본질에 기초한 것으로서 볼 수 있다는 듯이, 그렇게 현상학적으로 연속적으로 통일되어 주어지지는 않는다.[4] 오직 **하나의** 의식 내

---

4  저자주 그럼에도 그 기초에는 나의 신체와 나의 내면성의 원형적인 동시성이 놓여

부에서만 "본래적이고" 직접적인 봄이나 직관이 존재하며, 또한 통일성의 연관인 본질 연관, 상호 정초, 상호 연쇄 등에 대한 봄이나 직관이 존재한다. 하나의 의식 흐름은 그것 자체로 따로 상상 가능할 것이다. 즉 "다른" 모든 의식 흐름이 삭제됨은 상상 가능할 것이다.

이러한 논구에서 다음과 같은 기초적이고 현상학적인 본질적 차이가 등장한다. 그 하나는 "직접적"이고 "본래적"인 경험(더 일반적으로 말하면 직접적 직관인데, 이는 우리가 의사-경험(quasi-Erfahrung)인 직접적 상상이라는 말도 해야 하기 때문이다.), 즉 "자체"를 포착하는 엄밀한 의미에서의 경험(직관)이다. 다른 하나는 타자 경험 정립이나 여타 방식으로, "자체" 소여되는 다른 대상을 매개로 하나의 대상을 이미지화하고 유비화하는 정립 등이다.

내가 만약 론스 레스토랑을 표상하고 그것을 현재적인 것으로, 즉 지금 있는 것으로 정립한다면, 이 지금과 지금 속에서의 대상은 결코 자체 소여되는 것이 아니다. 론스는 나에게 회상되는 것이자 있었던 것으로 주어지고, 이제는 계속 지속하는 것으로 정립된다. 하지만 그것은 이미지 의식은 아니다. 그러나 어쨌든 그것의 '지금 여전히 있음'은, 그리고 지각의 지금과 '동시에 있음'은 직접적으로 주어지지 않는다. 하물며 내가 [나의 기억이 아니라] 어떤 서술에 입각하여 어떤 도시를 표상하는 경우에는 더욱 그러하다. 이때는 나는 표상되는 것 자체에서 사태에 관한 어떤 "이미지"를 떠올린다. 물론 이것은 통상적 의미에서의 이미지 의식은 아니다. 여기에는 지각적(혹은 기억적인) 이미지 대상 등의 담지자로서 어떤 정립된 사물이 있는 것은 아니기 때문이다.

나는 나의 상상을 현실적으로 경험된 것을 넘어 돌아다니게 할 수 있

---

있고, 그다음에는 타자의 신체와 그의 내면성의 동시성, 타자의 신체와 나의 신체 및 나의 외부 세계의 동시성 등이 놓여 있다.

다. 나는 "더 나아가" 어떨지를 표상한다. 이제 어떤 사물이나 시골이나 도시 등이 다음에 등장할 것이다. 이런 표상들은 철저히 표상화(Vor-stelligmachung)나 유비화 등이다. 그리고 내게는 이러한 정립에 대한 근거들이 있을 수도 있다. 나는 익숙한, 즉 경험에 근거한 표상이나 판단 등을 수행하지만, 그것은 "자체"에 대한 직접적 경험이나 포착이나 직관은 아니다. 따라서 여기에서는 선행하는 핵심적인 현상학적 분석이 필요한데, 그것은 철저히 본질 분석이다.[5]

---

5  편집자주 앞의 두 문단은 1924년이나 그 후 다음과 같이 수정되고 보완된다: "따라서 '자연적' 직관인 외적 경험의 영역에서도 이러한 차이가 있음은 분명하다. 예를 들어 내가 만약 론스 레스토랑을 표상하고 그것을 현재적인 것으로, 즉 지금 있는 것으로 정립한다면, 이러한 그것의 현재, 즉 지금 있는 론스는 결코 '자체' 소여되지 않는다. 그것은 물론 회상되는 것으로서 나에게 자체로 주어지며, 따라서 이러저러한 기억적인 과거에 있는 것으로 주어지지만, 그것이 전부는 아니다. 나는 그것을 이러한 과거들을 넘어 계속 지속하는 것으로, 지금도 여전히 지속하는 것으로 정립한다. 어쨌든 이러한 '지금 여전히 있음'에는 어떤 '동시에 있음'이 놓여 있다. 즉, 지각적으로 지금 내게 근원적으로 소여된 여타의 것, 우선은 나의 신체 및 나의 신체적이고 감성적인 주위와의 '동시에 있음'이 놓여 있다. 하지만 하인베르크 언덕 자체의 지금, 그리고 이러한 동시성은 근원적으로 자체 소여되지 않는다. 여기에서 이를 해명함은 상당히 복잡하고 매우 중요하다. 어쨌든 다음은 분명하다. '여전히' 지속함의 의식에서의 선-정립(Vor-setzung)은 일종의 지나간 것(따라서 자체의 양상에서 주어지는 것)에 **의거한 표상화**이며, 일종의 이미지화를 포함한다.

여기에는 더 나아가 아래와 같은 사례가 속한다. 나는 어떤 서술에 의거해 어떤 도시에 관한 '표상'이나 '이미지'를 떠올린다. 이것은 당연히 통상적 의미에서(모사라는 의미에서) 이미지 의식은 아니지만, 그럼에도 이와 매우 가깝고 원리적으로 동종적이다. 여기에서 내가 표상(표상되는 대상)으로서 함께 형상화하는 것은 하나의 '유사물'이고, 내가 접근할 수 없고 알 수 없는 대상 자체에 대한, 유사성에 의한 상징이며, 서술되는 미지의 것을 '현시하고' 표상화하는 다소간에 명료한 **이미지**이다.

마찬가지로 나는 현실적으로 경험되는 것 바깥으로 나의 상상을 진행시킬 수 있다. 가령 하나의 사물이 그에 관해 경험되는 것을 넘어서 어떠한가에 대해서, 그것이 미래에 어떻게 전개될 것인가에 대해서 '표상화'할 수 있다. 이러한 표상들은 다시 유비화나 이미지화이지만, 단지 상상 표상이 아니라 경험의 유비적 변양태이며 실로 '정립하는' 표상이다. 그것은 바로 동기화되고, 경험에 근거하고 있으며 경험 지평들을 통해 미리

지시된다. 다른 한편 간접적 경험의 이러한 변양태들과 근원적이고 직접적인 경험 사이의 차이는 분명하다. 바로 현존을 가리키는 표지(Anzeige)나 기호(Zeichen)를 통한 모든 표상은 여기에 속한다. 내가 공허한 선지시를 직관화하자마자 직관은 유비화 직관과 이미지화 직관이라는 성격을 가진다.

그럼에도 이제 **모든 예상과 모든 지평 의식이** 여기에 속함도 분명하다. 빈(leer) 함께 의식(Mitbewußtsein)과 선의식(Vorbewußtsein)은 물론 이미지화하는 의식은 아니다. 우리는 이미지화하는 의식을 직관적 의식으로 여기기 때문이다. 그러나 모든 공허한 의식의 본질에는, 직관적으로 현행적으로 될 수 있음이 속한다(여기에서 동일화 종합이, 동일성 의식이 등장한다). 이러한 현행화(가장 넓은 의미에서의 충족)의 수행은 빈 의향된 것(Leergemeinte), 선의향된 것(Vorgemeinte), 함께 의향된 것(Mitgemeinte) **자체**의 직관을 제공하는 것이 아니라, 이미지화하는 선직관이며, 이는 ('미리 밑그림 그려지는' 특징들을 따라) 예상되는 것이나 함께 의향되는 것 '자체'를 '현시'하고 '표상화'한다."

통각이자 간접현전으로서의 타자 경험. 그것의 빈 지향, 직관화, 충족.
1910/11년 〈현상학의 근본 문제〉 강의 가운데 부록 26 "기억, 의식 흐름, 타자 경험(1910년 11월 혹은 12월 집필)"[2]에 대한 1921년 여름학기의 보충

타자 경험에 대한 이러한 잠정적 숙고 전체에 있어서 마땅히 고려해야 할 다음을 고려하지 못했다. 타자 경험은 일종의 "통각(Apperzeption)", 혹은 이렇게 말할 수 있다면, 일종의 간접현전(Appräsentation)이다. 모든 통각에는 간접현전이 속한다. 공간 사물에 대한 통각은 구체적 통각, 구체자(Konkretum)의 통각이며, 나아가 다른 통각에 의해 정초되지 않는 단순한 통각이다. [이에 비해] 타자 경험(인간 통각)은 이미 그것을 정초하는 기초인 하나의 구체적 통각을 지니고, 지각되지 않는, 그리고 경험하는 해당 자아에게 지각 불가능한 내면성 및 정신성의 간접현전을 여기에 덧붙인다. 하지만 이러한 간접현전을 포함하여, (가령 지금 보이는 방의 옆방 등, 지각되는 사물 연관에 딸린 익숙한 사물 주위도 포함하는) 모든 간접현전은 근원적으로 **빈 지향**(Leerintention)으로서, 즉 (넓은 의미의) 예상지향으로서 수행된다. 모든 이런 지

---

1  역자주 『상호주관성의 현상학 1』 부록 27에 해당.
2  역자주 본 역서의 부록 7에 해당.

향에는 본질적으로 직관화(Veranschaulichung)가 뒤따르는데, 직관화 그 자체는 충족이 아니라 바로 직관화이며, 직관화의 본질은 직관화되는 [원래의 지향적 대상] "자체"를 직관하는 것은 아니라는 점이다. 한편 타자 경험에서의 간접현전의 본질은 다음과 같다. 그것은 원리적으로 영혼적인 것의 근원적 현전(Präsentation)에 의해 충족될 수 없다. 이러한 충족은 다시 심리적인 간접현전에서 수행되는데, 이는 이에 평행한, (신체적 표현에서 일어나는 바) 본질적으로 충족을 현전적으로 완결하는 감각적 현전과 결합하여 일어난다. 동물적 "영혼"과 정신 영역의 본질 테두리에 의해 한정되는 "내면성"과 "주관성"의 간접현전은 외면화하는 표현에 "의하여" 다음과 같이 진행된다. 간접현전은 경과하는 동안에 경과의 매 위상에서, 새로운 표현을 통해 다소간 규정된 새로운 간접현전을 요청하며, 그다음 이에 대한 충족으로서 신체에 있어서 몸짓의 표현 변화가 현전적으로 등장한다. 그리고 몸짓의 표현 변화는 요청된 간접현전을 확증하면서 이를 현실적 간접현전으로 만든다. 현실적으로 간접현전된 것들은 새로운 요청들을 유발하며, 새로운 요청들은 몸짓에 의해서나 언어적 표현에 의하여 "확증된다." 즉, 간접현전된 것을 통해, (현실적이고 본래적인 간접현전이 아닌) 계속되는 경험적 빈 표상의 방식으로 "요청"된 것이 이제 간접현전에 의해서 소여된다는 점에서 확증된다.

우리는 또한 다음과 같이 말할 수 있다. 지각에 의해 (내게 "외면성"에서) 주어지는 낯선 물체적인 신체는 고유한 의미의 신체적인 것 및 자아적인 것에 부합하는 타자 내면성의 간접현전과 하나로 결합하여 저기 있는 인간에 대한 **지각**으로 기능한다. 그리고 이 지각은 "불완전한" 지각이고 항상 **열린** 지각이다. 왜냐하면 이 지각은 저기 있는 인간의, 특히 그 인간의 내면성의 일부만 현실적으로 표현(즉 "본래적"이거나 "현실적"으로 간접현전)하고, 나머지는 무규정적으로 열린 채 있거나, 혹은 이전 "지각"을 통해 이미 알려져 있어 "함께 지각된(mitwahr-genommen)" 것에 관계하기 때문이다. 그러나 이 "나머지"는 구체적 내면성, 자아, 자아의 이러저러하게 현출하는 주위세계가 지닌 본질 유형에 의해 밑그림 그려진 무규정적 마당이다. 이 마당은 그 가능성들에 의거하여 "해명될 수 있는" 다수(Vielheit)를, 곧 간접적인 지향들의 연속체를 본질적으로 내포한다. 이러한 다수 혹은 연속체를 상세히 규정하고 충족함은 본래적 간접현전을 통해 일어나며, 이는 이미 간접현전된 것들도 확증한다. 그리고 이러한 점은 다른 자아와 관련해 이미 알려진 것에 대해서도 마찬가지이다. 만약 우리가 외부 사물에서 본래적으로 지각된 것과 (뒷면 등) 비본래적으로 지각된 것에 관해 말한다면, 비본래적으로 지각된 것은 마찬가지로 빈 지평지향에 의한 정립이지만, 만약 지각이 작동한다면, 규정된 방향을 지닌 빈 지향들 또한 등장한다. 하지만 이러한 빈 지향들은 경과하고 있는 활동으로서의 지각에 대한 도래할 것에 대한 예기, 즉 선예상(Vorerwartung)이며, 이것은 그 자체로서 이른바 선충족(Vorerfüllung)으로서 무엇보다도 지각에 의해 현실적이고 본래적으로 충족된다. 다른 한편 이것들은 [이러한 빈 지향들은] 아직 충족되지 않고 충족이 필요한 **대상 간접현전**이다. 이와 달리 타자 경험에서는 "본래적" 지각을 형성하는 것에 간접현전 자체가 함께 속한다. 영혼에 관한 지각으로서의 타자 경험에서의 충족 유형은 앞서 제시된 방식으로 일어난다. 따라서 매우 독특한 점은, 내 앞의 인간에 대한 지각은 그 인간의 내면성에 대한 어떤 직관 없이, 한낱 재현하는 직관을 포함하여 그 어떤 직관 없이 일어나는, 혹은 적어도 일어날 수 있는 지각이라는 점이다.

하지만 여전히 우리는 빈 지향이 지시하는 직관의 시작을 연구해야 한다. 만약 누군가가 나의 눈앞에서 화상을 입거나 자상을 입는다면, 또한 종종 일어나는 일이지만 누군가 심리적 고통을 일으키는 소식을

들을 때 나도 이를 함께 듣는다면, 우리는 (함께 느낌(Mitfühlen)에 의해, 즉 이와는 전혀 다른 의미에서의, 통상적 의미에서의 동감(Mitge-fühl)이나 동정(Sympathie)이 아닌 함께 느낌(Mitfühlen)에 의해) 직접적으로 함께 느끼거나 적어도 그렇게 느끼는 듯이 보인다. 그것은 어떤 종류의 "직관화"인가? 그것은 내가 어떤 사건이 일어나기에 앞서서 일어날 일을 직관적으로 미리 표상하는 것과 같은 예상과 매우 유사하다. 가령 나는 아름다운 날씨를 예상하고, "상상에서" 내 앞의 아름다운 날씨의 풍경으로서 그 풍경을 선취하면서 본다. 혹은 나는 종이 치는 것을 예상하고, 그것은 "상상에서" 예기적으로 울리기 시작한다. 이것은 다음과 같은 "선명히 그리기(Ausmalung)"는 아니다. 즉, 나는 앞으로 어떤 일이 일어날 수 있음에 대한 하나의 "이미지"를 유비에 의하여 떠올리는데, 이 경우 이러한 예상은 매우 무규정적이어서 여러 유사한 형상들과 형태들이 가능성들로서 열려 있으며, 나는 "이와 유사하게" 경과할 것이라는 의식을 지니고 일반적 테두리 안에서 하나의 가능성을 선명히 그리는 것이다. 하지만 전자의 경우에 예상은 규정적 예상이며, 나는 예상되는 내용으로서의 특정한 내용을 지닌 예상되는 것에 관한 표상을 가진다. 물론 그것은 오직 지각과 기억에만 고유한 것인, 자체라는 양상으로 주어지지는 않는다.

## 부록 9[1] (39절에 대한 부록)

나의 의식의 시간과 타자의 의식의 시간 사이의 동일화. 현상학적 환원에서의 다른 자아. 타자 경험되는 경험 체계들에 대한 지표인 자연, 그리고 모나드들의 반영(Spiegelung)의 조건인 자연
(1910/11년 〈현상학의 근본 문제〉 강의 39절의 세 번째 문단부터 끝까지에 대한 추가 연구)
(1921년 집필 추정)

그러나 다음은 이에 반대되는 것처럼 보인다. 타자 경험하는 작용과 타자 경험되는 작용은 동일한 시간에 속하며, 그것도 의식의 관점에서 그러하다. 타자 경험은 타자 경험되는 것을 지금으로서, 그 자신과 동일한 지금으로서 정립한다.

그러나 여기에서 다음을 주목해야 한다. [타자 경험에서 타자 경험되는 지금] 이외에도 재현은 되지만 회상되는 것은 아닌 지금이 있다. 즉 어떤 재현에서 정립되지만 그것 자체의 방식으로는 정립되지 않는, 그럼에도 현행적 지금과 동일한 것으로서 함께 정립되는 지금이 있다. 예를 들어 내가 지금 론스 레스토랑을 재현하는 경우가 그러하다.

타자 경험되는 지금도 재현된 지금이지만, 재현적으로 자체 직관된 지금은 아니다. 더 나아가, 하나가 다른 하나의 "주위"에 속하지도 않고 그 반대도 아니다. 기억에 의해 재현되는 것에서 현행적 지금으로 이끄는 길과 같이, 어떤 가능한 연속적인 길이 하나에서 다른 하나로 이끌

---

1   역자주 『상호주관성의 현상학 1』 부록 28에 해당.

지도 않는다.

만약 경험적 타자 경험(자연적 태도에서의 타자 경험)이 문제라면, 타자 경험에서 주어지는 시간은 경험적으로 정립된 시간(그리고 지금, 방금, 과거, 미래에 따라 방향 설정되는 시간)이다. 이 시간은, 타자 경험하는 자 자신의 의식에 속하는 시간이면서 외적 지각에서 그에게 주어지는 경험적 사물세계에 속하는 시간과 동일한 방향 설정 방식으로 동일하게 경험적으로 정립된 객관적 시간이다. 이러한 동일화를 매개하는 것은 두 자아가 각각의 신체 및 사물세계의 객관적 시간과 맺는 관계이다. 즉, 나의 의식은 나의 신체 및 나의 사물세계와 동시적이다. 이 사물세계에는 (타자 경험에서 신체로 이해되는) 타자의 신체가 있고, 이 타자의 신체에는 [타자의] 의식이 타자 경험에 의해 속한다.

이제 **현상학적 환원**을 수행해 보자.

나는 자연적 태도에서 나의 주위세계(Umwelt)와 동일한 세계와 관계를 맺는 다른 신체 및 다른 자아 주체가 나와 마주해 있음을 '발견'한다. 이러한 내가 이제 현상학적 환원을 수행하면 다음이 드러난다. 나에 의해서 경험되는 자연 대상들은 괄호치기(Einklammerung) 및 환원을 통하여, 어떤 주관적 의식 연관 및 이에 속한 동기화된 의식 가능성들의 체계들을 산출한다. 이에 상응해서 나의 주위에 있는 자연 대상들 가운데 현존하는 물체(Körper)로서의 타자의 신체도 환원된다. 그다음에는 타자의 신체를 나에 대해 구성하는 통각에 간접현전들이 결합되는데, 그것도 정당성을 부여하는 동기를 통해, 그 자체로 정당성을 지니는 상위 통각("인간 통각")의 통일성으로 결합된다. 이 통각에서 하나의 인간이 정립되며, 타자 경험을 통해 두 번째 자아가 정립된다. 이 두 번째 자아는 거기 있는 저 다른 신체를 내적 방식으로 그 자신의 신체로 직관하며, 그에게 인상적으로 주어지는 이 신체 둘레에서 자연을 직관한다. 이때 이 자연은, 비록 타자에게는 나와는 다른 현출 방식이나 여타 의식 방식에서 주어지긴 하지만, 내게 주어지는 자연과 동일하다.

이제 다음은 분명하다. 우리가 (이 강의에서 규정된 바대로) 현상학적 환원을 "나의" 자아에게 경험적으로 주어지는 자연을 "배제함(Aus-schaltung)"으로 이해하고 "나를" 타자 경험의 주체로 이해한다면, 나의 상관자로서의 자연과 관련하여 [현상학적 환원 후에] 내게 남는 것은, 현실적 경험들이나 동기화되는 가능한 경험들의 체계, 즉 **나의** 체계만이 아니다. 이 동일한 자연인 자연은 타자 경험에 의해 주어지는 다른 자아에서도 **함께** 괄호쳐지며, 다른 자아의 경험으로, 그리고 이 자아에게 가능한 그의 경험들의 체계로 환원되는 것이다. 따라서 "이" 자연은 이제 단지 현실적 자연 경험을 순간적이고 변화하는 핵으로서 포함하는 바 나의 가능한 자연 경험들의 체계에 대한 지표인 것만은 아니다. **그것은 동시에, [자연에] 상응하는, 타자 경험에 의해 그 자체가 타자 경험되는, 다른 자아의 경험 체계들에 대한 지표이기도 하다.** 자연 일반과 마찬가지로 모든 개별적인 자연 사물도 이러한 지표이며, 따라서 이 지표는 다른 자아들이 타자 경험에 의해 나에게 주어지는 것에 상응하여 그만큼 매우 다양하다. 그리고 나는 이 자아들 중 어떤 한 자아가, 내가 경험하지 않으며 경험한 적도 없는 이웃 인간들을 다양하게 경험한다는 것을 "간접적"으로 표상하면서, 이러한 모든 인간들이 바로 이러한 동일한 자연을 경험함을 표상하고 그다음 인식하기도 한다. "이" 자연은 (**내가** 실행하는) 현상학적 환원 속에서 모든 인간에게 귀속되는 모든 순수 자아에 대한 지표이다. 즉, 인간 자아로서의 순수 자아들에게 속한, 가능한 경험 체계에 대한 지표이다.

나는 또한 다음과 같이 말하고 인식할 수 있다. 나에 의해 경험 가능한 모든 다른 자아(경험 가능한 이유는 나의 가능한 경험들의 자연 영역 안에서 하나의 사물이 다른 자아의 신체로서 주어질 수 있고 타자 경험의 기초가 될 수 있기 때문이다)는 현상학적 환원을 수행할 수 있으며, 이 현상학적 환원은 그것이 나에게 산출하는 것과 원리적으로 동일한 것을 다른 자아에게도 산출할 것이다.

"이" 자연이 이러한 지표인 것과 같이, 당연히 각 공간점, 객관적 자연 공간의 각 점도 지표인데, 말하자면 주관적 자연 현출들 사이의 일치에 대한 지표이며, 신체에 있어서 각 자아의 영점과 관련하여 이들의 방향 설정들 사이의 일치에 대한 지표이다. 마찬가지로 모든 객관적 시간점 및 모든 객관적 "동시성"은 법칙적으로 규정된 일치를 위한 지표이다. 여기에서 이 객관적 "동시성"은 나의 현행적 지금과 온갖 과거의 지금들과 미래의 지금들이 모든 다른 자아의 이에 상응하는 지금들과 관계를 맺도록 해준다. 그리고 이 일치를 통해 소위 모든 각 자아 모나드(Ichmonade)가 모든 각 다른 자아 모나드와 관계 맺으며, 그것도 상관적으로 공속하는, 완전히 규정적인 의식 동기들 및 의식 연관들의 견지에서 관계 맺는다. 가능한 타자 경험은 각 모나드가 다른 각 모나드에서 "반영(Spiegelung)"되는 것이고, 이러한 반영의 가능성은 시공간적 자연을, 즉 모든 자아 안으로 뻗어 들어오면서, 상응하는 체험 구성들에 대한 지표인 시공간적 자연을 조화롭게 구성할 가능성에 달려 있다.

## 정신들을 매개하는 신체성
### (1912년 집필 추정)

신체 없는 정신적 실재 혹은 자아 주체는 어떻게 상상 가능할까? 이 경우에도 모든 감각군들은 틀림없이 존재할 것이다. 우선, 특수한 신체감각(정위감각)들이 있을 텐데, 이들은 파악을 받아 외부 사물의 속성들의 재현자(Repräsentant)가 되지는 않는 감각들이다. 또 이러한 파악을 받는 [따라서 외부 사물의 속성들의 재현자가 되는] 감각들도 있을 것이다. [신체 없음을 상상하는 이 경우에는] 유일한 예외가 있는데, 신체 자체를 물리적 사물로 현출하게 하는 감각들만은 없을 것이다. 이 경우에 사실적 세계 전체는 당연히 [신체가 있는 경우와] 동일한 세계로 남아 있을 수 없다. 왜냐하면 사물로서의 신체들 자체도 어떤 것이고 따라서 물리적 유형의 작용을 가하기도 하고 받기도 하기 때문이다. 이 경우 이 신체에 속하는 모든 것들은 틀림없이 사라질 것이다.

  이와 달리 물리적 세계 전체는 (전체적으로 보아서, 적어도 그 유형에 있어서는) 남아 있어야 하고, 정확히 [신체가 있는 경우와 같이] 그

---

1  역자주 『상호주관성의 현상학 1』 부록 29에 해당.

렇게 경험되어야 하고 계속해서 경험 가능해야 한다. 나는 만지는 운동 (Tastbewegung) 및 만지는 감각(Tastempfindung)에 의하여 이 만져지는 사물에 대한 의식을 이 사물의 해당 속성들에 따라 구축하는데, 이러한 운동 및 감각은 여전히 있으며 [신체가 있는 경우와] 동일한 규칙들에 따라 경과한다. [촉각을] 동기화하는 모든 근육감각들 등도 마찬가지이다. 다만 근육도 없고 만지는 손가락도 없으며 신체라는 것이 없을 뿐이다.

[이 경우에도] 나는 사물을 마음대로 움직일 수 있다. 다만 내 손으로 그러지 않는 것이다. 하지만 그렇다면 어떻게 그럴 수 있는가? (나는 동기화하는 근육감각들이 경과하도록 마음대로 만듦으로써, 마음대로 만질 수 있다. 이 근육감각들이 소여된다면, 이들이 시각적 대상에 일으키는 결과로서, 어떤 만지는 감각의 경과들과 통각들이 소여되기 때문이다.) 나는 먼저 사물을 만지고 "붙잡고", 어떤 긴장감각 및 의지작용을 가지고 밀쳐냄으로써 사물을 움직인다. 따라서 나의 감각신체, 감정신체, 의지신체는 모두 있으나 물리적 신체는 없을 것이다! 내가 스스로 볼 수 있는, 내게 사물로서 주어지며 사물로서 작용할 그러한 물리적 신체는 없을 것이다. 그렇다면 그것은 "영(Geist)" 혹은 "유령 (Gespenst)"일 것이다(그러나 이것은 유령이 갖는 희미한 형상으로는 결코 나타날 수 없을 것이다).

그러나 이러한 신체 없는 정신이 신체를 가진 나를 만지고 밀어낸다면 어떨 것인가?

여기 있는 물리적 사물로서의 나의 신체와 타자에 의해 만져지는 것이 동일한 사물이라고 한다면, 이 동일성은 다음을 뜻한다. 내게 주어지는 현출 계열들과 저 정신에게 주어지는 이에 상응하는 현출 계열들은 그 자체로 동일한 것을 구성하며, 이러한 동일성은 인식 가능성을, 상호주관적 인식 가능성을 요청하며, 따라서 분명 상호이해 가능성을 요청한다. 저 정신이 나와 똑같은 촉각 계열과 시각 계열 등을 가진다면, 저 정신에게는 [내게 그런 것과] 똑같이 보이고 똑같이 느껴지는 똑같은 사물이 현출하고, 경우에 따라서는 경험되고 경험에 소여된다. 다만 그에게는 물론 [나와는 달리] 고유한 의미의 신체성이 없을 뿐이다. **하지만 여기에서는 동일성은 어떠한 의미도 줄 수 없다.** 다른 한편, 내가 나를 스스로 만지지 않는데도 저 정신의 촉각 계열들에 평행하는 촉각 계열들을 똑같이 감각한다면, 당연히 나는 누군가가 나를 만진다고 상정할 것이다(어둠 속에서 바로 이런 일이 일어나는데, 이때 나는 나를 붙잡는 자를 보지 못하는 것이다). 그러나 내가 이 타자를 보지 못한다면 이것은 환영이라고 말할 것이다. 또한 내가 [만져짐을 느낌과] 동시에 나를 만지는 자를 본다면, 하지만 그를 만져보려는 시도에도 불구하고 이 자의 정체인 이 유색의 "유령"을 가로질러 허공만 붙들게 된다면, 나는 이때에도 이것이 환영이라고 말할 것이다. 나는 이것이 실존하지 않는다고 말할 것이다.

　사실적 세계에서 신체성은 이 신체들에 깃든 정신들 간의 소통을 매개하고 모든 인간들 간의, 그들의 "영혼의 삶"에 의거한 소통을 매개한다. 그러나 신체를 통하지 않는 다른 방식의 소통은 상상 가능한가? 각각의 의식 경과는 서로 완전히 분리된 어떤 것들, 즉 모나드들이고, 따라서 만약 상호주관적 현상들이 없다면, 이들에게는 소통의 창이 없을 것이다. 이것이 또한 다수 자아에 대해 하나의 동일한 세계인 하나의 사물세계의 가능성의 조건이다.

1910/11년 〈현상학의 근본 문제〉 강의에서 현상학적 환원, 모나드들의 독립성 및 연관들이라는 사상을 숙고함.
(1921년 집필 추정)

이 연속 강의 전체를 시작부터 관통하고 있는 근본 사상을 주목해야 한다. 나는 현상학적 환원 속에서, 경험에 의해 내게 주어지는 자연이나 자기동일적 객체에 대해 판단하는 것이 아니라, 경험에 대해, 경험의 연관들에 대해, 그리고 순수 의식 일반에 대해 판단한다. 나는 순수 현상학적이며 노에시스-노에마적인 반성에 의해, 경험을 형성하는 동기화에서 정당하게 주어지는 것에 대하여 판단한다. 내게는 다음을 노에시스적으로[2] 예상할 근원적 권리가 있다. 지금 이 잉크병을 이러저러하게 경험하고 있는 내가, 즉 이 잉크병을 **바로 이** 측면에 있어서, **바로 이** 방향들에서, 가장 일반적으로 말한다면 이러저러한 현출방식들에 있어서 경험하고 있는 내가, 눈을 이러저러하게 돌린다면 이러저러한 새로운 현출방식들이 나타날 것이라고. 내게는 모든 경험적 예상을 신뢰할

---

1 역자주 『상호주관성의 현상학 1』 부록 30에 해당.
2 역자주 "노에시스적으로"는 나중에 후설에 의해 "순수 현상학적 경험의 테두리 안에서 초월론적으로"로 대체된다. 이 문단에 등장하는 "노에시스적"들은 "현상학적" 혹은 "초월론적"으로 이해될 수 있다. 편집자주 참조.

권리도 있는데, 다시 말해 도래할 주관적 현출들을 향한 순수 노에시스적 전환에 있어서 그렇다. 또한 내게는 기억 소여를 향한 노에시스적 전환에 있어서 지나간 의식의 존재를 신뢰할 근원적 권리도 있다. 우리에게는 이러한 모든 근원권리(Urrecht)를 신뢰할 권리가 있으며, 모든 권리는 이러한 근원권리로 소급된다. 분명 우리는 또한 자연적 경험 정립도 불신하지 않는다. 하지만 이것을 활용하고 이러한 방향에 의거해 판단함은 우리에게 달려 있다. 외적 경험은 그 자체로 합당하게 대상을 향하지만, 반성을 허용하기도 하는데, 이 반성에 의해 비로소 서로를 (합당하게) 겨누는 지향들의 체계가 정당하게 드러난다. 이제 우리의 관심은 순수 주관성에 정당하게 놓여 있는 연관들을 추적하는 것이다. 따라서 내가 자연을 배제한다면, 타자 경험에서는 다음과 같은 합당한 연관이 드러난다.

1) 타자 경험하는 주체 안의 연관, 그의 내재적 삶의 체계, 그 안에서 경험되는 자연을 구성하는 체계. 환원을 통해서 우선 드러나는 데카르트적 의미의 자아의 테두리 안에서의 이러한 순수 주관성에서는 타자 경험도 드러나며, 이에 속하는 간접현전이, 즉 타자의 신체성에 대한 경험 위에 구축되는, 타자 주관성의 간접현전이 이와 더불어 드러난다.

2) 이러한 후자의 경험을 환원하면, 이러한 간접현전이 "타자 신체"라는, 자아 속에 주어지는 동기화 체계에 의해 동기화됨이 드러난다. 이러한 간접현전에서 정립되는 타자 주관성은 환원에 떨어지지 않으며, 다시 하나의 현출 체계에 대한 지표가 아니다. 이것은 타자 주관성으로서 자신의 현출 체계를 가진다. 여기에서 타자 주관성은 그와 내가 경험하는 자연 속에 있는 다른 인간으로 정립되는 것이 아니라, "자연과 관계 맺는" 다른 자아로서 정립된다. 즉, 구성하는 현출 체계인 어떤 현출 체계들을 자기 안에 지니는 다른 자아로 정립된다. 이때 이 타자의 현출 체계들과 내 안에서 제시가능한 현출 체계들은 동기화 연관을

맺으며, 지향적이고 합당하게 정립된 동일한 것에 대한 합당한 동일화 연관을 맺는다.

따라서 나의 자아 **내부에** 하나의 순수 연관이 있을 뿐 아니라, 배제되지 않고 나에게 존재하는 것으로 남아 있는 다른 자아와 나의 자아 사이에도 순수 연관이 있다.

자연적 세계관에는 자연 자체가 있고, 여기에는 신체를 가진 정신인 모든 정신이 신체와 심리물리적으로 결합된 채로 있다. 나 자신이 정신이고 나의 신체의 영혼이다. 그리고 신체가 나에게 지각기관으로 기능하므로, 나는 신체를 통하여 모든 세계를, 모든 다른 신체와 정신을 경험한다.

지금의 현상학적 태도에서 나는 순수한 자아로서의 나를 발견하고 나의 체험 흐름을 발견하며, 이 안에서 끝없이 확장되는 시공간적 자연이 구성된다. 나는 이 자연을 다양한 주관적 현출들에서 자기동일적이고 참된 의미로서 발견하고, 계속되는 현출들에 대한 지향적 규칙 안에서 무한히 나아가는 이념으로 발견한다. 이 이념의 참된 내용적인 타당성은 근접성(Approximation)을 통해, 그리고 개연성(귀납의 원리)에 의거하여 증시된다. 이러한 의미 통일성은 노에시스적 다양성 안에 포함되어 있는데, 이 노에시스적 다양성에 상관적인 연관이 나의 주관적 현출들의 공속(Zusammengehörigkeit)이다. 내가 이제 현상학적 태도에서 발견하는 것은, 이러한 체계적 "예상" 연관과 나의 전체 체험 흐름의 연관만 있는 것이 아니라, 예상과 유사하긴 하지만 예상은 아닌 또다른 지향성이 예상 체계와 교직되어 있다는 것이다. 이 지향성은 나의 자아와 이 자아의 흐름을 다른 흐름과 "결합"시키는, 달리 말해 나의 자아를 이성적이고 일치하는 정립 의식에서 특정한 다른 자아에 관련시키고 그의 체험 흐름 및 그의 구성된 자연과 관련시키는 지향성이다. 이때 [타자에 의해] 구성된 자연은 그의 현실적이고 가능한 예상 체계에서 구성되었으나, 이 자연은, 그리고 이것의 타당하고 존재적인 의미는 필연적으로 내가 경험하는 자연과 동일할 수밖에 없다.

절대적으로(absolute) 말한다면, 오직 자아와 그의 삶만 존재한다. 그리고 이 자아는 그 자신의 삶을 사는 다른 자아와 "결합"되는데, 이 결합은 두 자아에게 속하는 자연 구성들과, 그 안에서 수행되고 타당하며 "존재하는 것"으로 계속 확증되는 의미 부여들을 매개로 이루어진다. 여기서 이 의미 부여는 의미동일성 및 존재동일성으로 이끄는데, 모든 각 자아는 타자 경험에 의해 다른 자아의 자연에 관해 그에게 주어지는 것과 관련하여 이러한 동일성을 인식해야 한다. 따라서 자연의 즉자(An-sich)의 의미는 이러한 지향적 동일성에 있다. 절대적으로 말한다면, 정신 이외의 다른 것은 없고, 정신적 결합 이외의 다른 결합은 없다. 그러나 **하나의** 정신적 존재 안의 비독립적 계기들을 결합시키는 그러한 종류의 결합이 있다. 그중 어떤 내재적 결합들은, 정신의 본질에 함께 포함된 자아에 낯선 것(근원적 시간의식 안의 질료)을 구성적으로 결합시키고, 자연 통각들과 이들의 일치하는 체계들을 생산하며, 거기에서 자연을 그 자체로 참으로 존재하는 것으로 확증한다. 그러나 앞서 기술한 타자 경험을 통해 일어나는 독립적 정신들 사이의 결합도 존재한다.

독립적이고 절대적인 본질성들("실체들") 사이의 결합은 이 결합이 결합되는 것들의 독립성을 지양하지 않는 한에서만 가능하다. 결합이 물론 사실적으로 있기는 하지만 그것이 모나드로부터 독립성을 앗아가지 않기에 독립성이 있는 것이다. 우선 결합이 사실적으로 있는 이유는, 양자에게 각인된 하나의 규칙에 의거하여 두 모나드가 서로를 "잇따라 향하고", 타자 경험과 상호이해를 통해 서로 정신적으로 만날 수 있으며 서로에게 정신적 동기화를 행할 수 있기 때문이다. 또한 하나의 모나드 안에서 일어나는 것을, 혹은 하나의 모나드가 생각하고 느끼는 것 등을 다른 모나드가 간접현전적 재현("표상")에 의해 추이해할 수 있고 이를 통해 그것들을 동기로 삼을 수 있기 때문이다.[3] 그다음 결합이 모나드로부터 독립성을 앗아가지 않는 이유는, 이러한 상호관계와, 자아-행위(Ich-tun) 및 자아-겪음(Ich-leiden)에서의 서로 잇따라 지향함이 사실성에 의존하기 때문이다. 즉, 각 모나드는 그 현존에 있어서 다른 모나드에 의존하지 않기 때문이며, 세계가 자연으로서 존재하기를 멈추더라도, 각 모나드는 여전히 존속하며 자아는 이 자아로 남기 때문이며, 만약 이 자아에서 자연이 결코 구성되지 않았고 구성될 수 없었더라도, 이 자아는 존재했을 수 있기 때문이다. 따라서 모나드는 데카르트적인 엄밀한 실체 개념에 상응한다는 **라이프니츠**의 말은 옳다. 이 말이 뜻하는 바가 다음이었다면 옳다는 것이다. 하나의 존재의 변화가 다른 존재의 변화를 본질적으로 요청하지 않음이 통찰 가능할 때만, 하나의 존재는 독립적이다.

이로부터 다음과 같은 물음이 계속된다. 다수의 자아들이 존재할 수 있는가? 다수의 자아들이 서로 완전히 고립되어 존재할 수 있는가? 주체의 의미 부여에 의존하는 자연의 이념이 서로 소통할 수 있는 주체들의 우주도 지칭한다면, 다시 말해, 가능한 자아 공동체의 절대적 우주라는 이념과 이 자아에 대한 전체 자연 및 객관적 세계라는 이념이 서로 분리될 수 없다면, "모나드들"의 절대적 우주 혹은 객관적 세계는 오직 **하나** 있어야 하는가, 아니면 이러한 우주들 혹은 세계들은 다수일 수도 있는가? 다음 논변은 세계의 유일무이함을 옹호하는 데 충분한가? 다수의 세계들, 다수의 절대적 우주들은 다수로서 인식 가능해야 한다. 그러니까 이러한 다수성의 인식 가능성이 보장될, 이 다수성과 공존하며 이 다수성의 상관자인 자아가 하나 존재함이 적어도 상상 가능해야

---

3  저자주 게다가 독특한 종류의 나-너 작용들(Ich-Du-Akt)도 있다.

한다. [이 논변으로 충분한가?]

그다음 다음과 같은 물음이 이어진다. 주어진 자연은 하나의 자아에 대해서 사실(Faktum)이다. 하지만 하나의 자연은 모든 각각의 자아에 있어서 발생적으로 구성될 수 있어야 하는가? 하나의 자아의 가능성에는 대체 무엇이 놓여 있는가? 의식 흐름의 통일성에는 본질 구조가 있다. 그럼에도 의식 흐름이라는 이 최상위 이념은 끝없이 흘러가는 하나의 규정적 흐름에 일의적 규정을 부여하지 못한다. 최상위 유의 본질이 지닌 필연성인 본질 필연성은 개별적 실존의 가능성과 어떤 관계를 맺는가? 유적인 것의 저 필연성과 대립되는 개별적 실존의 필연성(가능성의 조건)들이란 무엇인가? 그러나 그렇다면 오로지 단독적 사실만이, 그 일회성에 있어서의 사실만이 남으며, 이 사실은 영원히 비이성적으로 남는다. 나아가, 하나의 모나드 존재가 모든 다른 모나드로부터 절대적으로 독립적임은 가능한가? 비록 모든 모나드들은 본질적으로 독립적 실체이긴 하지만, 사실들로서는 서로 관계를 맺어야 하고 "조화"를 이루어야 하지 않는가? 그리고 이것은 다시 공통적 세계로, 우선은 공통적 자연으로 이끌어간다.

그러나 이 강의의 진행에서 가장 중요한 것은 현상학적 환원 이론에 기여하는 것이다. 나는 『이념들』에서 환원을 자아로의 환원으로서, 데카르트적 환원으로서 전개했고, 자연의 비존재 가능성을 다루었다. 내가 경험하는 자연이, 비록 내가 지금 경험하고 있고 과거에 경험했다 하더라도 존재하지 않을 수 있음은 실로 하나의 본질 가능성이다. 그것은 이제 최초의 절대적 존재를, 자아를, 절대적으로 의심 불가능한 그것의 존재를, 즉 필연성을 통찰하게 한다. 만약 우리가 세계의 존재를 묻지 않고 "하나의" 세계에 대한 어떠한 단적인 판단도 하지 않는다면, 이 "우리"에게, 즉 생각하는 나에게 나의 순수한 자아와 순수한 의식작용, 그리고 체험 흐름이 드러난다. 내가 순수한 본질 탐구로 이행한다

면, 이러한 필연적 사실은, 순수 가능성들로서 형상적 탐구의 영토를
이루는 가능성들로의 순수한 변양이라는 그러한 유형의 가능성을 내게
드러낸다. 다만 나는 자아 일반 및 체험 흐름 일반과 관련된 이러한 본
질 인식이 이미 **자아의 다수성**의 가능 조건을 내포하고 있다고는 아직
말할 수 없다. 또한 어떤 다수의 범위, 무한한 범위, 공가능(kompossi-
bel)한 자아들의 열린 다수성이라는 형식의 범위를 포함하는 자아 개념
의 가능 조건을 내포하고 있다고는 아직 말할 수 없다. 혹은 오히려 이
것은 무엇보다도 하나의 문제이다. 아마도 **하나의** 자아만 있을 수 있고,
다수성은 상상 불가능할지도 모른다. 내가 세계를 배제했다면, 나는 어
쨌든 다수의 인간이 존재하고 따라서 다수의 순수 자아가 존재함에 대
해서는 더 이상 알지 못하기 때문이다. "하나의" 자아 일반으로서의 자
아에 대한 내재적 본질 탐구에는, "사고" 혹은 "표상"에서 수행되는 의
미 부여의 탐구와 사고하는 이성의 권리 부여의 탐구가 포함되어 있다.
이제 초재적 의미 부여 작용, 그것도 "외적 지각"이라는 형식을 갖는 초
재적 의미 부여 작용에 속한 것으로서 물체 지각 외에도 동물 지각과
인간 지각이 등장한다. 나는 그것을 실은 아주 조야하게 "감정이입(Ein-
fühlung)"이라고 불렀고, 그보다 낫게는 "감정이입하는 지각"이라고 불
렀다. 다른 한편, 우리에게는 내재적 의미 부여가 있는데, 이는 "주관적
인 것"을 내어주는 의미 부여 혹은 지각이다. 그리고 이 지각은 타자 경
험하는 지각과의 비교로 우리를 이끌어가고, 권리 부여 검사를 통해 내
재적 의식만이 아니라 타자 경험되는 의식도 권리를 갖는다는 점이 드
러난다는 인식으로 이끌어간다.

　더 나아가 물체의 실제성과 같은 초재적이고 물리적인 실제성은 다
양한 현출들의 통일성의 상관자에 불과하며, 의식 체험들에서 수행되
는 의미 부여로부터 나오는 통일성일 뿐이다. 이와 완전히 다른 통일성
은 자아의 통일성이다. 인격의 통일성은 이미 여기에서 사물의 통일성

과의 유비를 이루지만, 그럼에도 이것과 구별되는 것이다.

타자 경험에서 본질적인 것은 다음과 같다. 타자 경험은, 우리가 현상학적 환원을 순수 의식으로의 환원으로 파악한다면 현상학적 환원에서 자아의 의식 흐름을 넘어서 다른 순수 자아와 그의 의식 흐름도 간접현전에 의해 생겨나게 한다. 그리고 이러한 흐름의 존재는, 그와 구별되는 다른 자아 및 이 다른 자아의 흐름이 수행하는 의미 부여에 의존하지 않는다. 그것은 "그 자체로, 그리고 그 자체에 대하여 존재하고, 자신의 고유한 본질에 의해 이해되는" 존재이다. 그러나 그것은 타자 경험이라는 방식으로, 비록 초재적 의미 부여라는 매개를 통해서이긴 하지만 다른 존재에 의해서 포착되기도 하는 존재이다.